Microsoft® Office 2003
Professional

Class in a box

Arbeitsheft
Ausgabe für allgemein bildende Schulen

von
Reinhard Atzbach

Bildnachweis:
S. 5 Portraits: Simon Atzbach
S. 6 Die Abbildung der Schreibstube wurde einem Ausstellungskatalog „Vom Sekretär zur Sekretärin"
des Gutenberg-Museums Mainz entnommen, ebenso die Abbildung der Schreibmaschine.
S. 7 Locher aus: Hollerith-Mitteilungen vom 1. Mai 1912, Nachdruck von IBM 1975

Verlagsredaktion: Anne Grunewald
Kapitelillustrationen: Christian Nusch
Umschlaggestaltung: Ellen Meister und Christian Seifert
Technische Umsetzung: sign, Berlin

 http://www.cornelsen.de

Die Internet-Adressen und -Dateien, die in diesem Lehrwerk angegeben sind,
wurden vor Drucklegung geprüft (Stand: August 2003). Der Verlag übernimmt
keine Gewähr für die Aktualität und den Inhalt dieser Adressen
und Dateien oder solcher, die mit ihnen verlinkt sind.

1. Auflage   Druck 4 3 2 1   Jahr 06 05 04 03

© 2003 Cornelsen Verlag, Berlin

Veröffentlicht in Zusammenarbeit mit der Microsoft® GmbH, Unterschleißheim
Alle Rechte vorbehalten

Das Werk und seine Teile sind urheberrechtlich geschützt.
Jede Nutzung in anderen als den gesetzlich zugelassenen Fällen
bedarf der vorherigen schriftlichen Einwilligung des Verlages bzw. von Microsoft.
Hinweis zu § 52a UrhG:
Weder das Werk noch seine Teile dürfen ohne eine solche Einwilligung
eingescannt und in ein Netzwerk eingestellt werden.
Dies gilt auch für Intranets von Schulen und sonstigen Bildungseinrichtungen.

Druck: CS-Druck CornelsenStürtz, Berlin

ISBN 3-464-90264-1

Bestellnummer 902641

IBM ist ein eingetragenes Warenzeichen der IBM Deutschland GmbH.
Microsoft, MS-DOS, Office, Access, Excel, Word, Outlook, Powerpoint
und das Microsoft-Logo sind eingetragene Warenzeichen der Microsoft Corporation.

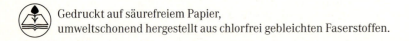 Gedruckt auf säurefreiem Papier,
umweltschonend hergestellt aus chlorfrei gebleichten Faserstoffen.

Inhalt

Im Keller wohnt der Kaktus	Eine Schülerzeitungsredaktion bekommt ein Büro	5
Willkommen im Büro!	Bürotechnik früher und heute	6

1 Word – Viel mehr als eine Schreibmaschine — 8

Tipps fürs Tippen	Die Geheimnisse der Computertastatur	10
Erst mal speichern …	Texte speichern, laden, drucken	12
Benimmregeln für Leerzeichen	Wo Abstände hingehören und wo nicht	14
Der besondere Akzent	Sonderzeichen auf der Tastatur und im Menü	15
Informations- und Kontrollzentrum	Die Menü- und Symbolleisten	16
Jeder Text ein Puzzle	Markieren, Kopieren, Verschieben	18
Schreib mal wieder!	Aufbau eines Geschäftsbriefes	20
Eingebaute Intelligenz	Die Grenzen automatischer Kontrolle	22
Die Kunst der Verpackung	Zeichen- und Absatzformate	26
Hilfe, der Kasten spinnt!	Lineale und Tabulatoren	30
Die schnelle Tabelle	Die Symbolleiste „Tabellen und Rahmen"	32
Einspaltig ist eintönig	Seitenlayout und Spaltensatz, Kopf- und Fußzeilen	34
Wurzelbehandlung	Der Formeleditor	36
Profis arbeiten rationell!	Dokumentvorlagen und Formulare	37
Layout statt Chaos	Formatvorlagen	38
Sehr geehrter Herr <<Name>>	Einfügen individueller Daten in Serienbriefe	40

2 Grafik und Layout – Mehr Bilder in die Buchstabenwüste! — 42

Woher nehmen und nicht stehlen?	Clipart suchen und selbst erzeugen	44
Wanderkarte für Bitmaps	Pixelbilder bearbeiten mit der Grafik-Symbolleiste	46
Eine Zeichnung ist kein Gemälde	Auflösen und Umbauen von Clipart	48
Die kleine Skizzenwerkstatt	Die Werkzeuge der Zeichnen-Symbolleiste	49
Der Bilderprofi	Bilder aufbereiten mit dem Picture Manager	52
Der Dreh mit dem Ausschnitt	Fotos drehen und zuschneiden	54
Die Welt wird durch Licht erst bunt	Farbe, Helligkeit und Kontrast	56
Echte Managerqualitäten	Fotos drucken und archivieren	58
Für alles der passende Rahmen	Textverarbeitung ist nicht dasselbe wie Layout	60
Die Setzerwerkstatt	Mit dem Publisher zu schnellen Ergebnissen	62
Ein Kaktus von A bis Z	Wir gestalten eine Schülerzeitungsnummer	64

3 Excel – Rechne das doch mal schnell aus! — 68

Ab in die Zelle	Wie Excel Zellen verknüpft	70
Milchmädchenrechnung mit Komfort	Formeln eingeben und verändern	72
Was kostet Autofahren?	Ein Beispielprojekt	74
Wer macht die schönsten Tabellen?	Tabellengestaltung mit Farbe und Rahmen	76
Mathe-Power	Formeln mit Funktionen	78
Excel experimentiert	Zielwertsuche	81
Sein und Schein	Wie Excel Eingaben interpretiert und Zahlen ausgibt	82
Faulpelze herhören!	Kopierfunktionen	84
Alles ist relativ. Alles?	Absolute und relative Zelladressierung	86
Eine Tabelle für alle Fälle	Formeln mit WENN-Bedingungen	88
Schlag nach!	Die Funktion SVERWEIS	90
Etwas fürs Auge	Passende Diagramme zu allen Gelegenheiten	91
Let me assist you	Der Diagrammassistent	92
Im Kosmetiksalon	Wie man die Aussage von Diagrammen verstärkt	94

Inhalt

Sonnige Zeiten	Die Messergebnisse einer Solaranlage im Diagramm	96
Wahlen wie im Fernsehen	Wir analysieren eine Bundestagswahl	97
So lügt man mit Statistik	Kurven verbiegen nach Wunsch	98
Eine Klasse auf dem Röntgenschirm	Auswerten von Datentabellen	99
Stadt – Land – Fluss	Suchen, Sortieren und Auszählen mit Excel	101
Dateneingabe mit Aufpasser	Eigene Datenbank / Gültigkeitsprüfung	102
Klicken statt Tippen	Gebührenzähler mit Windows-Steuerelementen	103
Tante Emmas Supermarkt	Eine komplexe Anwendung vieler Excel-Funktionen	104

4 Powerpoint - Zeig's ihnen! — 106

Bring's auf den Punkt	Wie man mit Folien seine Zuhörer beeindruckt	108
Ich möchte euch einen Beruf vorstellen	Rechercheergebnisse präsentieren	110
Kurze Geschichte der Rechenmaschine	Eine Folienserie selbst gestalten	112
Zeichne, was du sagen willst	Organigramme	116
Jetzt kommt Leben auf die Bühne	Folien während der Präsentation verändern	117
Mehr Action, bitte!	Dynamische Präsentation mit dem Beamer	118
Der Griff in die Trickkiste	Trickfilme mit PowerPoint	121

5 Access – Ich schau dir in die Daten, Kleiner! — 122

Was bringt man auf die Datenbank?	Listen, Felder, Datensätze	124
Bücher, Bücher, haufenweise Bücher ...	Die Beispieldatenbank	126
Ein Klick – und die Sucherei geht los!	Wie man große Datenbestände gezielt durchsucht	128
Ein Filter trennt die Spreu vom Weizen	Filterkriterien und Auswahltabellen	130
Sieben mal sieben gibt ganz feinen Sand	Kombination mehrerer Filterkriterien	132
Muss ich das denn immer wieder sagen?	Abfragen erstellen und speichern	134
Zählen und rechnen kann er auch ...	Funktions- und Aktionsabfragen	136
Das hätten wir gern schriftlich	Berichte definieren	138
Sitzt, passt, wackelt und hat Luft!	Die Struktur der Büchertabelle	140
Neue Tabellen müssen her!	Entwurf einer Leser- und Ausleihtabelle	142
relatio... dings	Tabellen relational verknüpfen	144
referen... was?	Die Kontrolle der referentiellen Integrität	146
Formulare für den DAU	Benutzerfreundliche Dateneingabe	148
Schluss mit der Schlamperei!	Datenexport in Berichte und Serienbriefe	152
Vorsicht, Spion!	Statistische Auswertung von Datenbeständen	154
Mauern aus Technik	Datenschutz durch Zugriffskontrolle	156

6 Internet und Outlook – Anschluss an die große weite Welt — 158

Am Anfang standen zwei Ideen	Adressen für Computer (IP) und Dokumente (URL)	160
Surfen und tauchen	Suchmethoden im WWW	162
Ich höre immer Haateeemmell ...!?	HTML, die Seitenbeschreibungssprache für Webseiten	164
HTML-Seiten sind anders	Tipps zur Erstellung von Webseiten mit Word	168
Alles muss im Rahmen bleiben	Tabellen und Frames als Mittel zum Seitenaufbau	170
Ein Platz im Netz	So kommt man zu einer Homepage	172
Postbote mit Zusatzqualifikation	Outlook als Mailclient	175
Schreib mal wieder ...	Die Grundfunktionen von E-Mail	178
Mailen wie die Profis	Anlagen, Spamschutz, digitale Signatur	180
Das private Sekretariat	Kalender, Kontakte, Notizen	182
Urlaubsplanung mit Outlook	Ein Internetprojekt	186

Index — 190

Office

KAKTUS – DAS SCHÜLERMAGAZIN

Die **Comeniusschule** ist äußerlich ein ziemlich alter Backsteinbau vom Anfang des zwanzigsten Jahrhunderts. Im Keller gibt es einige kleine Räumlichkeiten, die für die Schulleitung unattraktiv, als Rumpelkammer aber zu schade sind. Hier, zwischen Hausmeisterwerkstatt und Getränkeverkauf, haust seit heute Morgen die Redaktion der Schülerzeitung „Kaktus". Entstanden ist sie aus dem Projekt „Wie wir die Schule sehen", das die 9b im Deutschunterricht durchgeführt hatte. Zunächst war da eine Wandzeitung mit ernsten und ironischen Texten, mit einer Umfrage und witzigen Fotos, später wurde das Ganze als Heft gedruckt. Weil es auch in anderen Klassen Leute mit Spaß am Schreiben gab, wurde eine regelmäßige Schülerzeitung daraus. Ein örtliches Kreditinstitut schenkte dem „Kaktus" einen funkelnagelneuen Computer samt Drucker, Scanner und passender Software. Weil das alles nicht mehr im Klassenraum aufgestellt werden konnte, bekam der „Kaktus" schließlich auch noch einen eigenen Raum.

Annika ist die Chefredakteurin des „Kaktus". Sie leitet die Redaktionssitzungen plant für die nächste Ausgabe oder klärt Probleme mit der Schulleitung. Deren Ursache ist häufig sie selbst. Ihre Artikel im „Kaktus" sind manchmal bissiger als den Lehrern lieb ist. Aber sie recherchiert auch gern zu aktuellen politischen Themen und schreibt darüber.

Simon ist berühmt für freche Lehrerkarikaturen, die er unter der Bank mal eben aufs Papier wirft. Beim „Kaktus" ist er aber vor allem fürs Layout verantwortlich. Früher hat er die einzelnen Bestandteile einer Seite ausgeschnitten und zu einem ansprechenden Gesamtaufbau zusammengefügt. Heute finden diese Arbeiten komplett im Computer statt.

Andi ist schriftstellerisch und zeichnerisch nicht besonders talentiert, aber er arbeitet trotzdem bei der Schülerzeitung mit. Als Verantwortlicher für die Technik hält er Computer, Drucker, Scanner und Digitalkamera in Schuss. Außerdem verwaltet er die Kasse und ist für das Anzeigengeschäft zuständig.

Kathrin geht in die 7. Klasse und schreibt für den Kaktus gelegentlich Buchkritiken. Ansonsten lässt sie sich nur gelegentlich in der Redaktion blicken. „Hauptamtlich" verwaltet sie nämlich die Schülerbücherei. Mit der Ausleihe von Büchern und dem Ausstellen von Leserausweisen ist sie mehr als ausgelastet.

Heute ist Umzug. Vor der Tür des Kaktuskellers steht Simon und befestigt das Kaktus-Schild an der Tür. Darunter hängt er ein kleines Emailschild vom Flohmarkt:

Bureau

„Was ist denn ein Bu-re-au?" Annika betont jede Silbe. Simon grinst: „So schrieb man früher das Wort ‚Büro'. Oder verstehst du das auch nicht? Soll ich lieber ein Schild mit der Aufschrift ‚Office' zeichnen?" „Nein, nein!" Annika schüttelt den Kopf. „Was ein Büro ist, ist mir schon klar. Trotzdem kommt mir das Wort komisch vor. Ist das hier wirklich ein Büro?"

 Aufgaben

1. Welche Vorstellungen hast du von einem Büro? Notiere möglichst viele verschiedenartige Bürotätigkeiten, die in einer Schülerzeitungsredaktion anfallen. Welche Programme würdest du den Mitgliedern der Redaktion zur Erleichterung ihrer Arbeit empfehlen?

2. Beschreibe die Aufgaben eines „richtigen" Büros, z. B. des Schulsekretariats. Notiere, warum Leute dieses Büro aufsuchen, welche Arbeiten erledigt werden und mit welchen Arbeitsmitteln gearbeitet wird.

Einführung

Willkommen im Büro!

‚Office' heißt ‚Büro', so steht's im Englisch-Wörterbuch. Den Namen ‚Microsoft Office' könnte man also übersetzen mit „Alles, was man im Büro braucht". Sehen wir uns in einem modernen Büro um, so entdecken wir tatsächlich fast nur noch Bildschirme auf Schreibtischen. Wie aber sah es vor Erfindung der Computer dort aus?

killers noch weit in der Zukunft lag. Die Vorgänge, die sie zu bearbeiten hatten, waren im Wesentlichen schon dieselben wie heute.

Wer Waren herstellt und verkauft, der muss
- Briefe schreiben, um Angebote einzuholen, Waren zu bestellen oder Verträge zu schließen,
- Löhne abrechnen und Preise kalkulieren,
- Kunden- und Lieferantenkarteien führen,
- über Geschäftsvorgänge Buch führen und
- Termine koordinieren, um Überlastung und Leerlauf zu vermeiden.

Um das Jahr 1800 gab es Maschinen zunächst nur in den Fabrikhallen. Hundert Jahre später drangen sie auch in die Büros vor. Es begann mit den **Rechenmaschinen**. Schon 1640 hatte Pascal die erste Addiermaschine gebaut und Leibniz hatte mit einer Multiplikationsmaschine experimentiert. Aber erst kurz vor 1900 wurden solche Geräte massenhaft in Büros eingesetzt. Immer besser wurde das Material, immer kleiner die Teile, immer geringer die Toleranzen bei der Massenfertigung. Zwar musste man ziemlich viel kurbeln. Dafür aber brauchte man seinen Geist entsprechend weniger zu strapazieren und machte weniger Fehler. Ein Werbespruch von 1936 lautete: Rechne mit Muskelkraft, schone die Nerven.

Die ersten Büros entstanden vor 200 Jahren in den Fabrikhallen der zahlreicher und größer werdenden Industriebetriebe. Eine Weile werden die Herren Fabrikanten noch versucht haben, ihren Schreibkram allein zu erledigen. Aber irgendwann wuchs ihnen die Arbeit über den Kopf und die Akten passten nicht mehr ins Wohnzimmer. So richteten sie Schreibstuben ein und setzten Leute hinein, die sie „Handlungsgehilfen" nannten. Das waren fast ausschließlich Männer. Sie arbeiteten an Stehpulten und schrieben mit Tinte und Feder in dicke Bücher. Schön schreiben mussten sie und schnell rechnen. Vor allen Dingen aber durften sie keine Fehler machen, da die Erfindung des Tinten-

Office

Auch die **Schreibmaschine** brauchte 200 Jahre für die Eroberung der Büros: Die ersten Prototypen gab es um 1700, aber erst ab 1900 konnte man auf genormten Tastaturen wirklich schnell tippen. Diese Routinearbeit aber überließen die Herren der Büros nun bereitwillig den Frauen. Die tippten schneller und kosteten weniger als männliche Arbeitskräfte. Außerdem sah man dem getippten Brief sowieso nicht mehr an, welches Individuum ihn hervorgebracht hatte, denn gleichzeitig mit den Schrifttypen war auch die Sprache vereinheitlicht worden. DIN-Ausschüsse beschäftigten sich schon damals mit der Normung von Anrede- und Grußformeln.

Für die **Datenverwaltung** und –auswertung wurden mechanische Hilfsmittel entwickelt, die große Zeitersparnis brachten. So wurden traditionell die bei der amerikanischen Volkszählung erhobenen Daten auf Karteikarten geschrieben. Das Auszählen der Karten und die Erstellung von Statistiken dauerte bei dieser Arbeitsweise etwa sieben Jahre. Eines Tages hatte Hermann Hollerith die geniale Idee, die Daten in Lochkarten zu stanzen. Diese konnte man mechanisch auswerten, und so lagen die Ergebnisse der Zählung von 1890 bereits nach vier Wochen vor.

Auch die **Kommunikation** machte Fortschritte. 1844 hatte Samuel Morse das erste Telegramm verschickt. Um 1900 gab es in vielen Ländern bereits ein Telefonnetz, später kamen Fernschreiber und Fax dazu. Noch immer war aber in der Regel ein Mensch das Bindeglied zwischen den verschiedenen Maschinen. Und noch immer waren viele Arbeiten reine Routinetätigkeiten und wurden von den Planern und Entscheidern an ein Heer von Hilfskräften delegiert, die all die Zahlen und Texte aus der einen Maschine in die andere, von der Karteikarte in die Liste und vom Schreibmaschinenblatt in die Setzmaschine übertragen mussten.

Schon bald gab es Versuche, Aufgaben verschiedener Maschinen in **Multifunktionsgeräten** zu bündeln. Fakturiermaschinen und Registrierkassen rechneten nicht nur, sondern sie werteten die Daten auch aus. Sie lieferten Teilsummen nach bestimmten Konten oder Warengruppen. Erst der Computer aber brachte Schreiben und Rechnen, Buchführung und Kommunikation zusammen. Für immer komplexere Aufgaben gibt es heute standardisierte Lösungen. Die Erfassung und Übermittlung von Daten findet zunehmend automatisiert ohne menschliche Eingriffe statt. Informationsaustausch läuft in Echtzeit über Kontinente.

Vielen Menschen ist die rasche Entwicklung unheimlich. Der **Computer** hat die Arbeitswelt entscheidend und unwiderruflich verändert. Manche Abläufe wurden schematischer oder schwerer durchschaubar. Viele Hand- und Denkarbeiten wurden überflüssig, da programmgesteuerte Maschinen Routinetätigkeiten einfach schneller und zuverlässiger erledigen, als Menschen das könnten.

Auf der anderen Seite stehen die zahlreichen neuen Möglichkeiten, die der Computer jedem Einzelnen von uns gibt. Er erleichtert es, Informationen zu beschaffen und auszuwerten, die eigene Arbeit der Öffentlichkeit zu präsentieren und mit anderen darüber zu kommunizieren. Alte Büros waren oft eng und muffig. In unserem Office dagegen gibt es jeden Tag Neues zu entdecken. Fangen wir an.

Aufgabe

1. Suche im Internet oder auf einer Lexikon-CD Informationen über die Entwicklung von Rechenmaschinen, Schreibmaschinen, Computern und Kommunikationsgeräten. Lege eine Zeittafel oder eine kommentierte Bildersammlung an.

Kapitel 1

Kapitel 1

Word – Viel mehr als eine Schreibmaschine

Word

Die 7b hat Ethik. Das ist nie langweilig, denn Herr Fuchs liebt keine langen Vorträge. Stattdessen teilt er interessante Texte aus, zeigt Filme oder lädt Leute ein. Gestern zum Beispiel waren es zwei junge Frauen aus einer Lebensgemeinschaft für ehemalige Drogenabhängige. Schon bald entwickelte sich ein lebhaftes Gespräch.

Nur Kathrin konnte heute kaum mitreden, sie musste nämlich Protokoll führen. Das macht sie ziemlich ungern. Aber irgendwann trifft es jeden einmal. Heute Morgen, als sie das fertige Protokoll vortrug, lobte Herr Fuchs die flüssige Berichterstattung und meinte: „Ich möchte das gern für jeden kopieren. Aber deine Schrift ist groß, und drei Seiten für jeden ist Papierverschwendung. Meinst du, du könntest das noch mal abtippen?" Ehe Kathrin etwas sagen konnte, hatte sie die Blätter schon wieder in der Hand.

Erst hoffte sie, dass sie Annika überreden könnte, es ihr zu tippen. Die hat nämlich kürzlich einen Kurs im Zehnfingersystem gemacht. Aber Annika wehrte ab: „Das kannst du auch selbst. Irgendwann macht man alles zum ersten Mal. Wir treffen uns in der Sechsten im Kaktusbüro. Keine Angst, ich erklär's dir."

Kathrin hatte bisher kein besonders liebevolles Verhältnis zu Computern. Die meisten Lernprogramme wurden schnell langweilig und Spiele reizten sie schon gar nicht. Das war ihr alles zu grell und zu chaotisch. Und zum Arbeiten brauchte sie keinen Computer. Ordentliche Heftseiten gestalten, das kann sie auch gut mit der Hand. Aber jetzt sitzt sie vor dem neuen Computer der Schülerzeitungsredaktion. Annika rückt die Stühle zurecht und schaltet den Computer an. Während die Festplatte rattert, erklärt sie: „Auf unserer alten Kiste bei dir in der Schülerbücherei haben wir mit einem ganzen Sammelsurium von Programmen gearbeitet. Und trotzdem mussten wir noch viel mit der Hand schreiben, zeichnen und zusammenkleben. Aber zu unserem neuen System haben wir auch das neueste Office bekommen. Und in Zukunft wird die Zeitung von Simon auf der Festplatte zusammengeschnippelt."

Offensichtlich versucht Annika, ihr den Computer als Mitarbeiter schmackhaft zu machen: „Mit Microsoft Office kann man alles machen, was an Schreib- oder Verwaltungsarbeit anfällt. Der wichtigste Bestandteil dieses Büros ist die Textverarbeitung Word. Damit kann man ganz einfach und schnell Texte eintippen, korrigieren und ausdrucken. Aber wenn man will, kann es noch viel mehr, zum Beispiel

- Texte durch verschiedene Schriftarten und Schriftgrößen verschönern,
- Tabellenspalten exakt ausrichten,
- grafische Skizzen im Text erstellen,
- Adressen in Serienbriefe einfügen,
- Seiten fürs World Wide Web gestalten.

Außerdem lassen sich die Ergebnisse vieler anderer Programme (Bilder, Tabellen, Diagramme, ja sogar Töne und Filme) in Word-Dokumente einbetten. Das Beste daran ist: Beim Office passen alle Teile zusammen, da läuft der Datenaustausch reibungslos."

Mittlerweile ist der Computer so weit, und Annika hat Word bereits gestartet. „Fang einfach an zu tippen." Geduldig schaut sie zu, wie Kathrin die Tasten sucht. Das geht zunehmend schneller. Zwischendurch erklärt ihr Annika, wie man Fehler korrigieren kann. „Am besten wäre es aber doch, wenn du irgendwann mal einen Schreibmaschinenkurs machst. Mit zehn Fingern macht das Tippen viel mehr Spaß als mit zweien. Und außerdem vermeidest du Fehler, wenn du nicht auf die Tastatur schaust, sondern auf den Bildschirm."

Kathrin sagt nichts, aber irgendwie beginnt die Sache ihr Spaß zu machen. Zehn Minuten später ist der Text im Kasten. Annika markiert noch einige Textteile und bringt sie fix in eine ansprechendere Form. Dann speichert sie das Protokoll ab und druckt es aus. „Kopieren darf das der Herr Fuchs", sagt sie. „Für Vervielfältigung im Klassensatz ist unser Drucker zu teuer. Da bekomme ich Ärger mit den anderen Redakteuren."

 Aufgaben

1. Welche Texte haben die Menschen im Laufe der Geschichte aufgeschrieben? Welche Schreibwerkzeuge haben sie im Laufe ihrer Geschichte benutzt? Auf welche Materialien wurde geschrieben? Konnten alle Menschen lesen und schreiben oder nur Angehörige bestimmter Berufe?

2. Hast du schon einmal mit einer Textverarbeitung gearbeitet? Welche Möglichkeiten hast du genutzt? Wo tauchten Probleme auf? Blättere die folgenden Heftseiten durch und sieh dir das Angebot an. Was möchtest du besonders üben?

Kapitel 1

Tipps fürs Tippen

Die meisten Tasten der Computertastatur gab es schon auf der mechanischen Schreibmaschine. Wegen der vielen Funktionen, die Computer seither gelernt haben, sind aber eine ganze Reihe von Knöpfen dazugekommen:

 Bei der elektrischen Schreibmaschine musste nach jeder Zeile die **Eingabetaste** gedrückt werden. Word teilt aber deinen Text selbstständig in Zeilen ein und passt diese Einteilung nach jeder Änderung neu an. Verwende die Eingabetaste deshalb nicht nach jeder Zeile, sondern nur am Ende von Absätzen. Die Taste hat noch eine zweite Funktion. In vielen Dialogfeldern ersetzt ein Druck auf die Eingabetaste den Kick auf die *OK*-Schaltfläche.

 Die **<Esc>-Taste** (to escape: fliehen) solltest du dir merken für den Fall, dass du eine unbeabsichtigte Aktion ausgelöst hast. In Dialogen ersetzt sie den Klick auf „Abbrechen".

  Am Pfeil nach oben erkennt man die beiden **Großschreibtasten**. Um längere Textabschnitte großzuschreiben, kann man die Großschreibung auch dauerhaft einstellen. Hierzu benutzt man die **Feststelltaste** mit dem breiten Pfeil nach unten. Ausgeschaltet wird die Feststellfunktion durch einen erneuten Druck.

 Manche Tasten sind dreifach belegt. Die Umschalttaste **<AltGr>** benötigst du für das Euro-Zeichen €, für die Hochzahlen in m² und m³, für das Mikrozeichen in μm. Außerdem für den Backslash \ in Dateipfaden, das At-Zeichen in E-Mails @ und die Tilde ~ in manchen Webadressen. Mathematiker geben damit eckige und geschweifte Klammern {[ ]} und Trennlinien | ein.

  Die beiden Umschalttasten **<Alt>** und **<Strg>** ermöglichen die Eingabe von Befehlen über die Tastatur. So öffnet ein Druck auf <Alt>+D das Datei-Menü und ein Druck auf <Strg>+C kopiert markierten Text in die Zwischenablage. In den Menüs werden diese „Shortcuts" angezeigt.

So wird korrigiert

Word vergleicht deinen Text mit einem eingebauten Wörterbuch. Rote Wellenlinien im Text deuten darauf hin, dass Word ein Wort nicht kennt. Das kann bedeuten, dass es falsch geschrieben ist, muss es aber nicht. Wenn du sicher bist, dass deine Schreibweise stimmt, dann ignoriere den Hinweis einfach.

 Musst du aber tatsächlich etwas korrigieren, so verwende **die Rücktaste**, um einzelne Buchstaben zu löschen. Klicke mit der Maus hinter den falschen Buchstaben, um die Schreibmarke zu setzen. Lösche das falsche Zeichen und füge das richtige Zeichen ein.

Grüne Wellenlinien signalisieren, dass Word einen Hinweis zur Grammatik hat. Klicke sie mit der rechten Maustaste an, dann erfährst du Näheres.

 Eine zweite Löschtaste ist die Taste **<Entf>**. Sie löscht nicht nach links, sondern nach rechts. Im Beispiel oben würde also nicht das d, sondern das s gelöscht.

Troubleshooting

 Fügst du ein Wort in vorhandenen Text ein, so rutscht der existierende Text normalerweise nach rechts. Sollte dies einmal nicht funktionieren, so hast du versehentlich von Einfügen auf Überschreiben umgeschaltet. In der Statuszeile am unteren Rand des Word-Fensters steht dann ÜB. Mit der **<Einfg>**-Taste kannst du das ändern.

 Die Zahlen von 0 bis 9 und die Rechenzeichen kann man sowohl über die Buchstabentastatur als auch über den Ziffernblock eingeben. Liefert der Ziffernblock keine Zahlen, so drücke die **<Num ⇩>**-Feststelltaste.

Vielleicht wünschst du dir auch eine Taste, die Fehleingaben korrigiert. Du findest sie auf der Symbolleiste von Word. Klicke mit der Maus darauf, dann wird der Zustand vor der letzten Operation wieder hergestellt.

Aufgaben

1. Tippe den abgebildeten Text ab. Speichere ihn unter dem Dateinamen 💾 *Ethikprotokoll* in deinem Arbeitsverzeichnis. Hinweise zum Speichern, Öffnen und Drucken findest du auf der nächsten Seite.

2. Für Profis: Im Arbeitsverzeichnis findest du das wörtliche Protokoll einer 💾 *Deutschstunde*. Drucke es aus, lies es und formuliere ein knappes Verlaufsprotokoll. Speichere dieses unter dem Titel 💾 *Deutschstunde2*.

Comeniusschule Meisenbach

PROTOKOLL DER ETHIKSTUNDE DER 7B VOM 23.05.2003
Ort: Raum 3.8, Beginn: 9:45 Uhr, Ende 10:30 Uhr

Anwesende: Herr Fuchs, die Schülerinnen und Schüler der 7b, drei Gäste
Entschuldigt: René Menger
Diskussionsleitung: Herr Fuchs
Protokoll: Kathrin Petzold

THEMA: DROGENTHERAPIE

Als die beiden Klientinnen der Villa Kolibri mit ihrem Therapeuten den Raum betraten, herrschte allgemeines Stillschweigen. Nachdem sie sich in der Mitte des Raumes hingesetzt und sich vorgestellt hatten, fingen einige Schüler an Alexandra (26) und Heike (24) Fragen zu stellen. Viele wollten einfach nur wissen, wie viel cm^3 Heroinlösung bei einem Schuss gespritzt werden oder Ähnliches, aber Herr Fuchs lenkte das Gespräch immer wieder auf die Folgen.

Heike erzählte ganz locker über ihr Leben mit der Droge. Alexandra hingegen hatte Angst, über ihre Vergangenheit zu reden. Besonders interessant war, dass eine der beiden, Heike, ein kleines Kind hat und wie sie versucht hat ihre Sucht und ihre Pflichten als Mutter unter einen Hut zu bringen. Heike erzählte, dass sie sich nur Stunden nach der Geburt ihres Sohnes den nächsten Schuss setzte.

Ein Kügelchen Heroin kostet 10 € und hält ein paar Stunden. Um sich Geld zu beschaffen wurde Heike zur Dealerin. Als sie von der Polizei geschnappt wurde, hatte sie in ihrem Auto 2,5 Kilo Heroin gebunkert. Man stellte sie vor die Wahl: Therapie oder Knast. Ihrem Sohn zuliebe entschied sie sich für die Therapie. Mittlerweile ist sie selbst davon überzeugt, dass sie den richtigen Weg eingeschlagen hat. Seit ungefähr acht Monaten ist sie „clean". Wie sie sich das Leben nach der Therapie vorstellen, konnten beide noch nicht genau sagen.

Das Thema, wie sie zu härteren Drogen wie Heroin gekommen sind, war für die Schüler besonders interessant. Die meisten Süchtigen, die sie kennen, sind vom Alkohol auf Heroin umgestiegen. Teilweise werden sie von den Älteren aus der Clique dazu ermuntert oder folgen ihrem Beispiel, weil sie dazugehören wollen. Auch werden oft Probleme in der Schule oder in der Familie schon im frühen Alter mit Hilfe von Drogen verdrängt. Wenn Kindern ein Ansprechpartner fehlt, versuchen sie oft ihre Probleme mit Alkohol oder anderen Drogen zu verdrängen. Die häufig gehörte These, dass Haschisch die Haupt-Einstiegsdroge ist, wollten beide Gäste in Bezug auf ihren Bekanntenkreis nicht bestätigen.

Die beiden Frauen hoffen, dass sie uns nicht umsonst ihre Lebensgeschichte erzählt haben.

Kapitel 1

 Erst mal speichern ...

Es ist ein schönes Gefühl, auf dem Bildschirm zu sehen, wie sich die eigenen Gedanken Stück für Stück zu einem sauberen Text zusammenfügen. Besonders Leute, die eine krakelige Handschrift haben oder jeden Satz dreimal nachbessern, wissen den Computer als Werkzeug zu schätzen. Aber stelle dir nur einmal vor, der Strom fällt aus oder dein verspielter Freund drückt versehentlich den Ausschaltknopf.

Speichern heißt sichern

Weil der Arbeitsspeicher des Computers nur mit ununterbrochener Stromversorgung funktioniert, müssen alle Arbeitsergebnisse auf der Festplatte gesichert werden. Dazu braucht dein Text einen **Dateinamen**. In den Aufgaben dieses Buches sind Dateinamen mit einer kleinen Diskette gekennzeichnet.

Damit Dateinamen kurz sein können und die Listen nicht zu lang werden, legt man auf der Festplatte ein System von **Ordnern** an. Beachte die folgenden Regeln:
- Speichere deine Arbeit, sobald du ein erstes Teilergebnis erreicht hast. Word tut das zwar auch automatisch. Aber du selbst kannst besser beurteilen, wann ein Teilziel erreicht ist und die nächste Experimentierphase beginnt.
- Word schlägt dir vor, die erste Zeile deines Dokuments als Dateinamen zu verwenden. Überprüfe diesen Namen und ändere sie so ab, dass sie kurz und treffend werden.
- Lege deine Dateien von vornherein in Ordnern ab, damit du sie leicht wieder findest.
- Verlasse dich nicht darauf, dass deine Festplatte ewig hält. Lege von wichtigen Dateien Backups auf Diskette oder CD an.

 Aufgabe

1. Lade das *Ethikprotokoll*.
   Lege einen Ordner *Protokolle* an.
   Speichere darin eine Kopie des Ethikprotokolls.
   Lösche das ursprüngliche *Ethikprotokoll*.

Wo find ich denn das?

Nicht immer öffnet Word gleich den gewünschten Ordner. Aber es bietet eine ganze Reihe von Möglichkeiten, abgespeicherte Dokumente wiederzufinden.
- Im Datei-Menü sind die zuletzt geöffneten Dateien aufgelistet. Nach dem Programmstart findest du sie auch im **Aufgabenbereich** und kannst sie dort mit einem Klick starten.
- Die zuletzt benutzten Dateien und Ordner findest du auch, wenn du im *Öffnen*-Dialog auf das Symbol *Zuletzt verwendete Dokumente* klickst.
- Am oberen Rand des *Öffnen*-Dialogs gibt es die Liste *Extras*. In ihr findest du den Befehl *Suchen*. Er ermöglicht dir, gezielt nach Dokumenten zu suchen, die einen bestimmten Begriff enthalten.

 Aufgabe

2. Suche im Arbeitsverzeichnis nach Dokumenten, die den Begriff „Großmutter" enthalten.

  Das hätte ich gern schriftlich ...

Den kleinen Drucker in der Standard-Symbolleiste hast du sicher schon entdeckt. Betätige diesen Knopf nicht vorschnell. Du kannst viel Papier sparen, wenn du zuerst eine **Seitenansicht** anforderst, um eine Vorschau dessen anzusehen, was gedruckt werden soll.

Willst du nur einen Teil deines Textes drucken, so verwende den Menübefehl *Datei – Drucken*. Hier hast du die Möglichkeit, nur ausgewählte Seiten oder markierte Ausschnitte auf Papier zu verewigen.

 Aufgabe

3. Setze im *Ethikprotokoll* an Stelle von „Kathrin Petzold" deinen eigenen Namen ein. Drucke das Protokoll aus, unterschreibe es und gib es ab.

Word

Der Dateimanager

Hier kannst du die Dateiliste auf verschiedene Ansichten umschalten (große, kleine Symbole, mit Dateiinformationen oder mit Vorschau, …).

Mit dieser Schaltfläche kannst du neue Ordner erstellen.

Dieses Symbol führt dich zum übergeordneten Ordner.

Ein Klick auf ein Feld des **Tabellenkopfs** ordnet die Dateien nach Name, Größe, Typ oder Datum. Der zweite Klick kehrt die Sortierfolge um (Detailansicht).

Hier stellt dir Word ausgefeilte **Suchfunktionen** zur Verfügung, z. B. kannst du nach Dateien suchen, die ein bestimmtes Wort enthalten.

Über die **Randleiste** kommst du schnell an einige bevorzugte Speicherorte heran, z. B. die zuletzt geöffneten Dateien.

Mit Doppelklick auf das **Dateisymbol** kannst du Dateien oder Ordner öffnen. Wenn du Dateinamen mit der rechten Maustaste anklickst, kannst du Dateien auch umbenennen oder löschen.

Hier kannst du den Anfang eines **Dateinamens** eingeben. Word sucht dir passende Dateien heraus.

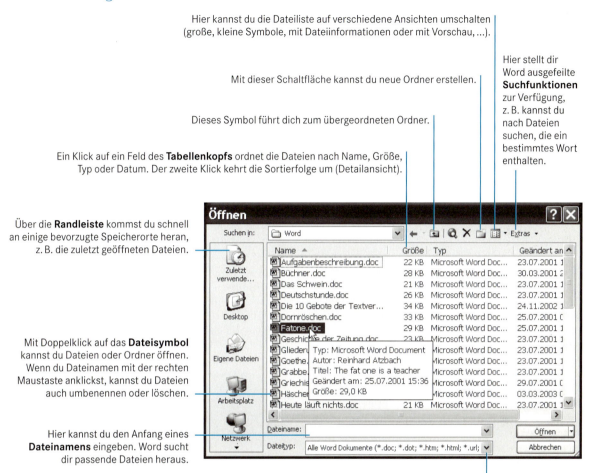

In dieser Liste kann man eine **Vorauswahl** über den Dateityp treffen. Wenn Word keine Dateien anzeigt, kann es daran liegen, dass der falsche Dateityp ausgewählt ist. Word nimmt immer die Vorauswahl, die zuletzt verwendet wurde.

Nach dem Programmstart zeigt Word den **Aufgabenbereich** *Erste Schritte* an. Er ermöglicht dir, die zuletzt bearbeiteten Dokumente schnell wieder zu öffnen.

Du kannst aber auch ein neues **Leeres Dokument** erstellen oder **Von bestehendem Dokument** eine zusätzliche geänderte Fassung erstellen.

Für Webseiten, E-Mails und andere Dokumente gibt es **Vorlagen** als Ausgangspunkt für eine Gruppe ähnlicher Dokumente. Denke dabei an ein Briefpapier, bei dem der Briefkopf schon vorgedruckt ist. Profis erstellen solche Vorlagen auch selbst und legen sie auf ihrem Computer oder auf der Firmenwebsite ab. Schau am besten gleich einmal nach, welche Vorlagen *Auf meinem Computer…* bereit liegen.

13

Kapitel 1

Benimmregeln für Leerzeichen

Eigentlich findet Kathrin, dass die Bedienung von Word ganz leicht zu lernen ist. Wenn das Programm nicht ganz so reagiert, wie sie es erwartet, fragt sie Annika um Rat. Und meist findet sich für das komische Benehmen des Computers eine ganz einfache Erklärung. So intelligent Programme heute sind – man muss sich auf ihre Arbeitsweise einstellen, sonst liefern sie nicht die gewünschten Ergebnisse.

Deshalb müssen sich Computerbenutzer an viele Regeln gewöhnen, die beim Tippen auf der guten alten Schreibmaschine noch gar nicht existierten oder nicht so wichtig waren.

Die wichtigste Regel hast du schon gelernt:

Regel 1: Betätige die Eingabetaste nicht an jedem Zeilenende, sondern nur, um einen Absatz zu erzeugen.

Heute lernst du: Auch der Umgang mit Leerzeichen ist genau geregelt:

Regel 2: Die Satzzeichen Punkt, Komma, Semikolon, Ausrufezeichen, Fragezeichen und Doppelpunkt schließen ohne Abstand direkt an den vorhergehenden Text an. Hinter diese Zeichen setzen wir dagegen immer ein Leerzeichen. Das signalisiert Word: Hier kann ein Zeilenwechsel gesetzt werden:

Leerzeichen: unscheinbar, aber wichtig.

Steht ein Leerzeichen vor dem Satzzeichen, so erlaubst du Word, die nächste Zeile mit dem Satzzeichen zu beginnen. Das sieht ziemlich hässlich aus:

Falsch
:Leerzeichen vor Satzzeichen .

Fehlt aber das vorgeschriebene Leerzeichen nach dem Satzzeichen, so betrachtet Word das vorhergehende und folgende Wort als eine Einheit, die man nicht durch eine Zeilenschaltung trennen darf:

Falsch: Hier fehlt der Abstand ganz.Deshalb betrachtet Word die beiden Wörter als ein einziges unbekanntes Wort.

Regel 3: Gliedere Zahlen und Datumsangaben durch Punkte und Kommas ohne folgende Leerzeichen.
Wenn du eine Zahl durch Leerzeichen unterbrichst, läufst du Gefahr, dass Word die Zahl beim Zeilenumbruch auf zwei Zeilen verteilt.

Falsch: 6 812, 49   Falsch: 27. 03. 2004
Richtig: 6.812,49   Richtig: 27.03.2004

Regel 4: Beginne nach „Gänsefüßchen unten" direkt mit dem Text und setze das „Gänsefüßchen oben" direkt hinter das abschließende Satzzeichen.
Wenn du diese Regel nicht beherzigst, wirst du öfters einsame Gänsefüßchen am Anfang oder am Ende von Zeilen finden. Diese Regel gilt auch für Klammern.

„Gänsefüßchen sitzen dicht!", sagt die Norm.
(Das Gleiche gilt übrigens für Klammern.)

Regel 5: Leerzeichen sind kein Mittel, um Texte zu verschieben. Gewöhne dir gar nicht erst an, mehrere Leerzeichen hintereinander einzugeben. Um Wörter in Spalten zu setzen, verwendet man Tabulatoren oder Tabellen. Du lernst sie in einem der nächsten Abschnitte kennen.

 Ein Klick auf dieses Symbol macht Leerzeichen und andere unsichtbare Zeichen sichtbar.

Aufgaben

1. Sieh das 🗐 *Ethikprotokoll* auf die richtige Verwendung von Leerzeichen durch.

2. Die angegebenen Regeln kannst du bei der Korrektur von 🗐 *Leerzeichen* anwenden.

3. Weitere Übungen zum Redigieren von Texten findest du in 🗐 *Übungstext 1*.

4. Sicher fällt dir der eine oder andere gute Witz ein, den du in letzter Zeit gehört hast. Vielleicht wolltest du auch schon lange ein Gedicht, einen Liebes- oder Leserbrief oder eine Sammlung dummer Sprüche zu Papier bringen. 🗐 *Mein Text*

5. Falls du mit einem Partner vor dem Computer sitzt: Schreibt zusammen eine Geschichte. Der oder die eine beginnt mit einem Satz (Mitten in der Nacht wurde Peter plötzlich wach …). Dann hängt ihr abwechselnd einen Satz an, bis die Geschichte ein befriedigendes Ende gefunden hat. 🗐 *Fortsetzungsroman*

Der besondere Akzent

Weil Andi eine schwer lesbare Handschrift hat, macht er seine Hausaufgaben immer öfter mit Office. Besonders bei den Französischaufgaben tauchen manchmal Probleme auf. Hier ein Textbeispiel:

> Echange d'étudiants
>
> Patrick se trouve à Rouen dans une famille française. C'est la première fois qu'il est en France. Bien sûr, il est venu avec des copains de sa classe et deux professeurs de son école à Francfort, mais la première soirée dans la famille, il se sent très seul, et c'est assez dur de ne comprendre guère un mot dès le début.
>
> François, son partenaire, est beaucoup plus petit que Patrick a pensé, bien qu'il soit le même âge que lui. Et il parle très peu d'allemand. Mais on essaye de se faire comprendre par les mains et les pieds et les expressions faciales quand les mots manquent, et ça les fait rire plus d'une fois. Pendant le dîner, ça va assez bien, car si tu vois ce que les gens t'offrent, tu peux réagir par « Oui, merci » ou « Non, merci » et ça y est.
>
> Après le repas, François propose de jouer quelque chose, et Patrick pense à football ou tennis, mais son ami français le traîne dans sa chambre et lui montre l'ordinateur. Patrick est étonné d'y trouver une disquette avec le même jeu que son père lui a offert pour son dernier anniversaire. Heureusement, les règles et ordres sont donnés en anglais, et voilà des mots qu'ils comprennent les deux! Alors, ils s'installent devant l'ordinateur et ils oublient le temps jusqu'à ce que la maman de François les envoie au lit.

Viele französische Wörter enthalten **Akzente**, die auf die Aussprache des jeweiligen Vokals hinweisen:
- der Accent aigu (René, Café, passé, ...),
- der Accent grave (drei Flaschen à 0,7 l),
- der Accent circonflexe (Côte d'Azur, Rhône).

Du findest die Akzente auf der ersten und letzten Taste der obersten Tastaturreihe, neben den Zahlen. Die Akzenttasten werden vom Computer als „Tottasten" behandelt. Gibst du zum Beispiel das Zeichen ^ ein, so passiert scheinbar gar nichts. Erst nachdem du das o gedrückt hast, werden beide Zeichen zum ô kombiniert.

Nicht mit den Akzenten identisch ist der **Apostroph**. Er dient zur Kennzeichnung von ausgelassenen Buchstaben und ist auch im Deutschen üblich (Wie geht's?). Du findest dieses Zeichen auf den meisten deutschen Tastaturen zwischen der Eingabetaste und dem Ä. Im Gegensatz zu den Akzenten darf der Apostroph gerade nicht mit den folgenden Buchstaben verschmelzen. Deshalb funktioniert die Apostrophtaste völlig normal. Verwendest du aber in „s'il vous plaît" oder „c'est" statt des Apostrophen den Akzent, so kombiniert dein Computer den Strich fälschlicherweise mit dem folgenden Vokal.

Weitere Sonderzeichen

Für andere Zeichen, beispielsweise das ç gibt es Geheimgriffe auf der Tastatur. Kennt man diese nicht, so kann man auch im Menü *Einfügen - Symbol* das entsprechende Zeichen in der Zeichensatztafel suchen. (Eventuell muss erst in der Zeichensatzliste die Schriftart „normaler Text" eingestellt werden.)

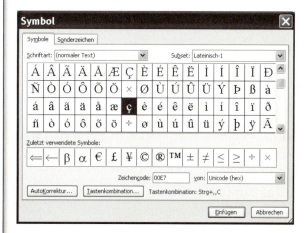

Für das ç nennt dir der Symboldialog die Tastenkombination „Steuerungstaste festhalten und Komma drücken. Anschließend c eingeben". Probiere es aus.

 Aufgaben

1. Schreibe den Text im Kasten sorgfältig ab und speichere ihn unter 💾 *Échange d'étudiants*. Die Rechtschreibkorrektur von Word stellt sich selbständig auf Französisch um und setzt auch vollautomatisch französische statt deutscher Anführungsstriche.

2. Öffne 💾 *Akzente*. Schreibe einen Text, in dem möglichst viele Wörter mit Akzenten und Apostrophen vorkommen. Speichere deinen 💾 *Akzenttext*.

Kapitel 1

Informations- und Kontrollzentrum!

Nachdem deine ersten Texte nun hoffentlich glücklich im Kasten sind, wollen wir uns erst einmal genauer im Word-Fenster umsehen. Für Fortgeschrittene enthält dieser Abschnitt einige Tipps, wie man den Bildschirm aufräumen kann, wenn er durch Zufall oder Fremdeinwirkung durcheinander geraten ist. Lade zum Ausprobieren einen Text, etwa das 🗎 *Ethikprotokoll*.

Das Menü und die Symbolleisten

Oberhalb deines Textes findest du die Menüleiste und die beiden Symbolleisten *Standard* und *Format*. Weitere Leisten werden bei Bedarf von Word zugeschaltet. Mit Klick auf den Pfeil am rechten Ende jeder Symbolleiste kann man weitere Symbole der jeweiligen Leiste ein- oder ausblenden.

Was tun, wenn Symbolleisten verschwinden? Kein Problem: Der Menübefehl *Ansicht – Symbolleisten* zeigt eine Liste, in der man jede Symbolleiste von Word gezielt ein- und ausblenden kann. Diese Liste kannst du auch anzeigen, indem du mit der rechten Maustaste auf eine beliebige Symbolleiste klickst.

Häufig benutzte Leisten wie *Zeichnen* besitzen einen Knopf auf der *Standard*-Symbolleiste, mit dem man sie zeigen und verbergen kann.

Keine Panik, wenn Menüleisten stören: Alle Leisten, auch die Menüleiste, können frei auf dem Bildschirm postiert werden oder an den Rändern des Word-Fensters andocken. Man fasst sie an dem gepunkteten Strich ganz links und zieht sie ins Fenster.

Solange sie mitten im Fenster schweben, haben die Symbolleisten eine graue Kopfleiste, an der man sie greifen und verschieben kann. Mit Klick auf das Kreuz rechts oben kann man störende Symbolleisten schließen.

Bildschirmausschnitt verändern

Normalerweise sollte die Schrift auf deinem Bildschirm etwa in der Größe erscheinen, wie sie später auch ausgedruckt wird. Möchtest du eine ganze Seite überblicken oder bestimmte Stellen vergrößert sehen, so kannst du mit dem Menübefehl *Ansicht – Zoom* einen anderen Vergrößerungsfaktor einstellen. Schneller geht das mit der aufklappbaren Liste in der Standard-Symbolleiste.

Unsichtbare Zeichen anzeigen

Für den Computer ist das Loch zwischen zwei Wörtern kein Nichts, sondern ein **Leerzeichen**. Für den Computer ist das ein völlig normaler Buchstabe, nur für uns Menschen ist er eben unsichtbar. Ebenso merkt sich der Computer das Ende eines Absatzes mit einem speziellen **Absatzzeichen**. Mit einem Klick auf das spiegelverkehrte P (es steht für englisch *paragraph*, also Absatz) kann man unsichtbare Zeichen sichtbar machen und wieder verbergen. Keine Sorge: Sie sind nur auf dem Bildschirm zu sehen und werden nicht gedruckt.

Verschiedene Ansichten

Word kann dir dein Dokument auf fünf verschiedene Arten zeigen. Umschalten kannst du mit fünf Befehlen im Menü *Ansicht* oder mit den kleinen Knöpfen links unten neben der Bildlaufleiste.

Die **Normalansicht** reagiert sehr schnell, zeigt aber nicht den späteren Seitenaufbau an.

In der **Weblayoutansicht** sollte man arbeiten, wenn man Seiten fürs Internet erzeugt.

Für die meisten Aufgaben empfiehlt sich die **Seitenlayoutansicht**. Sie präsentiert das Dokument so, wie es später ausgedruckt wird. Über dem Dokument und links neben ihm zeigen die Skalen von zwei Linealen die Aufteilung des Blattes an.

Die letzten beiden Symbole dienen dem Umgang mit besonders langen Texten, etwa Büchern.

Word

Symbolleisten und Schaltflächen

Mit den drei **Fenster-Schaltflächen** kannst du
- das Word-Fenster schließen. Auf der Taskleiste bleibt ein Knopf zum Wiederöffnen.
- zwischen voller Bildschirmgröße und Fensteransicht wechseln.
- das Dokument schließen.

Am oberen Bildschirmrand ist der Platz für die **Menüleiste** und die **Symbolleisten**. An den „Anfassern" (graue Linien links) kann man Symbolleisten ins Dokumentfenster ziehen. Ein Doppelklick auf die **Titelleiste** bringt sie wieder zum Rand.

In dieses Feld kannst du Fragen oder unbekannte Begriffe eingeben. Sobald du die Eingabetaste drückst, öffnet sich ein **Hilfefenster** mit einer Auswahl möglicher Themen.

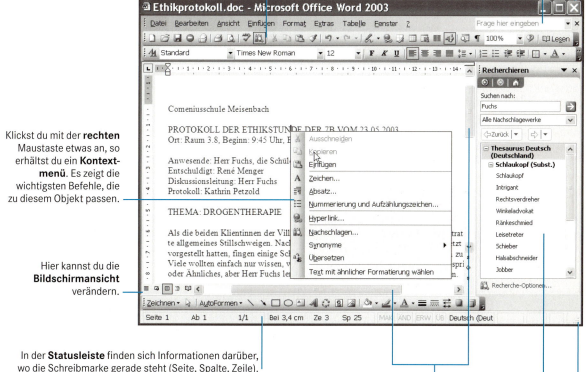

Klickst du mit der **rechten** Maustaste etwas an, so erhältst du ein **Kontextmenü**. Es zeigt die wichtigsten Befehle, die zu diesem Objekt passen.

Hier kannst du die **Bildschirmansicht** verändern.

In der **Statusleiste** finden sich Informationen darüber, wo die Schreibmarke gerade steht (Seite, Spalte, Zeile).

Mit den **Bildlaufleisten** kannst du das Dokument unter dem Bildschirmausschnitt verschieben. Für kleinere Verschiebungen benutzt du am besten die **Bildlaufpfeile** am Rand der Leisten.

Am rechten Fensterrand öffnet sich bei vielen Arbeiten automatisch der **Aufgabenbereich**. Im Menü *Ansicht – Aufgabenbereich* auf der Formatleiste kannst du den Aufgabenbereich manuell zuschalten und mit den Pfeilen in der Titelleiste den passenden Bereich aussuchen.

Außer dem Aufgabenbereich zum Erstellen neuer Dokumente gibt es auch Aufgabenbereiche für die Arbeit mit der Zwischenablage, zum Suchen von Text oder das Einfügen von ClipArt.

An diesem Anfasser musst du ziehen, um die **Fenstergröße** zu verstellen.

17

Kapitel 1

Jeder Text ein Puzzle

Annika als beigeisterte Nachwuchsjournalistin soll in Deutsch ein Referat halten zum Thema „Gutenberg und die Folgen". Im Lexikon findet sie dazu Informationen. Leider ist der Artikel zu lang und zu anspruchsvoll, um ihn einfach so in ein Referat zu übernehmen.

> **Zur Geschichte der Zeitung in Deutschland**
>
> Das Wort „Zeitung" bedeutete ursprünglich dasselbe wie „Nachricht". Eine Zeitung war einfach eine Mitteilung über ein politisches Ereignis, das als Anlage zu einem privaten Brief übermittelt wurde. Gegen Ende des Mittelalters, im 14. Jahrhundert, gab es auch schon regelmäßige Nachrichtenbriefe. Handelshäuser und Fürstenhöfe beschäftigten in allen wichtigen Städten Korrespondenten (Berichterstatter), deren Aufgabe es war, sie über wirtschaftliche und politische Ereignisse auf dem Laufenden zu halten. Am bekanntesten waren die sogenannten Fuggerzeitungen. Angestellte und Geschäftsfreunde aus aller Welt versorgten das Handelshaus mit wertvollen Informationen.

Bevor sie den Text in ihr Referat übernehmen kann, muss Annika ihn bearbeiten. Dazu muss sie
- den Text kürzen,
- Vokabular und Satzbau vereinfachen,
- den Text besser gliedern,
- einzelne Textteile umstellen.

Textverarbeitung besteht oft weniger im Schreiben als im Einfügen, Löschen und Umstellen von Texten. Der Computer erlaubt die allmähliche Verfeinerung der Argumente beim Schreiben. Man beginnt mit Stichwörtern. Diese ordnet man zu einer Gliederung. Anschließend baut man dann die einzelnen Gesichtspunkte immer weiter aus. Lade den Text 💾 *Geschichte der Zeitung* und redigiere ihn wie im Folgenden beschrieben. Wenn etwas schief geht, klicke auf *Rückgängig*.

Füge weitere Absätze ein: Setze die Schreibmarke hinter den Punkt nach „Korrespondenten" und drücke die Eingabetaste. Aus einem langen sind zwei kurze Absätze geworden. Setze vier weitere Absatzgrenzen.

 **Markiere Wörter zum Löschen:** Lösche die Wörter „im 14. Jahrhundert". Setze dazu die Schreibmarke vor das erste Komma und ziehe sie mit gedrückter Maustaste hinter das zweite. Dort lässt du die Maustaste wieder los. Drücke nun die *Entf*-Taste, um die markierte Textstelle zu löschen.

 Stelle Teile um: Der erste Satz soll lauten: „Ursprünglich bedeutete ‚Zeitung' dasselbe wie Nachricht". Markiere das Wort „ursprünglich", lasse die Maustaste kurz los, klicke die Markierung erneut an und ziehe das Wort an den Satzanfang. Verschiebe dann in gleicher Weise das Wort „bedeutete". Lösche schließlich die Wörter „Das Wort" und korrigiere die Großschreibung am Satzanfang.

❓ Aufgaben

1. Der Ausgangstext enthält 295 Wörter. Kürze ihn auf maximal 200 Wörter. Mit dem Befehl *Extras – Wörter zählen* oder der Symbolleiste *Wörter zählen* kannst du die Länge deines Textes überwachen. Speichere unter 💾 *Kurzfassung Zeitung*.

2. Bearbeite 💾 *Übungstext 2*.

3. Wenn du beim Verschieben die Strg-Taste drückst, kannst du Textteile kopieren. Erzeuge aus zwei eingetippten Wörtern das folgende 💾 *Typo-Aquarium*.

   > wasser wasser fisch wasser wasser
   > wasser wasser wasser fisch wasser
   > fisch wasser wasser wasser wasser
   > wasser fisch wasser wasser wasser
   > wasser wasser wasser fisch wasser
   > fisch wasser wasser wasser wasser

4. Schreibe aus dem Kopf alle Länder Europas auf. Ordne sie anschließend alphabetisch durch Markieren und Verschieben. 💾 *Europa*

5. So schreibt man eine Erörterung, etwa zum Thema „Weniger Schule, mehr Freizeit?":
   - Schreibe Stichworte auf, wie sie dir einfallen.
   - Sortiere sie durch Verschieben nach Pro und Kontra.
   - Mache flüssige Sätze daraus und verbinde sie.
   - Schreibe eine Einleitung und einen Schluss.
   - Speichere das Ganze unter 💾 *Schule*.

Word

Jedem sein Kopiergerät

Manchmal will man größere Textabschnitte umstellen. Da ist das Verschieben mit der Maus etwas umständlich. Aber dafür gibt es eine andere Technik: **Ausschneiden** und **Einfügen** mit der Zwischenablage. Mit ihr kann man größere Textteile umstellen:
- Öffne den Text *Griechische Götter*.
- Markiere den Absatz über Zeus.
- Klicke auf *Ausschneiden*.
- Der Absatz über Zeus verschwindet.
- Setze die Schreibmarke ans Ende des Textes.
- Klicke auf *Einfügen*.

Um Textstellen zu markieren, die länger als eine Bildschirmseite sind, hilft man sich folgendermaßen: Man setzt die Schreibmarke an den Anfang des Textes. Dann verschiebt man die Bildlaufleiste so, dass das Ende des Textes sichtbar wird. Wenn man nun mit gedrückter Großschreibungstaste dorthin klickt, wird der Bereich zwischen den beiden Mausklicks markiert. Probiere diese Technik an Teilen des Textes über die Götter aus.

Aufgaben

1. Sortiere die Absätze alphabetisch nach den *römischen* Namen der Götter. Speichere den Text.

2. Um die Absätze nach den *griechischen* Götternamen zu sortieren, gibt es eine einfachere Möglichkeit. Findest du sie?

Bilder importieren

Das Gute an der Zwischenablage ist, dass sie auch zwischen verschiedenen Programmen funktioniert. So klaut man zum Beispiel einen Papierkorb:

- Schließe das Word-Fenster, so dass der Desktop angezeigt wird.
- Drücke die Taste *Druck* (oberste Tastaturreihe dritte von rechts). Windows kopiert ein Bildschirmfoto in die Zwischenablage. Noch siehst du nichts davon.
- Starte das Malprogramm Paint (*Startknopf – Alle Programme – Zubehör – Paint*).
- Klicke auf *Bearbeiten – Einfügen*.
- Der Computer fügt das Bildschirmfoto aus der Zwischenablage in das Paint-Fenster ein.
- Ziehe mit der Maus einen Rahmen um das Symbol Papierkorb und klicke in Paint auf den Menübefehl *Bearbeiten – Ausschneiden*.
- Schließe Paint, öffne das Word-Fenster.
- Klicke in Word auf *Einfügen*. Der Ausschnitt wird in dein Dokument eingefügt.
- Speichere das Dokument unter *Screenshot*.

Die Office-Zwischenablage

Innerhalb von Office kann die Zwischenablage auch mehrere Einträge enthalten. Du kannst darin also auch Textstellen sammeln.
- Öffne noch einmal *Griechische Götter*.
- Wähle *Bearbeiten – Office-Zwischenablage*. Im Arbeitsbereich wird der momentane Inhalt sichtbar.
- Klicke auf *Alle löschen*.
- Markiere im Text einen Götternamen nach dem anderen und klicke jedes Mal auf *Kopieren*. Die Office-Zwischenablage füllt sich.
- Gehe an den Anfang des Textes, schreibe den Satz „Alle griechischen Götter im Überblick:" und füge alle gesammelten Götternamen auf einmal ein.
- Klicke auf *Alle löschen*.
- Wiederhole den Vorgang mit den römischen Namen.

Aufgaben

3. Bearbeite *Übungstext 2a*. Hier lernst du auch, wie man kopiert ohne auszuschneiden. Kopiere zum Schluss den ganzen Übungstext 2a und füge ihn am Ende von Übungstext 2 ein.

4. Suche im Internet oder in einem CD-Lexikon nach weiterem Text- und Bildmaterial über griechische Götter. Kopiere sinnvolle Teile daraus und füge sie in Word zu einer kleinen Materialsammlung zusammen. Um im Internet-Explorer ein einzelnes Bild zu kopieren, klickst du es mit der rechten Maustaste an und wählst den Befehl *Kopieren*.

Kapitel 1

Schreib mal wieder!

Annika ist eine unbequeme Schülerin und bekommt manchmal Post von ihrem Klassenlehrer. Meist sieht sie solchen Briefen schon von außen an, dass der Inhalt Ärger verursachen wird.

Briefe sind etwas Besonderes. Sie enthalten Abrechnungen, Beileidsbekundungen, Bestellungen, Bewerbungen, Glückwünsche, Mahnungen, Meinungen, Reklamationen, Verträge, Zeugnisse und vieles mehr. Mag man viele Vorgänge auch mit Telefon, Fax und E-Mail abwickeln: Wenn es ernst wird, schreibt man Briefe. Mit einem Brief bekommt der Empfänger etwas in die Hand, auf das er sich berufen kann.

Entsprechend gilt aber: Für den, der ihn schreibt, ist ein Brief so eine Art Visitenkarte. Man legt sich fest, man stellt sich dar. Man hinterlässt einen bleibenden positiven oder negativen Eindruck.

Um auf so einem glatten Pflaster Unsicherheiten zu beseitigen und Unregelmäßigkeiten in der Handschrift zu verbergen, schreibt man schon seit vielen Jahrzehnten mit Maschinen. Man hat Normen geschaffen, an die sich jeder Briefschreiber halten kann. Der grundsätzliche Aufbau von Geschäftsbriefen ist in der DIN 5008 geregelt. Hier einige Tipps für Leute, die weiße Blätter beschreiben:

1. Zum Abheften braucht das Blatt einen 2,5 cm breiten linken **Rand**. Das ist die Voreinstellung von Word. Wenn der obere Rand bei deinem Brief ebenfalls auf 2,5 cm eingestellt ist, sollte die Empfängeradressat in Zeile 8 beginnen, damit sie genau unter das Fenster im Umschlag kommt.

2. Dazwischen ist Platz für die **Absenderadresse**. Vergiss nicht deine Telefonnummer.

3. Während die Absenderadresse frei gestaltet werden kann, schreibt die Post bei der **Empfängeradresse** eine Freizeile zwischen Straßen- und Ortsangabe vor.

4. Das **Datum** kann rechts oben neben dem Absendernamen stehen. Neuerdings schreibt man es aber immer öfter an diese Stelle. Normgerecht ist auch die neue Schreibweise 2004-05-23 (Jahr-Monat-Tag).

5. In der **Betreffzeile** steht ein Stichwort zum Inhalt. Einige Beispiele:
Krankmeldung
Kündigung von Abo Nr. 47318
Bewerbung als Hausmeister
Bestellung von Ersatzteilen für …

6. Für Angaben über frühere Korrespondenz in derselben Sache gibt es in Geschäftsbriefvordrucken die **Bezugszeichenzeile**. Existiert diese nicht, so kommen solche Angaben zur Betreffzeile hinzu:
Unser eben geführtes Telefonat
Ihre Anzeige im Tagblatt vom 01.05.2003
Unsere Rechnung vom 23.02.2001
Ihre Mahnung vom 23.12.2001

7. In Briefen an Firmen lautet die **Anrede** meist „Sehr geehrte Damen und Herren". Kennt man die Adressaten persönlich, so sollte man sie auch persönlich anreden: „Sehr geehrte Frau Dr. Huber". Kennt man den Adressaten etwas besser, so ist die herzlichere Form „Lieber Herr Meyer" oft auch dann angebracht, wenn den man Angeredeten nicht zu seinen ganz engen Freunden zählt.

8. Da die Anrede mit einem **Komma** endet, beginnt der Brieftext normalerweise mit einem Kleinbuchstaben. Lass dich nicht von Word irre machen, wenn es den ersten Buchstaben des Absatzes groß schreiben will.

9. Auch der Brieftext wird durch **Leerzeilen** nach jedem Absatz gegliedert. Man sollte aber nicht zu viele Absätze machen. Das wirkt kurzatmig.

10. Im **Brieftext** bemüht man sich um eine sachliche, knappe und präzise Sprache. Umständliches Amtsdeutsch sollte man vermeiden, auch Ironie ist in Geschäftsbriefen nicht angebracht.

11. Die normale **Grußformel** ist „Mit freundlichen Grüßen". Das früher übliche „Hochachtungsvoll" klingt heute zu förmlich.

12. Bei längeren Briefen weist man rechts unten auf der ersten Seite durch drei Punkte darauf hin, dass es noch weitergeht. Auf der **Folgeseite** steht die Seitenzahl oben.

13. Vor dem **Versand** liest man jeden Brief zur Vorsicht noch einmal durch. Auch mit Rechtschreibfehlern kann man sich blamieren.

Word

Seitenränder werden im Menü *Datei – Seite einrichten* festgelegt. Punkte stehen hier für Leerzeilen.	Comeniusschule Peter Miesmacher, Klasse 9f Am Europapark 25 12345 Meisenbach (0 24 68) 1 35 79 • •
Versandform	Einschreiben •
Empfänger (Leerzeile vor der Ortsangabe)	Bäckermeister Friedrich Zahn Mühlweg 3 • 12345 Meisenbach •
Datum	23.05.2000 •
Betreffzeile Bezug	Verhalten Ihrer Tochter Annika Mitteilung nach §23 Satz 5 SchVerhVO •
Anrede	Sehr geehrter Herr Zahn, •
Brieftext	bedauerlicherweise sind wir gezwungen Ihnen mitzuteilen, dass Ihre impertinente Tochter Annika, Klasse 9f, versucht hat uns durch Mitbringen von Kuchen zu bestechen. Außerdem fällt unangenehm auf, dass sie trotz vieler Ermahnungen ständig die Hausmeister durch übermäßig höfliches Verhalten verunsichert. • Infolge der erwähnten Verstöße wird es immer schwerer, in unserer Schule Sitte und Ordnung aufrechtzuerhalten. Laut § 7b der Hausordnung ist derartiges Verhalten mit einer Sonderarbeit zu ahnden. Ihrer Tochter wird hiermit auferlegt, die Kieselsteine auf dem Schuldach statistisch zu erfassen. Wir hoffen, dass Sie für diese Maßnahme Verständnis haben. • Für Rückfragen stehe ich Ihnen gern zur Verfügung. •
Grußformel	Mit freundlichen Grüßen • *Miesmacher*
Unterschrift	Miesmacher, Lehrer
Anlagen, die dem Schreiben beiliegen	1 Stück Kuchen

 Aufgaben

1. Schreibe den Brief ab und drucke ihn aus oder erfinde einen ähnlichen Brief. 🖫 *Blauer Brief*

2. Lade 🖫 *Heute läuft nichts*, lies dir den Text durch. Beschwere dich schriftlich und bestelle mit einem Brief das Ersatzteil. 🖫 *Waschmaschine*

3. Kündige das 🖫 *Abonnement* einer Zeitschrift, weil dein vor drei Monaten an ihre Sorgentante gerichteter Brief bis heute nicht veröffentlicht ist. 🖫 *Abo-Kündigung*

4. Schreibe an die Deutsche Jugendpresse e.V., Perleberger Str. 31, 10559 Berlin. Berichte von der Gründung einer Schülerzeitung und bitte um Informationsmaterial zur rechtlichen Situation von Schülerzeitungen. 🖫 *Brief Jugendpresse*

5. Beschreibe die Sorgen und Nöte der Jugendlichen in einem Brief an deinen Bundestagsabgeordneten, den Bundeskanzler, den Papst oder die Sorgentante einer Jugendzeitschrift. 🖫 *Sorgen*

Kapitel 1

Eingebaute Intelligenz

Bei der Arbeit mit Word stolpert Kathrin öfters über geheimnisvolle Fremdwörter. Beispielsweise findet sich da im Menü *Einfügen* der Befehl *Manueller Umbruch*. Hört sich bedrohlich an, denkt Kathrin. Bevor sie am Ende versehentlich einen Umbruch verursacht, bittet sie die Word-Hilfe um Rat. In das Feld „Frage hier eingeben" tippt sie ein:

Als sie die Eingabetaste drückt, erscheint anstelle einer Antwort erst einmal eine Auswahl von möglicherweise passenden Hilfethemen. Nachdem sie die drei ersten Auswahlpunkte befragt hat, weiß Kathrin Bescheid.

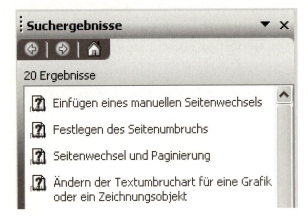

In vielen Dialogfenstern findest du in der Titelzeile rechts oben vor dem Schließfeld auch einen Fragezeichenknopf. Klicke auf das Fragezeichen und anschließend auf die Einstellung der Dialogbox, zu der du eine Frage hast. Dann bekommst du eine ausführlichere Erklärung zu den Auswirkungen möglicher Aktionen.

Aufgabe

1. Was ist ein Umbruch? Schreibe auf, was du herausbekommen hast. *Hilfe*.
   Befrage die Hilfe auch zu den folgenden Problemen:
   - Kann Word die Zeichen eines Absatzes zählen?
   - Wie drucke ich ein Buch?

Der Ausputzer

Tippe mal den folgenden „Satz" ein:

Mene Fru ht huete kiene Zeti.

Wenn dein Computer mit der Standardeinstellung läuft, dann wird Word dir während der Eingabe in den Arm fallen und mithilfe der **AutoKorrektur** einen korrekten Satz produzieren. Es sucht in deinen Wörtern nach beliebten Fehlern und korrigiert sie selbstständig:
- Manche Leute lassen zu spät die Großschreibtaste los und produzieren immer wieder einmal zwei Großbuchstaben am Anfang eines Wortes.
- Andere treffen nicht den richtigen Buchstaben und schreiben „pber", wenn sie „über" meinen.
- Wieder andere tippen die Tasten in falscher Reihenfolge: Aus „ist" wird unversehens „its".

 Word zwingt dir seine Korrekturen nicht auf. Wenn du den Mauszeiger über ein geändertes Wort bewegst, erscheint zuerst ein blauer Strich und beim Anklicken ein kleines Menü, das dir erlaubt, die Änderung rückgängig zu machen. Unter *Extras – AutoKorrektur – Optionen* findest du eine Liste mit Kürzeln und Fehlerwörtern, die Word durch andere Schreibweisen ersetzt.

Aufgaben

2. Wie viele falsche Schreibweisen von „Mathematik" finden sich in der Autokorrekturliste?

3. Wie kann man verhindern, dass Word das Kürzel „StPO" (Strafprozessordnung) durch „stopp" ersetzt?

4. Mit Hilfe der Autokorrekturliste kann man auch bestimmte Sonderzeichen erzeugen. So ersetzt Word die Zeichenfolge <-- automatisch durch ←. Erzeuge die Sonderzeichen: ⇔, ☺, ☻, →, ™, ➔

5. Mit der Funktion *Bearbeiten – Ersetzen* kannst du beliebige Zeichenfolgen nachträglich durch andere ersetzen. Näheres dazu findest du in *Übungstext 3*.

6. Öffne *Eulenspiegel*.
   a) Suche die Geschichte, in der Eulenspiegel Meerkatzen bäckt. Welche Nummer hat sie?
   b) Gleiche die ersten zehn „Historien" an die neue Rechtschreibung an. Überprüfe alle Vorkommen von „ß" darauf, ob sie durch „ss" ersetzt werden müssen.

Word

Textbausteine

Vermutlich gehörst du noch zu den Leuten, die beim Tippen auf die Tasten sehen und nicht auf den Bildschirm. Sonst hättest du vielleicht schon Bekanntschaft mit einem weiteren eingebauten Heinzelmännchen gemacht. Weil Computer viel schneller „denken" können als Menschen schreiben, ist Word während deiner Tastaturakrobatik nicht ausgelastet. Also beobachtet es deine Eingaben und vergleicht sie mit einer Liste häufig vorkommender Redewendungen.

Tippst du die ersten Zeichen eines gespeicherten Bausteins, so zeigt Word dir in einem gelben Kasten die ganze Wendung an. Mit der Eingabetaste kannst du den Vorschlag annehmen. Wenn du einfach weitertippst, verschwindet er wieder.

Nicht alle, aber einige der Geisterwörter stehen in der **AutoText**-Liste. Rufe das Menü *Einfügen – AutoText* auf, wenn du Vorschläge für Anrede- oder Grußformeln, Versandanweisungen und ähnliche Anlässe brauchst. Leute, die viel schreiben müssen, haben sich geärgert, dass sie immer wieder dieselben Redewendungen tippen, und die Word-Programmierer haben ihnen die Arbeit erleichtert.

Klar, dass du die Liste auch mit deinen eigenen Lieblingsfloskeln erweitern kannst:
- Schreibe den folgenden Satz:
  Ciao mein Schatz, ich liebe dich.
- Markiere ihn, klicke auf *Einfügen – AutoText – Neu*.
- Bestätige den Kürzelvorschlag „Ciao mein Schatz" durch einen Klick auf *OK*.
- Probiere den Textbaustein aus. Sobald du „Ciao" tippst, schlägt Word die Ergänzung vor.
- Du findest den Baustein auch in der Liste des Menübefehls *Einfügen – AutoText*.

Natürlich kann es sein, dass du mehrere Bausteine abspeichern möchtest, die alle mit „Ciao" anfangen. Word macht das zwar mit, aber es kann natürlich beim ersten Wort noch nicht wissen, welche Formulierung du eingeben willst. Deshalb gibt es noch eine zweite Art, Autotext-Einträge abzurufen. Du denkst dir Kürzel aus, und teilst Word mit, welche Textbausteine damit gemeint sind. Um die Textbausteine später abzurufen, gibst du das Kürzel ein und drückst die Taste F3. Kleine Probe gefällig?

So kannst du Word die Floskel „Mitschülerinnen und Mitschüler" beibringen:
- Schreibe „Mitschülerinnen und Mitschüler". Markiere die drei Wörter, klicke *Einfügen – AutoText – Neu*.
- Ändere den Namensvorschlag in „m+m".

- Tippe ein „Liebe m+m, ich lade euch herzlich zur Vollversammlung ein". Drücke direkt nach dem Kürzel m+m die Funktionstaste F3. Das Kürzel wird durch „Mitschülerinnen und Mitschüler" ersetzt.

Bei Leuten, die immer wieder dieselben Briefe schreiben (Mahnungen, Angebote, Bestellungen, Glückwünsche usw.) sind Textbausteine sehr beliebt. Sie erstellen sich regelrechte Baukästen aus immer wieder verwendbaren Versatzstücken und ergänzen beim Eintippen nur noch wenige individuelle Angaben.

Aufgaben

1. Hier einige Bausteine, die Lehrern bei Elternmitteilungen helfen könnten. Speichere die Textstellen
   - „Liebe Eltern," als Textbaustein „le",
   - „leider müssen wir Ihnen mitteilen, dass Ihre Tochter wieder verbotenerweise geraucht hat." als „rauch",
   - „Zur Strafe muss sie zweimal die Hausordnung abschreiben." als „ho",
   - „Bitte sorgen Sie dafür, dass das zukünftig unterbleibt." als „zuk".

   Tippe dann le <F3> rauch <F3> ho <F3> zuk <F3> Hoch <Eingabe>. Schon ist der blaue Brief fertig.

   Vielleicht kannst du das Ganze zu einem kompletten Textbausteinkatalog für Lehrer ausbauen.

2. Denke dir einen ähnlichen Floskelkatalog aus für
   - Pfarrer,
   - Versicherungsagenturen,
   - Heiratsschwindler.

Kapitel 1

Rechtschreibung und Grammatik

An dieser Stelle sollten wir die Intelligenz von Word einmal etwas systematischer unter die Lupe nehmen. Wir laden dazu den Text *Umwelttipp*, den Andi für die Schülerzeitung verfasst hat. Leider ist Andi nicht der sicherste Rechtschreiber.

> **Unser Umwelt-Tip**
> von Andi Manz
>
> Kohlenwasserstoffe, die Chlor und Fluor enthalten,nennt man FCKW. Sie sind praktisch ungiftig, easy in der Verwendung, nicht brennbar langlebig und vertragen sich mit den meiste Materialien. Deswegen wurden FCKW in riesigen Mengen produziert und als kältemittel in Kühlschränken, zum aufschäumen von Styropor und als treibgas für Sprays Eingesetzt. Erst Ende der Siebziger Jahre las man von Wissenschaftlern, die die Allzweckwaffen der Chemieindustrie in schwerem Verdacht hatten. heute gilt als sicher, das durch FCKW die Ozonschicht der Erde zerstört wird. Wen die krebserregenden UV-Strahlen der Sonne ungehindert in die Atmosphäre dringen, erkranken Menschen vermehrt an Hautkrankheiten.

Word überprüft jedes Wort anhand von zwei Wörterbüchern. Eins davon bringt es mit, und das andere baut es nach deinen Angaben im Laufe der Zeit auf. Wörter, die es weder in einem der beiden Wörterbücher findet noch aus bekannten Teilen sinnvoll kombinieren kann, markiert es mit roten Wellenlinien. Sie sagen dir: Achtung Fehlergefahr. Klicke ein rot markiertes Wort mit rechts an. Dann erscheint ein Menü, und du kannst
- einen der Vorschläge von Word auswählen. Dann wird das falsch geschriebene Wort geändert.
- *Alle Ignorieren* auswählen. Dann wird Word das Wort in diesem Text nicht mehr beanstanden.
- *Hinzufügen zum Wörterbuch* auswählen. Dann wird Word das Wort nie wieder reklamieren.
- *AutoKorrektur* auswählen. Dann wird die markierte Schreibweise künftig automatisch korrigiert.
- *Sprache* auswählen. Damit kennzeichnest du das Wort als fremdsprachigen Ausdruck.
- *Rechtschreibung* auswählen. Dann öffnet sich ein Dialog mit weiteren Möglichkeiten.

Stelle die Schreibmarke an den Beginn des Textes und führe die Rechtschreibprüfung durch. Sie wird etwa folgendermaßen verlaufen:

- Das Wort „Umwelt-Tip" möchte Word mit zwei p schreiben. Nach neuer Rechtschreibung ist das korrekt. Klicke *Ändern*.
- Der Name „Manz" ist Word unbekannt. Andi sollte ihn zur Korrekturliste hinzufügen, bei dir lohnt das nicht. Klicke *Ignorieren*.
- Die Stelle „enthalten,nennt" ist markiert, weil nach dem Komma das Leerzeichen fehlt. Füge es ein.
- Klicke bei „easy" auf Sprache und teile Word mit, dass du das englische Wort meinst.
- Der Artikel „den" ist grün markiert, weil er grammatikalisch nicht zu „meiste" passt. Klicke *Erklären*. Word schlägt vor, „dem" zu verwenden. Dieser Vorschlag ist falsch. Dem Sinn nach muss „meiste" zu „meisten" werden. Ändere es im Dialogfeld.
- „treibgas" muss zu „Treibgas" werden. *Ändern*.
- Die Grammatikprüfung möchte „heute" am Satzanfang großschreiben. Das ist korrekt. *Ändern*.
- Die Grammatikprüfung beanstandet das doppelte Leerzeichen zwischen „in" und „die". *Ändern*.

Leider hat Word auch einige Fehler übersehen:
- das fehlende Komma hinter „brennbar",
- die fehlerhafte Groß-/Kleinschreibung bei „Kältemittel", „zum Aufschäumen" und „eingesetzt",
- das falsch geschriebene „dass",
- das fehlende n in „wenn".

Die Grammatikprüfung kannst du in *Extras – Optionen – Rechtschreibung und Grammatik – Einstellungen* deinen Wünschen anpassen. Genauere Erläuterungen zu den Kriterien liefert eine Frage nach dem Stichwort: „Grammatik" unter „Grammatik- und Schreibstileinstellungen".

Silbentrennung

Die Einstellschrauben für die Silbentrennung findest du unter *Extras - Sprache - Silbentrennung*. Führe im *Umwelttipp* die Trennung einmal *Manuell ...* durch:

Die Bindestriche machen die im Wörterbuch gespeicherten Trennstellen sichtbar. Der vertikale Strich zeigt, was maximal in die Zeile passt. Das blinkende Klötzchen markiert den Trennvorschlag von Word. Du kannst ihn durch Anklicken ändern.

Lass dir, wenn du fertig bist, einmal alle unsichtbaren Zeichen im Text anzeigen. In manchen Wörtern findest du kleine „Winkelhaken". Word hat an den von dir gesetzten Trennstellen „bedingte Trennstriche" eingefügt, die nur dann wirksam werden, wenn das jeweilige Wort am Zeilenende steht. Mit <Strg>+<-> kannst du solche Trennstriche auch manuell eingeben.

Synonyme/Thesaurus

Computer „verstehen" Wörter nicht im eigentlichen Sinne, aber sie können trotzdem mit der Bedeutungsebene von Wörtern umgehen. So verfügt Word über mehrere Wörterbücher, in denen bedeutungsverwandte Wörter miteinander verknüpft sind. Lade noch einmal *Umwelttipp* und klicke mit der rechten Maustaste in das Wort „schwerem". Unter *Synonyme* macht Word dir Ersatzvorschläge, die du verwenden kannst, um Wiederholungen zu vermeiden oder dich präziser auszudrücken.

Manchmal führt diese Suche schon zum Ziel. Wenn du es noch genauer wissen willst, klicke auf *Thesaurus …* Dann geht Word die Sache systematisch an und blendet den Arbeitsbereich *Recherchieren* ein. Er präsentiert eine Liste, in der verschiedene Bedeutungen des Wortes „schwerem" fett gedruckt aufgeführt sind. Zu jeder von ihnen kannst du Synonyme ein- oder ausblenden.

Übersetzen

Auf ganz ähnliche Art kann man Wörter übersetzen. Markiere das Wort „praktisch" und klicke mit rechts hinein. Wähle dann *Übersetzen*. Neben deinem Text öffnet sich der Aufgabenbereich und du erfährst, wie man die beiden Bedeutungen des Wortes „praktisch" ins Englische übertragen kann. Unter *Suchen nach* kannst du auch andere Wörter eingeben, unter *Wörterbuch* kannst du auch in umgekehrter Richtung übersetzen.

 Aufgaben

1. Versuche die Schwächen der Rechtschreibprüfung in Regeln zu fassen. Mache dir klar, was passiert, wenn du bei einem falsch geschriebenen Wort auf *Hinzufügen* klickst. Unbedachte Hinzufügungen kannst du in *Extras – Optionen – Rechtschreibung und Grammatik – Benutzerwörterbücher – Ändern* korrigieren.

2. Formuliere einen Text *Computerirrtümer* mit möglichst vielen Fehlern, die die Rechtschreib- und Grammatikprüfung von Word unbeanstandet überstehen.

3. Im Arbeitsverzeichnis findest du *Schlaraffenland*, ein Gedicht von Hans Sachs aus dem Jahr 1530. Etwa jedes zweite Wort des Textes ist rot unterstrichen. Passe es an die heutige Rechtschreibung an. Du kannst auch die Sprache aktualisieren, dabei sollte aber der Reim erhalten bleiben.

4. Lade *Trenntest* und überprüfe, ob die Ergebnisse der automatischen Trennung immer sinnvoll sind. Setze mit <Strg>+<-> bedingte Trennstriche.

5. Schlage weitere Wörter aus *Umwelttipp* im Thesaurus nach (z. B. enthalten, praktisch, vertragen, Materialien, deswegen, riesig, produziert, eingesetzt, Wissenschaftler, Verdacht, sicher). Schreibe jeweils den passendsten Ersatzvorschlag auf.

6. Ersetze im Text *Nichts geht mehr* alle Formen von „gehen" durch eins der von Word vorgeschlagenen Synonyme. Ist der Text jetzt besser?
Lass das Wort „gehen" ins Englische übersetzen und schreibe hinter jedes Vorkommen von „gehen" die passende englische Vokabel.
Kopiere den ganzen Text *Nichts geht mehr* in die Zwischenablage. Lass dir dann mit *Übersetzen via Web* eine Textübersetzung durch einen Internet-Service erstellen. Zufrieden?

7. Ein besonders intelligentes Feature von Word ist die Fähigkeit, Texte vollautomatisch beliebig stark zu kürzen. Im Arbeitsverzeichnis findest du *Rotkäppchen* und *Dornröschen*. Lade dein Lieblingsmärchen und wähle *Extras – AutoZusammenfassen*. Kürze a) auf 25% und b) auf 10%. Beurteile das Resultat unter sprachlichen und inhaltlichen Gesichtspunkten.

Kapitel 1

Die Kunst der Verpackung

Annika zeigt Simon eine Geburtstagseinladung, die sie gerade bekommen hat. „Sieht ja grauenvoll aus!", stöhnt Simon. „Sag bloß, du gehst da hin?" „Ich find' die Einladung hübsch. Demnächst habe ich auch Geburtstag. Könntest du mir nicht eine Einladung machen?" „Wenn du schön bitte sagst, helfe ich dir", grinst Simon. „Aber so grell wie diese wird sie nicht aussehen."

Früher konnte nicht jeder „wie gedruckt" schreiben. Auf der Schreibmaschine sahen alle Buchstaben gleich aus. Um Textstellen hervorzuheben, gab es nur drei Möglichkeiten: unterstreichen, GROSS-SCHREIBEN oder s p e r r e n.

Druckereien besaßen immerhin mehrere Zeichensätze in verschiedenen Größen und Abwandlungen. Der Schriftsetzer konnte *Zitate kursiv* und **Kernsätze fett** setzen. Weil aber jede Variante aus Tausenden von Bleilettern bestand, wurde für jeden Zeichensatz ein Schrank benötigt. Der nahm viel Platz weg und kostete eine Menge Geld. So besaßen auch große Druckereien meist nur eine beschränkte Anzahl von Schriften.

Heute stehen jedem Hobbysetzer unzählige Gestaltungsmöglichkeiten zur Verfügung. Dass verschafft grenzenlose Freiheit – und verlangt eine Menge Disziplin. Einen Computer kann man kaufen – Geschmack und Geschicklichkeit muss man lernen und üben. Fangen wir also mit den Grundlagen an. Schriftgestaltung beginnt mit der Festlegung von **Schriftgröße**, **Schriftart**, und **Auszeichnung**.

Die wichtigsten Schriftarten

Gutenberg, der Erfinder des Buchdrucks, war nicht nur Drucker; sondern auch Typograf (Schriftgestalter). Beim Entwurf der Schrift für die erste gedruckte Bibel orientierte er sich an den Buchstaben, die die Mönche vorher mit der Feder geschrieben hatten. Mit ähnlichen Frakturschriften wurden noch vor 50 Jahren viele Bücher gesetzt.

Antiquaschriften sind älter als die Frakturschriften. Ihre Form orientiert sich an den gemeißelten Inschriften römischer Denkmäler. Eine häufig verwendete Antiqua ist die **Times**, die für die gleichnamige Zeitung entworfen wurde. Charakteristisch für sie sind wechselnde Strichstärken und Serifen (kleine Füßchen) am Ende von Linien. Dagegen ist die **Arial** serifenlos und von gleichmäßiger Strichbreite. Das wirkt nüchterner und macht die Schrift etwas schwerer lesbar. Die **Courier** wurde ursprünglich für die Schreibmaschine entworfen. Sie ist unproportional, d. h. ihre Zeichen sind alle gleich breit.

Zierschriften sollen möglichst auffallend wirken. Sie imitieren häufig mit Pinsel (Brush Script) oder Filzstiften (Comic Sans) geschriebene Handschriften. Man verwendet sie nicht für längere Texte, sondern zur Gestaltung von Überschriften, Anzeigen, Schildern oder Plakaten.

Schriftgrad

Schriftgrößen misst man in der Einheit Punkt (0,376 mm). Gemessen wird die Höhe der Zeichen mit normalem Zeilenabstand. Eine 10-Punkt-Schrift ergibt also einen Zeilenabstand von 3,7 mm. Die Breite der Buchstaben bleibt unberücksichtigt. So können Schriften bei gleichem Schriftgrad sehr unterschiedlich erscheinen.

Zeitungsartikel sind in 9 Punkt, Bücher häufig in 10-Punkt-Schrift gedruckt. Für Briefe kannst du auch mal 12-Punkt-Schrift verwenden. Höhere Schriftgrade sind nur bei Überschriften sinnvoll.

Word

Schriftschnitt

F *K* <u>U</u> Während Windows unterstrichene Zeichen einfach durch Hinzusetzen eines Strichs erzeugt, holt es sich kursive oder fette Zeichen aus einem eigenen Font. Gängige Schriften liegen in Form von vier Schnitten vor. (Standard, **fett**, *kursiv*, ***fett kursiv***), die von einem Typographen zueinander passend gestaltet wurden.

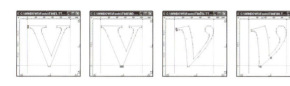

Für Zierschriften gibt es dagegen häufig nur eine Font-Datei. Hier werden die Fett- und die Kursivschrift aus dem normalen Schriftschnitt umgerechnet, was das Schriftbild verschlechtert. Deshalb sollte man Zierschriften besser nicht fett oder kursiv auszeichnen.

Die Buchstaben-Wundertüte

Der Menübefehl *Format – Zeichen* öffnet einen Dialog, der dir gestattet Zeichen individuell zu formatieren. Hier kannst du Schriftart, Schriftschnitt und Schriftgrad frei wählen. Möglich sind außerdem spezielle Varianten:
- verschiedene Arten der **Unterstreichung** (<u>einfach</u>, <u>doppelt</u>, <u>punktiert</u>, <u>Wellenlinie</u>, ...),
- die farbige Hervorhebung bestimmter Wörter,
- durchgestrichene (~~falsch~~), hochgestellte Zeichen (23 km^2) und tiefgestellte Zeichen (H_2O),
- Effekte wie **Schatten**, U̅m̅r̅i̅s̅s̅ und **G̲r̲a̲v̲u̲r̲**,
- die Darstellung normal eingegebenen Textes in GROSSBUCHSTABEN oder KAPITÄLCHEN,
- das Verstecken von Textstellen.

Auf der zweiten Registerkarte des Menüs kannst du die Zeichen breiter oder schmaler skalieren. Du kannst die **Laufweite** (den Zeichenabstand) verändern oder die **Position** einzelner Textteile höher- oder tiefer stellen.

Die **Unterschneidung** bewirkt eine Verbesserung des Schriftbilds. Indem kleine Zeichen unter große rücken, werden hässliche Lücken vermieden. Leider funktioniert dies nicht bei allen Zeichensätzen.

normal: Tor   unterschnitten: Tor

Tipps zum Schriftsetzen:

- Verwende in einem Dokument nur wenige Schriftarten. Zwei Schriftarten, die zueinander passen, aber nicht zu ähnlich aussehen sollten, reichen für die meisten Zwecke aus.
- Überlege dir vorher, für welche Zwecke du welche Textauszeichnungen einsetzen willst, und halte sie konsequent durch.
- **Fettschriften** fallen auf. Man sollte sie sparsam einsetzen. Fettschrift langer Textabschnitte wirkt plump, Fettschreibung vieler einzelner Wörter mitten im Text macht die Seite fleckig und unausgewogen.
- *Kursivschrift* hebt sich weniger vom übrigen Text ab. Verwende sie z. B. um Betonungen anzudeuten („Das musst *du* gerade sagen") oder auch um längere Zitate vom übrigen Text abzugrenzen.
- GROSSBUCHSTABEN wirken sehr auffallend, bei KAPITÄLCHEN ist dieser Effekt leicht gemildert. Wegen schlechter Lesbarkeit eignet sich weder der eine noch der andere Effekt für längere Textpassagen. Auch solltest du beides nicht in Verbindung mit Fraktur- oder Zierschriften einsetzen.
- <u>Unterstreichungen</u> und S p e r r u n g e n gehören neben die Schreibmaschine ins Museum.

 ### Aufgaben

1. Beweise deinen guten Geschmack. Gestalte eine Einladung zur 🖫 *Geburtstagsparty*.

2. In 🖫 *Übungstext 4* geht es um Zeichenformate.

Kapitel 1

Besonders schicke Absätze

Nicht nur einzelne Zeichen, auch ganze Absätze haben ein eigenes Gesicht. Mit den abgebildeten Schaltflächen kannst du ihre **Ausrichtung** verändern. Lade 🖫 *Das Schwein*. Klicke in die einzelnen Absätze und beobachte die abgebildeten Schaltflächen.

- Die Überschrift ist zwischen den Rändern **zentriert**. Wenn du selbst Überschriften zentrieren willst, brauchst du also keine Leerzeichen einzugeben.
- Der erste Absatz ist **linksbündig**. Alle Zeilen beginnen exakt untereinander und enden ungleichmäßig. Das ist das gebräuchlichste Format.
- Der zweite Absatz steht im **Blocksatz**. Beide Ränder sind glatt. Ungleichmäßigkeiten der Zeilenlänge sind auf die Wortzwischenräume verteilt. In dieser Weise sind die meisten Bücher gesetzt.
- Der letzte Textabsatz ist **rechtsbündig**. Der Rand ist rechts glatt und links unregelmäßig. Dieses Format wird selten benutzt.

Vielleicht versuchst du gleich einmal die Ausrichtung der Absätze zu ändern. Wenn du eine andere als die markierte Schaltfläche anklickst, ändert sich die Ausrichtung des Absatzes, in dem die Schreibmarke steht. Willst du mehrere Absätze gleichartig formatieren, musst du sie vorher mit der Maus markieren.

Rahmen und Schattierung

Wenn du Absätze schnell und effektvoll hervorheben willst, dann rahme sie einfach ein oder hinterlege sie mit einer leichten Tönung. Die Werkzeuge findest du im Menü *Format – Rahmen und Schattierung*.

Einzüge

Absätze kann man auch verschönern, indem man ihren Rand **einzieht**. Das geht mit den Dreiecken im Lineal oder mit Zahlen im Dialog *Format – Absatz*.

Rechts im Lineal siehst du ein Dreieck. Sein Abstand vom rechten Rand entspricht dem *Einzug rechts*. Links gibt es gleich drei Markierungen. Das untere Dreieck steht für den *Einzug Links* des ganzen Absatzes. Das obere Dreieck steht für die *Extra*-Verstellung der ersten Zeile. Das Viereck verstellt beide Dreiecke synchron.

In diesem Absatz ist die **erste Zeile extra** um 0,25 cm eingezogen. Diesen Effekt findet man häufig in Büchern.

In diesem Absatz ragt die erste Zeile heraus. Man nennt das **hängender Einzug**. So kann z. B. in Dialogen der Sprechername etwas herausgerückt werden.

Pünktchen oder Nummern?

Automatisch verwendet wird der hängende Einzug dann, wenn du eine **Nummerierung** oder eine **Aufzählung** erzeugst. Das geht so:
1. Schreibe zunächst einmal alle Aufzählungspunkte ohne Nummerierung auf,
2. markiere dann den ganzen Abschnitt und
3. klicke schließlich in der Symbolleiste das Nummerierungssymbol an.

Bei nachträglichen Umstellungen oder Löschungen werden Nummerierungen automatisch angepasst. Die Art der Nummerierung und das verwendete Aufzählungszeichen kann man im Menü *Format – Nummerierung und Aufzählungszeichen* individuell gestalten.

Feintuning

Im Dialog *Format – Absatz* gibt es mehr Einstellmöglichkeiten: Profis setzen zwischen Absätze keine Leerzeilen, sondern sie fügen *Vor* oder *Nach* jedem Absatz einen zusätzlichen **Absatzabstand** ein. Auch den **Zeilenabstand** (innerhalb des Absatzes) kann man hier verändern, etwa um zwischen den Zeilen eines Textes handschriftliche Korrekturen einzufügen.

Die Optionen der Karte *Zeilen- und Seitenumbruch* sind bei Texten wichtig, die mehrere Seiten umfassen:
- Mit eingeschalteter *Absatzkontrolle* achtet Word darauf, dass keine Seite mit einer einzelnen Absatzzeile beginnt oder endet.
- Bei Überschriften sollte man *Absätze nicht trennen* abhaken. Dann achtet Word darauf, dass die Überschrift beim Umformatieren nicht allein unten auf einer Seite stehen bleibt und mindestens noch ein Textabsatz auf die Seite kommt.

Word

❓ Aufgaben

1. Nimm ein gedrucktes Buch zur Hand und liste auf, für welche Zwecke welche Schriftarten, Schriftgrade und Textauszeichnungen eingesetzt werden.

2. Wie viele Schriftvarianten findest du
   - in einem beliebigen Roman?
   - im redaktionellen Teil einer Tageszeitung?
   - in diesem Heft?

3. Besorge dir eine Zeitung. Bestimme Schriftart, Schriftschnitt und Schriftgrad in Punkt
   - des Aufmachers (der Schlagzeile auf S. 1),
   - der Titel bei mehrspaltigen Artikeln,
   - der Untertitel bei mehrspaltigen Artikeln,
   - der Titel bei einspaltigen Artikeln,
   - des normalen Textes,
   - von Tabellen (Heizölpreise, Börsenkurse, …).

4. In einem Grafiker-Magazin finden sich folgende Gestaltungsvorschläge. Was hältst du davon?

5. Versuche die folgende Grafik auf deinem Computer nachzubauen und den Zusammenhang zwischen Wortbedeutung und Schrifttypen mit Worten zu erklären. Gestalte auch die Slogans: 🖫 *Muße statt Hektik* oder 🖫 *Viel Lärm um nichts*.

Der französische Philosoph Michel Serres, 1993

6. Vergleiche die Garamond-Schrift mit der Times New Roman. Beschreibe die Unterschiede und die charakteristischen Eigenarten der beiden Schriften.

7. In 🖫 *Übungstext 5* sind die Absatzformate dran.

8. Bei Bühnenstücken benötigt man eine optische Trennung zwischen Namen, Dialogtext und Regieanweisungen. Lade 🖫 *Grabbe* oder 🖫 *Büchner*. Setze
   - den Titel des Stückes in Arial fett 20 pt,
   - den Namen des Autors in kursiv 14 pt,
   - Untertitel und Zwischenüberschriften fett 14 pt,
   - die Personenliste als Nummerierung,
   - Regieanweisungen kursiv,
   - die Sprechernamen in Dialogen in Kapitälchen,
   - die Dialoge mit hängendem Einzug: die erste Zeile auf 0 cm, Folgezeilen auf 0,5 cm, außerdem 6 pt zusätzlichen Abstand vor jeden Absatz.

9. Im folgenden Text sind die Gedanken zweier Lyriker einander gegenübergestellt. Tippe den Text ab (jede Zeile ist ein Absatz) und formatiere wie abgebildet. Der Text darf ein A4-Blatt füllen. 🖫 *Eichendorff*

> Joseph von Eichendorff: O Täler weit, o Höhen,
>   Ich werde nicht mehr lange leben.
> O schöner, grüner Wald,
>   Nirgends mehr kann ich die Erde berühren.
> Du meiner Lust und Wehen
>   Ich weiß nicht mehr,
> Andächtger Aufenthalt!
>   Wie Sumpfgras nach dem Regen riecht,
> Da draußen, stets betrogen,
>   Wie Barfußlaufen einen Bach entlang ist,
> Saust die geschäft'ge Welt.
>   Wie offenes Land unbebaut
> Schlag noch einmal den Bogen
>   In den See verläuft… Gertrud Leutenegger
> Um mich, du grünes Zelt.

10. Formuliere 🖫 *10 Gebote* für Schriftsetzer. Formatiere den Text schlicht, aber ansprechend.

11. Lade 🖫 *Aufgabenbeschreibung*. Der Text ist schlecht gegliedert. Verbessere sein Aussehen mithilfe von Aufzählungen und Nummerierungen.

12. Erstelle mit Hilfe der Nummerierungsfunktion eine kurze Anleitungen, z. B. zum 🖫 *Reifenflicken*.

13. Lade 🖫 *Gliederung*. Übe das Erstellen von Gliederungen mit mehreren Ebenen.

14. Suche nach einem alten Referat von dir oder lade eins aus dem Internet herunter. Gestalte den Text ansprechend unter Verwendung der Zeichen- und Absatzformate von Word. 🖫 *Referat*

Kapitel 1

Hilfe, der Kasten spinnt!

Andi ist verzweifelt. Er hatte der Theater-AG versprochen, auf dem Computer einen Programmzettel für ihr neues Stück zu gestalten. Nun schimpft er schon die ganze Zeit: „Auf dem Bildschirm kriege ich die zweite Spalte schon nur ungenau untereinander, und wenn ich alles ausdrucke, dann sieht's wieder ganz anders aus."

Personen	Darsteller
La Gu Feng	Meike Dasch
Vater	Ralf Meißner
Mutter	Susan Berella
Guido	Jens Holstein
Melanie	Sonja Sommer

Starte Word und versuche selbst, die abgebildete Darstellerliste einzugeben. Das Problem kommt daher, dass es breite und schmale Buchstaben gibt. Um die Unterschiede, die bei den Personennamen entstehen, exakt auszugleichen, damit die Darstellernamen wieder genau untereinander stehen, ist das Leerzeichen zu breit.

Feste Tabulatoren

In jeden normalen Absatz setzt Word im Abstand von 1,25 cm kleine Sprungmarken, so genannte Tabstopps. Siehst du die winzigen grauen Striche unter den Zahlen 1,25 und 2,5 und 3,75 usw. des Lineals?

 Die jeweils nächste dieser markierten Positionen kannst du mit der **Tabulatortaste** am linken Rand deiner Tastatur anspringen. Bei jedem Tastendruck springt die Schreibmarke zum nächsten Tabstopp. Sieh dir das unsichtbare Zeichen an, das durch Drücken der Tabulatortaste eingefügt wird.

 Aufgabe

1. Schreibe den Theaterzettel ab oder denke dir selbst einen aus. Benutze feste Tabstopps.

Tabs zum Setzen und Löschen

Mit festen Tabulatoren kann man bereits exakte Spalten aufbauen. Allerdings muss man zwischen zwei Spalten manchmal nur einen, manchmal zwei oder mehrere Sprünge einbauen. Besser ist es, die festen Tabulatoren durch selbst gesetzte zu ersetzen. Das geht so:

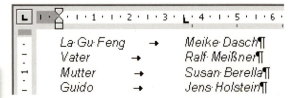

Du klickst, bevor du mit dem Schreiben beginnst, mit der Maus bei 3 cm in die Linealleiste. Es erscheint ein kleiner Haken, und die festen Tabstopps links von dem Haken werden gelöscht. Gib nun den Rollennamen ein und drücke die Tabulatortaste. Die Schreibmarke springt genau an die festgelegte Position. Dort gibst du den Darstellernamen ein. Für die nächsten Zeilen brauchst du keine neuen Tabs zu setzen, denn jeder neu erzeugte Absatz erbt sein Absatzformat und damit auch die Tabstopps vom vorhergehenden.

Selbst gesetzte Tabstopps kann man bequem auch nachträglich mit der Maus verschieben. Allerdings müssen dazu alle Zeilen, für die der Tabstopp gilt, markiert sein. Du möchtest einen Tabstopp löschen? Auch kein Problem: Markiere alle betroffenen Absätze, fasse den Tabstopp mit der Maus und ziehe ihn aus dem Lineal.

Das Arbeiten mit Tabstopps hat viele Vorteile: Nimm mal an, du hast dich beim Rollennamen vertippt und möchtest nun ein Zeichen löschen oder hinzufügen. Was bei „Leerzeichenspalten" deine ganze Zeile durcheinander bringt, ist jetzt kein Problem mehr. Die zweite Spalte wird von den Veränderungen der ersten nicht berührt.

Aufgaben

2. Bearbeite  *Übungstext 6*.

3. Entferne aus 🗎 *Schülervorspiel* die überzähligen Leerzeichen. Baue mit Tabulatoren ein spaltengerechtes Programm auf.

4. Erstelle eine 🗎 *Adressenliste* deiner Klasse.

5. Schreibe einen tabellarischen 🗎 *Lebenslauf*.

Word

Tricks mit Tabs

Simon hat noch eine andere Idee für den Aufbau der Darstellerliste. Links und rechts mit glattem Rand:

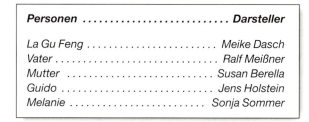

Für diesen Aufbau braucht man einen Tabulator am rechten Rand. Normale Tabulatoren sind linksbündig, dieser dagegen muss rechtsbündig sein:

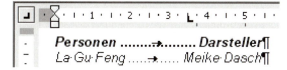

Wenn du bei einem rechtsbündigen Tabstopp nach dem Eintippen von „Personen" die Tabulatortaste drückst, dann springt die Schreibmarke ebenfalls bis zum Tabstopp. Das Wort „Darsteller" wird aber nun von dort aus beim Eintippen nach links geschoben. Der rechte Rand bleibt glatt.

Und so bekommst du rechtsbündige Tabstopps: Wenn du auf das kleine L links im Lineal klickst, ändert es seine Form. Du kannst die Art der Tabstopps auswählen:

L Linksbündiger Tabstopp. Das ist die normale Einstellung. Die Spalte beginnt beim Tabstopp.

⊥ Zentrierter Tabstopp. Die Mitte der Spalte ist auf den Tabstopp ausgerichtet.

⌐ Rechtsbündiger Tabstopp. Die Spalte endet beim Tabstopp und hat einen glatten rechten Rand.

⊥. Dezimaltabstopp für Zahlen. Das Komma der Zahlen wird auf den Tabstopp ausgerichtet.

| Das ist kein Tabstopp, sondern ein senkrechter Trennstrich zwischen zwei Spalten. Mit den anderen Symbolen kannst du Einzüge setzen.

Und woher kommen die Pünktchen zwischen den beiden Spalten? Doppelklicke auf ein Tabstopphäkchen im Lineal oder wähle *Format – Tabstopp*.

Links sind alle Tabstopps des Absatzes aufgeführt. Wähle den Tabstopp aus, den du verändern willst, lege die Ausrichtung fest und gib ein Füllzeichen ein, mit dem der Tabulatorsprung aufgefüllt werden soll. Klicke nach jedem Tabstopp, den du veränderst, auf *Festlegen*.

❓ Aufgaben

1. Gestalte ein schöneres 🗎 *Inhaltsverzeichnis* für dieses Buch. Verwende Tabstopps.

2. Gestalte eine 🗎 *Speisekarte*.

3. Noch eine 🗎 *Darstellerliste*. Jede Zeile beginnt mit Tabulatorsprung. Die Personen sind auf einen rechtsbündigen Tabstopp bei 3,5 cm ausgerichtet, die Doppelpunkte auf einen Tabstopp bei 4 cm und die Darsteller auf einen linksbündigen Tabstopp bei 4,5 cm.

Personen	:	Darsteller
La Gu Feng	:	Meike Dasch
Vater	:	Ralf Meißner
Mutter	:	Susan Berella
Guido	:	Jens Holstein
Melanie	:	Sonja Sommer

4. Führe in einer Tabelle Buch über deine 🗎 *Ausgaben*: Datum | Wo? | Was? | Betrag Verwende für den Betrag einen Dezimaltabulator.

31

Kapitel 1

Die schnelle Tabelle

Kaum eine Zeitung finanziert sich aus dem Verkaufspreis. Auch die „Kaktus"-Redakteure müssen sehen, dass sie Anzeigen hereinbekommen. So setzt Annika einen Brief an die Firmen auf, für die eine Anzeige im „Kaktus" interessant sein könnte. Die Tabelle mit den Anzeigenpreisen setzt sie über Tabulatoren. „Moment mal!", meldet sich Andi zu Wort, der mittlerweile einige neue Kniffe gelernt hat. „Das geht auch einfacher! Bei meiner Methode bekommst du sogar die Linien mitgeliefert. Das Gute an Tabellen ist, dass jede Zelle einen Absatz darstellt. Du kannst also für jede Zelle festlegen, ob sie linksbündig, rechtsbündig oder zentriert ist."

	Format (B×H)	Preis
Ganze Seite	180 × 270 mm	100,– €
Halbe Seite	80 × 135 mm	60,– €
Drittelseite	180 × 90 mm	40,– €
Viertelseite	90 × 135 mm	30,– €

Über das Symbol *Tabelle einfügen* kannst du beliebig große Tabellen erzeugen. Halte einfach die Maustaste fest und ziehe die Maus nach rechts unten, bis die Anzahl der Zeilen und Spalten stimmt.

Die erzeugte Tabelle hat Seitenbreite. Sie besitzt aber zwei Griffe. Mit dem kleinen rechts unten kannst du die gesamte Tabelle verkleinern, mit dem großen links oben kannst du die Tabelle auf der Seite umherschieben. Im Menü *Tabelle – Tabelleneigenschaften*, kannst du festlegen, wie bereits vorhandener normaler Text dabei die Tabelle umfließt.

Der Mauszeiger nimmt in der Nähe der Linien eine besondere Form an. Wenn man hier auf die Maustaste drückt, kann man die Breite der einzelnen Spalten verändern. Die Zeilenhöhe wird von Word so festgelegt, dass der Text hineinpasst. Darüber hinaus kannst du sie beliebig vergrößern.

Aufgabe

1. Schreibe einen Geschäftsbrief mit dem *Anzeigenangebot* der Schülerzeitung.

Feinarbeit

Öffne die Symbolleiste *Tabellen und Rahmen*. Mit ihren Werkzeugen kannst du individuelle Tabellen erzeugen und existierende Tabellen bearbeiten:

Du kannst in deine Tabelle weitere Linien einzeichnen. Ziehe einfach den Zeichenstift durch eine Zelle. Das Einzeichnen horizontaler und vertikaler Linien erzeugt neue Tabellenfelder, das Einzeichnen schräger Linien hat nur einen optischen Effekt.

Mit dem Stift kannst du auch das Aussehen einiger Linien verändern oder sie unsichtbar machen.

Der Radiergummi dient nicht dazu, Linien zu löschen, sondern benachbarte Zellen zu verbinden. Ziehe ihn an den Trennlinien entlang.

In der linken unteren Ecke von Zellen ändert sich der Mauszeiger. Wenn du jetzt klickst, kannst du Ausschnitte der Tabelle markieren. In der Symbolleiste werden nun weitere Befehle aktiv:

Du kannst Bereiche der Tabelle mit Farbe unterlegen oder ihren Rahmen verstärken.

Du kannst benachbarte Zellen verbinden oder einzelne Zellen weiter unterteilen.

Du kannst Text beliebig in der Zelle ausrichten, auch am oberen oder unteren Rand.

Bei unregelmäßigen Tabellen kannst du veranlassen, dass Word die Breite aller Spalten oder die Höhe aller Zeilen angleicht.

Du kannst den Text in einzelnen Zellen auch von oben nach unten oder von unten nach oben laufen lassen. Auf den Kopf stellen kannst du ihn allerdings nicht.

Aufgaben

2. Gib deinen *Stundenplan* in eine Tabelle ein.

3. Realisiere die *Darstellerlisten* der Theater-AG (siehe vorige Doppelseite) mit Hilfe von Tabellen.

Word

Word denkt mit

Zusätzlich zu den gestalterischen Möglichkeiten bieten Word-Tabellen einige mathematische Intelligenz:

Σ Du kannst dir in der Randzeile oder -spalte einer Tabelle automatisch Summen berechnen lassen. Baue die abgebildete Tabelle nach. Stelle die Schreibmarke in das Feld von Annikas Punktsumme und klicke dann auf den Summenknopf.

Spieler	Runde 1	Runde 2	Runde 3	Summe
Annika	19	26	9	
Kathrin	12	14	7	
Simon	0	33	15	
Andi	6	12	11	

Im Gegensatz zur Arbeit mit Excel werden diese Summen bei späteren Veränderungen nicht automatisch aktualisiert. Um sie auf den neuesten Stand zu bringen, kannst du sie markieren und im Kontextmenü (rechte Maustaste) den Befehl *Felder aktualisieren* wählen.

A↓Z Z↓A Noch besser ist, dass du die Inhalte markierter Spalten alphabetisch oder der Größe nach sortieren lassen kannst. So könntest du die oben abgebildete Tabelle zum Beispiel nach Spielernamen oder nach der Punktsumme sortieren lassen. Bei Verwendung der Sortierknöpfe in der Tabellen-Symbolleiste geht Word immer davon aus, dass deine Tabelle eine Überschriftenzeile hat. Ist die Sortieraufgabe komplizierter, so solltest du den Menübefehl *Tabelle – Sortieren* verwenden.

❓ Aufgaben

1. Stelle eine Ergebnistabelle für eine Klassenarbeit mit vier Aufgaben und sechs Schülern zusammen. Summiere die Punktzahlen der Schüler. Ordne diese Tabelle nach den Namen der Schüler (aufsteigend) oder nach ihrem Ergebnis (absteigend). 🖻 *Klassenarbeit*

2. Besorge dir aus einem Lexikon oder aus dem Internet einen Vergleich der verschiedenen Planeten unseres Sonnensystems (Größe, Abstand von der Sonne, Umlaufzeit, ...). Stelle die Daten in einer Tabelle übersichtlich dar. 🖻 *Planeten*

3. Gestalte die 🖻 *Schulmilchabrechnung* aus dem Excel-Kapitel S. 76 als Word-Tabelle.

4. Baue den Ablaufplan für eine 🖻 *Schaltjahresberechnung* nach. Beachte: Einige Zellenbegrenzungen sind nicht gelöscht, sondern nur unsichtbar gemacht.

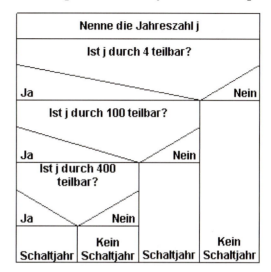

5. Das folgende Gedicht aus der Barockzeit wurde in eine unsichtbare Tabelle eingezeichnet. Da du Text nicht auf den Kopf stellen kannst, musst du das Gedicht auf die linke Seite liegend entwerfen. Das Pfeilsymbol darfst du notfalls mit der Hand zeichnen. Die Schrift muss nicht genau stimmen. 🖻 *Sanduhr*

Kapitel 1

Einspaltig ist eintönig

„Wie machen die das eigentlich bei der Zeitung?", fragt sich Simon. „Da stehen manchmal zwei Spalten nebeneinander, aber dann gibt es wieder Absätze; die mehrere Spalten breit sind. Mit Tabulatoren geht das gar nicht richtig und mit Tabellen nur mühsam." Simon versucht wieder einmal ein Layoutproblem zu lösen und steht gerade vor der Entdeckung, dass es in Word außer dem Zeichen und dem Absatz noch eine weitere Formatierungseinheit geben muss, den Abschnitt:

- Schriftart, Schriftschnitt und Schriftgrad sind Formate, die für jedes **Zeichen** eines Textes individuell festgelegt werden können.
- Zeilenabstände, Ausrichtung, Einzüge, Nummerierungen, Rahmen und Tabulatoren betreffen immer einen ganzen **Absatz**.
- Die Breite der Seitenränder, die Zahl der Spalten, das Layout (Hoch- oder Querformat) und anderes, das sind Einstellungen, die den ganzen Text oder längere **Abschnitte** davon betreffen.

Seitenränder

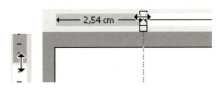

In der Layout-Ansicht werden am Bildschirm zwei Lineale angezeigt, auf denen der bedruckte Bereich der Seite weiß und die Ränder grau dargestellt sind. Mit der Maus kann man die Grenzen dieser Bereiche greifen und verstellen. Hältst du dabei beide Maustasten fest, bekommst du die Randeinstellungen numerisch angezeigt.

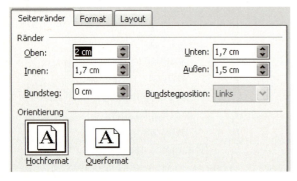

Wer lieber mit Zahlen arbeitet, kann die gleichen Werte auch im Menü *Datei - Seite einrichten* eingeben. Dort lässt sich auch festlegen, ob die Seite im Hoch- oder Querformat angelegt werden soll.

Abhängig davon, ob mehrere Seiten im *Standardformat* (für einseitigen Druck) oder als *Gegenüberliegende Seiten* (bei Büchern) ausgedruckt werden, behandelt Word die Ränder nicht als linker und rechter, sondern als Außen- und Innenrand.

Auf der Karte *Layout* wird festgelegt, ob diese Einstellung auch für die Seitenzahlen gelten soll, die dann auf ungeraden Seiten rechts und auf geraden links ausgedruckt werden. Außerdem findest du hier weitere Raffinessen, etwa die Möglichkeit, Textzeilen einzelner Abschnitte fortlaufend zu nummerieren.

Kopf- und Fußzeilen, Seitenzahlen

Der Dialog *Seite einrichten* weist schon darauf hin, dass im oberen Rand so genannte **Kopfzeilen**, im unteren dagegen **Fußzeilen** versteckt sind. Auch sie werden für den ganzen Textabschnitt einheitlich festgelegt. Benötigt werden sie vor allem, um **Seitenzahlen** in das Dokument einzufügen. Dies geschieht am einfachsten mit dem Menübefehl *Einfügen – Seitenzahlen*.

Festlegen kannst du hier, ob die Seitenzahlen oben oder unten, links oder rechts eingedruckt werden. Mit der Schaltfläche *Format* kannst du eine andere Startnummer als 1 und eine andere Art der Nummerierung festlegen.

Mit Kopf- und Fußzeilen kann man aber noch mehr anstellen. In diesem Buch findest du zum Beispiel über jeder Seite einen blauen Balken, der links die Kapitelnummer und rechts den Kapitelnamen enthält. Auf dem Fuß jeder Seite ist im äußeren Rand die Seitenzahl abgedruckt. Diese Informationen für jede Seite einzeln zu erstellen wäre lästig, sie auf jeder Seite millimetergenau an der gleichen Stelle zu positionieren wäre mühsam. Deshalb überlassen wir dem Computer die Arbeit.

Ein einfaches Anwendungsbeispiel:
- Erzeuge ein neues Dokument.
- Wähle *Ansicht – Kopf- und Fußzeile*.
- Klicke *AutoText einfügen*, dann *Dateiname*.
- Drücke zweimal die Tabulatortaste.
- Füge das aktuelle Datum ein.
- Wechsle zur Fußzeile.
- Füge über *AutoText* den Dateinamen ein.
- Füge die Seitenzahl ein.
- Schließe die Symbolleiste Kopf- und Fußzeile.

Auf jeder Seite deines Dokuments werden jetzt die genannten Angaben wiederholt, ohne dass du dafür noch einen Finger krumm zu machen brauchst. Feinheiten des Kopf- und Fußzeilenformats kannst du unter *Datei – Seite einrichten – Layout* einstellen.

Spaltensatz

Das Abschnittsformat enthält auch Informationen darüber, ob Text mehrspaltig ausgegeben werden soll. Word kann Text zwei- oder dreispaltig setzen, auf Wunsch sogar mit unterschiedlichen Spaltenbreiten. Man markiert zunächst einen Textabschnitt und wählt den Befehl *Format – Spalten*.

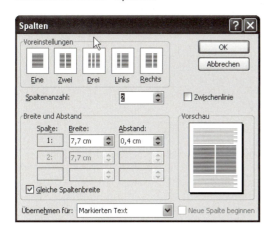

Die Breite der Ränder und Zwischenräume verstellst du am besten im Lineal. Greife mit der Maus die Grenze zwischen dem grauen und dem weißen Bereich:

Ist das Feld *Gleiche Spaltenbreite* in der Dialogbox nicht angekreuzt, so lassen sich Spalten und Zwischenräume individuell einstellen. Normalerweise verstellt man an den äußeren Grenzen die Breite aller Spalten und an den inneren Grenzen die Breite aller Zwischenräume.

Im Gegensatz zum Papierformat kann die Spaltendarstellung auch innerhalb einer Seite wechseln. Du kannst also wie in der Zeitung den Titel eines Textes einspaltig und den Text zweispaltig setzen. Reichen die Spalten bis zum Textende, so werden sie auf der letzten Seite verschieden lang. Beginnt aber hinter dem zweispaltigen wieder ein einspaltiger Abschnitt (Textendemarke beim Spaltensatz nicht mitmarkieren!), so sorgt Word dafür, dass die beiden Spalten gleich lang bleiben.

Manuelle Umbrüche

Nicht immer ist es wünschenswert, Spalten oder Seiten komplett voll zu schreiben. Andererseits ist es ärgerlich, wenn man beim Umformatieren des Textes ständig die Spaltenanfänge nachbessern muss. Mit dem Befehl *Einfügen – Manueller Umbruch* kannst du einen Seiten- oder Spaltenwechsel erzwingen.

 Aufgaben

1. Formatiere *Lehrer zufrieden* als Zeitungsartikel (dreispaltiger Text mit Titel, Untertitel und Nachrichtenblock über beide Spalten hinweg).

2. Formatiere den Text *Fatone* zweispaltig im Querformat. Füge in der Fußzeile Dateinamen und Seitenzahl ein.

3. Setze das Märchen *Dornröschen* dreispaltig im Querformat mit in Fünferschritten nummerierten Zeilen. Passe Ränder und Schriftgröße so an, dass der Text auf einer Seite Platz findet.

4. Kontrolliere mit *Format – Formatierung anzeigen*, wie die einzelnen Abschnitte deines Textes formatiert sind.

Kapitel 1

 Wurzelbehandlung

Eines Tages findet Andi Kathrin am Redaktionscomputer, beschäftigt mit der Eingabe einer Matheaufgabe. Sie möchte eine Folie für ein kurzes Referat über quadratische Gleichungen erstellen. „Sag mal, ich finde hier keine Wurzeln. Und bei Bruchstrichen verrutschen mir immer die Formeln. Geht das nicht anders?"

Schließlich entdecken die beiden eine Lösung: Mit *Einfügen – Objekt – Microsoft Formel-Editor 3.0* öffnet man im Word-Dokument einen kleinen Bearbeitungsrahmen. Neben ihm erscheint eine Werkzeugleiste mit mathematischen Symbolen zum Anklicken. Solange man mit dem Formeleditor Symbole eingibt, bleiben der Eingaberahmen und die Symbolleiste geöffnet. Klickt man neben den Rahmen, so wird beides geschlossen. Mit einem Doppelklick kann man eine Formel später zum Ändern öffnen.

Wähle aus dem Menü für Brüche und Wurzeln das Symbol für die n-te Wurzel. Klicke in das Feld für den Wurzelexponenten und gib 3 ein.

Klicke in das Feld unter der Wurzel und hole dir aus dem Formeleditor eine Klammer.

Klicke das Feld in der Klammer an und hole dir einen Bruch. Setze in die Leerstellen 4 und 5 ein.

Setze die Schreibmarke dicht rechts neben die Klammer. Wähle das Hochzahlmenü und gib 2 ein.

Auch mit den Cursortasten kannst du die Schreibmarke in der Formel hin und her und auf und ab bewegen. Ändere einige Stellen des Terms ab.

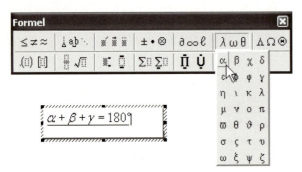

Füge ein Formeleditor-Objekt ein und erstelle damit versuchsweise den Winkelsummensatz. Normale Buchstaben und Ziffern kannst du auch im Formeleditor-Fenster über die Tastatur eingeben. Griechische Buchstaben findest du in den beiden rechten Symbolmenüs: Zur Eingabe von Leerzeichen musst du die *Strg*-Taste festhalten. Mit der Maus kannst du zum Schluss den Formeleditor-Rahmen vergrößern oder verkleinern. Die Schriftgrößen werden dabei proportional angepasst.

Etwas anspruchsvoller ist die Eingabe von Termen mit Klammern, Brüchen, Wurzeln und Hochzahlen. Wenn du auf ein solches Symbol klickst, erstellt der Formeleditor eine Art Schablone, die du anschließend mit Buchstaben oder Symbolen ausfüllst. Versuchen wir einmal einen komplizierteren Term einzugeben:

 Aufgaben

1. Schreibe mit dem Formeleditor die allgemeine Lösungsformel für quadratische Gleichungen:

$$x_{1/2} = -\frac{p}{2} \pm \sqrt{\left(\frac{p}{2}\right)^2 - q}$$

2. Kathrin schreibt gleich die ganze Aufgabe mit dem Formeleditor. 🖫 *Quadgleich*

$$x^2 + \frac{1}{4}x - \frac{3}{8} = 0$$

$$x_{1/2} = -\frac{1}{8} \pm \sqrt{\left(\frac{1}{8}\right)^2 - \left(\frac{3}{8}\right)}$$

$$x_{1/2} = -\frac{1}{8} \pm \sqrt{\frac{1}{64} + \frac{24}{64}}$$

$$x_{1/2} = -\frac{1}{8} \pm \sqrt{\frac{25}{64}}$$

$$x_1 = -\frac{1}{8} + \frac{5}{8} = \frac{4}{8} = \frac{1}{2}$$

$$x_2 = -\frac{1}{8} - \frac{5}{8} = -\frac{6}{8} = -\frac{3}{4}$$

$$L = \left\{\frac{1}{2}; -\frac{3}{4}\right\}$$

Word

Profis arbeiten rationell!

Annika schreibt immer wieder dieselbe Art von Texten: Briefe, Protokolle, Entschuldigungen, ... Sie fragt sich langsam, ob sie wirklich immer wieder dieselben Angaben auf ein weißes Blatt tippen muss.

Der Aufgabenbereich *Neues Dokument* signalisiert, dass Word eine Lösung für dieses Problem bereithält. Es kann nicht nur alte Dokumente öffnen und neue anlegen, sondern bietet weitere Möglichkeiten:
- *Von bestehendem Dokument ...* Mit dieser Auswahl öffnest du ein Dokument und teilst mit, dass du es abgewandelt unter anderem Namen speichern willst.
- *Vorlagen* sind Musterdokumente. Sie können ein paar Einstellungen enthalten wie Schriftarten oder Absatzformate, aber auch eine ganze Menge Text. Im Unterschied zu gewöhnlichen Dokumenten tragen sie die Dateiendung *.dot*. Für leere Dokumente verwendet Word die Vorlage *Normal.dot*. Aber es bringt eine ganze Reihe weiterer Vorlagen mit.

 Aufgaben

1. Wähle *Allgemeine Vorlagen – Briefe und Faxe – Aktuelles Fax*. Fülle diese Vorlage so aus, dass du deinem Freund damit die Mathematikaufgaben faxen kannst. ⌸ *Aufgabenfax*

2. Lade eine der Dokumentvorlagen für einen Lebenslauf. Lösche die vorhandenen Angaben und ersetze sie durch eigene. ⌸ *Lebenslauf*

Eigene Dokumentvorlagen

Dokumentvorlagen kann man auch selbst anfertigen, indem man ein beliebiges Dokument als Dokumentvorlage abspeichert. Dies geschieht im *Speichern*-Dialog über die Auswahl des Dateityps *.dot*.

Simon möchte einen „Kaktus"-Briefkopf erstellen und als Dokumentvorlage speichern. Arbeite mit:
- Erzeuge ein neues leeres Dokument.
- Klicke *Ansicht – Kopf- und Fußzeile*.
- Gib den folgenden Text ein:
  Kaktus
  Schülerzeitung der Comeniusschule
  Schülerzeitung Kaktus
  c/o Comeniusschule
  Am Europapark 25
  12345 Meisenbach
  (0 24 68) 1 35 79
  Kaktus * Am Europapark 25 * 12345 Meisenbach
- Formatiere die erste Zeile in Britannic Bold 36 pt,
- die letzte Zeile in Arial 7 pt unterstrichen
- die Zeilen dazwischen in Arial 10 pt.
- Rücke die 3. bis 7. Zeile 11,5 cm ein.

- Das Kopfzeilenfeld sollte danach 1,25 cm vom oberen Rand beginnen und 4,25 cm hoch sein.
- Wechsle nun zur Fußzeile.
- Füge links den Dateinamen als AutoText ein.
- Schließe die Symbolleiste *Kopf- und Fußzeile*.
- Speichere den Brief als Dokumentvorlage unter dem Titel ⌸ *Kaktusbrief.dot*. Zum Speichern schlägt dir Word ein spezielles Verzeichnis für Vorlagen vor.
- Wenn du über *Datei - Neu* einen neuen Brief aus dieser Vorlage erzeugst, steht die Schreibmarke genau dort, wo die Adresse eingegeben werden muss.

 Aufgaben

3. Schreibe einen Brief, der auf der Vorlage *Kaktuskopf* basiert. Erweitere die Dokumentvorlage *Kaktuskopf* zu einer Rechnung für Anzeigen: ⌸ *Rechnung.dot*

4. Entwirf eine Vorlage ⌸ *Briefkopf* für dich selbst.

37

Kapitel 1

Layout statt Chaos

Am Anfang fanden es alle schick, wenn im „Kaktus" keine Seite wie die andere aussah. Mittlerweile sieht Simon, der Chef-Designer, das etwas anders: Mögen die einzelnen Beiträge inhaltlich individuell sein – das Layout der Zeitung muss einheitlich und unverwechselbar wirken. Also versucht er jetzt, Überschriften, Seitenzahlen, Info-Kästen und ähnliche Gestaltungselemente auf immer wieder gleiche Weise zu formatieren. Dafür bietet Word eine ganze Reihe von Tricks.

Die einfachste Methode, Gestaltung zu vereinheitlichen, ist der **Kopierpinsel** aus der Symbolleiste. Um damit das Aussehen eines Wortes auf ein anderes zu übertragen, sind drei Arbeitsschritte erforderlich:
1. Markiere die bereits formatierte Textstelle.
2. Klicke auf den Kopierpinsel.
3. Markiere eine Textstelle, die so wie die erste formatiert werden soll. (Nach einem Doppelklick auf den Pinsel kannst du Formate mehrmals übertragen.)

Wenn es dir zu mühsam erscheint, alle Sprechernamen mit dem Kopierpinsel zu formatieren, kannst du Formate auch **Suchen** und **Ersetzen**. Ein Beispiel:
- Wähle *Bearbeiten – Ersetzen*.
- Schreibe den Namen „Borstig" sowohl in das *Suchen*- als auch in das *Ersetzen*-Feld. Belasse die Schreibmarke im Ersetzen-Feld.
- Klicke auf *Erweitern* und wähle in der Liste *Format* die *Zeichen*. Setze einen Haken bei *Kapitälchen*.
- Klicke auf *Weitersuchen*. Bei jedem Vorkommen von „Borstig" kannst du nun entscheiden, ob du die bestehende Formatierung durch Kapitälchen *Ersetzen* oder ohne Umformatieren *Weitersuchen* willst.
- Betätige, wenn du fertig bist, die Schaltfläche *Keine Formatierung*, damit es bei der nächsten Suche keine Komplikationen gibt.

 Aufgaben

1. Lade den Sketch 💾 *Vertretungsplan*. Formatiere den Sprechernamen („Borstig") in Kapitälchen. Übertrage das Format auf die anderen Sprechernamen.

2. Die erste Textzeile ist eine Regieanweisung. Formatiere sie kursiv. Übertrage die Formatierung auf alle anderen Regieanweisungen des ersten Abschnitts.

Fertige Formatvorlagen

In diesem Buch gibt es einheitliche Kapitelüberschriften, Abschnittsüberschriften und Zwischenüberschriften. Außerdem sind Aufzählungen und Übungsaufgaben, Dateinamen, Menübefehle und wichtige Begriffe immer in derselben Weise formatiert. Erreicht wurde das durch den Einsatz von Formatvorlagen. Die wichtigsten findest du in einer Liste ganz links auf der Format-Symbolleiste. Weitere werden sichtbar, wenn du den Aufgabenbereich *Formatvorlagen und Formatierungen* öffnest und unter *Anzeigen* die Option *Alle Formatvorlagen* auswählst.

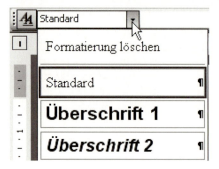

Zur Formatvorlage *Überschrift 1* gehören die folgenden Informationen: *Arial 16 pt fett linksbündig Abstand Vor 12 pt Abstand Nach 3 pt Absätze nicht trennen*. Diese Definition wird nur einmal gespeichert, und sie kann jederzeit nachträglich geändert werden. Damit ändert sich automatisch das Aussehen aller Textabschnitte, die auf der Vorlage basieren. Das Beste aber ist: Die Überschrift-Vorlagen dienen in Word auch gleichzeitig zur Gliederung. So kann man z. B. aus den Zwischenüberschriften einer Erörterung fix eine Gliederung erstellen:

- Sollte man die Kopfnoten abschaffen?
  - Einleitung
  - Kontra Kopfnoten
    - Der Aussagewert von Kopfnoten
    - Der Nutzen von Kopfnoten
    - Zwischenbilanz
  - Pro Kopfnoten
    - Der Erziehungsauftrag der Schule
    - Die Erwartungen der künftigen Arbeitgeber
    - Belohnung für Sekundärtugenden
  - Schluss

 Aufgabe

3. Formatiere die Zwischenüberschriften im Text 💾 *Kopfnoten* wie angedeutet als *Überschrift 1, Überschrift 2, Überschrift 3*. Gehe anschließend in die *Gliederungsansicht* und blende verschiedene Ebenen des Textes ein oder aus. Stelle in der Gliederungsansicht einzelne Abschnitte des Textes um.

Word

Eigene Formatvorlagen

Stell dir vor, du sollst Goethes „Faust" für den Druck aufbereiten. Dialoge sollen mit hängendem Einzug formatiert werden. Die Namen der Sprecher sollen fett und die Regieanweisungen kursiv erscheinen. Daneben gibt es viele weitere Vorgaben. Als du drei Viertel des Werkes bearbeitet hast, steht eines Morgens der Verleger neben deinem Schreibtisch. „Eigentlich sehen Sprechernamen in Kapitälchen doch besser aus. Bitte ändern Sie das doch noch schnell!" Dann gibt es zwei Möglichkeiten: Entweder du fällst in Ohnmacht oder du hast mit Formatvorlagen gearbeitet.

Lade 🖫 *Häschenschule* und blende den Aufgabenbereich *Formatvorlagen und Formatierungen* ein. In diesem Text wurden für die Sprechernamen und die Regieanweisungen eigene Formatvorlagen definiert. Die beiden Formatvorlagen sind verschieden gekennzeichnet:

¶ *Standard* und *Überschrift x* sind **Absatzvorlagen**. Sie dienen dazu, ganze Absätze mit Zeichen- und Absatzinformationen zu formatieren.

a *Sprecher* und *Regieanweisung* sind **Zeichenvorlagen**. Mit ihnen kann man die Zeichenformatierung einzelner Wortgruppen oder Absätze abweichend vom normalen Absatzformat gestalten.

Wir wollen nun den Text 🖫 *Häschenschule* etwas umgestalten und dabei einige Möglichkeiten des Umgangs mit Formatvorlagen ausprobieren. Alle Möglichkeiten auszuschöpfen lernt man erst nach langjähriger Übung.

So wechselst du die verwendete Formatvorlage:
- Markiere Titel und Untertitel („Häschenschule 99 / Sechs Szenen..."). Derzeitiges Format *Überschrift 1*.
- Wähle in der Liste Anzeigen die Einstellung *Alle Formatvorlagen*. Alle in Word vordefinierten Vorlagen werden angezeigt.
- Wähle dann in der Liste die Vorlage *Titel*. Die beiden Zeilen werden neu formatiert.
- Wähle in der Liste *Anzeigen* wieder die übersichtlichere Einstellung *Verfügbare Formatvorlagen*.

So änderst du eine Formatvorlage:
- Bewege den Mauszeiger im Aufgabenbereich über die Vorlage *Standard*. Rechts erscheint ein Pfeil.
- Klappe das Befehlsmenü auf, klicke auf *Ändern ...*
- Ein Dialog erscheint. Klicke auf die Schaltfläche *Format*, wähle dann *Absatz*. Stelle den *Abstand Nach* auf 6 pt. Klicke auf *OK*.
- Da die Regieanweisungen Standardabsätze mit abweichender Zeichenformatierung sind, ändert sich auch bei ihnen der Absatzabstand.

So definierst du eine neue Formatvorlage:
- Setze die Schreibmarke in die erste Gedichtzeile.
- Ziehe sie 1 cm von links ein.
- Formatiere sie in Arial 11 pt.
- Im Feld *Formatierung des markierten Textes* werden deine Angaben angezeigt. Klicke in das Feld und gib der Vorlage den Namen „Gedicht".
- Markiere alle Gedichtstrophen und klicke auf den Vorlagennamen *Gedicht*, um sie entsprechend zu formatieren. Speichere den Text wieder ab.

❓ Aufgaben

1. Welche einheitlich gestalteten Formate findest du
   a) in deinem Lesebuch,
   b) in deinem Mathematikbuch,
   c) in einer Tageszeitung?

2. Wende die Formatvorlagen der Symbolleiste auf den Text 🖫 *Satzung* an. Markiere dazu einzelne Zeilen und Absätze und weise ihnen eine der Formatvorlagen *Überschrift 1, Überschrift 2, Überschrift 3* oder *Standard* zu. In der Gliederungsansicht kannst du jetzt die einzelnen Textebenen ein- und ausblenden.

3. Lade 🖫 *Goethe*. Definiere einen eigenen Satz von Formatvorlagen und formatiere die Szene durchgängig mit deinen Vorlagen.

Kapitel 1

Sehr geehrter Herr <<Name>>

Mit Tabulatoren getrennte Aufstellungen sind so übersichtlich strukturiert, dass auch Computer sie leicht durchschauen. In Word kann man sie zum Beispiel verwenden, um **Serienbriefe** zu verschicken. Das sind scheinbar individuelle Briefe an einen größeren Kreis von Empfängern. Der Wortlaut ist immer derselbe, nur einige Einzelangaben variieren von Brief zu Brief.

Das wollen wir jetzt ausprobieren. Mit einem Rundbrief an alle Mitspieler unterstützen wir die Theater-AG bei der Verbesserung des Probenklimas. In einer Tabelle halten wir zunächst fest, wer zur nächsten Probe was mitbringen soll. Die erforderlichen **Daten** erstellen wir als Liste in Word, anschließend entwerfen wir das **Hauptdokument**, in das die Daten eingefügt werden.

Öffne ein neues Dokument, setze einen Tabulator bei 3 cm und gib Folgendes ein. Auch die erste Zeile muss eingegeben werden.

NAME	WARE
Meike	Kartoffelchips
Ralf	Pistazien
Susan	Salzstangen
Jens	Erdnüsse
Sonja	Gummibärchen
Frank	Schokolade
Andrea	Kekse

Speichere die Tabelle unter 🗎 *Knabberdaten* und schließe die Datei. Öffne dann ein neues Dokument und tippe den folgenden Brief ein:

> Liebe Meike,
>
> bei unseren Proben ist es immer so ungemütlich. Bitte bring doch beim nächsten Mal einige Päckchen Kartoffelchips mit.
>
> Viele Grüße
> Der Regisseur

Wähle nun *Extras – Briefe und Sendungen – Seriendruck – Symbolleiste einblenden.*

Klicke auf das Symbol *Datenquelle öffnen*. Suche in deinem Arbeitsverzeichnis die Datei 🗎 *Knabberdaten*. Die Verbindung zwischen Hauptdokument und Datenquelle ist jetzt hergestellt.

Jetzt ändern wir den Brief so ab, dass er universell verwendbar wird. Markiere dazu den Namen „Meike", lösche ihn, klicke auf das Symbol *Seriendruckfelder einfügen* und setze stattdessen das Feld «NAME» ein. Ebenso ersetzt du das Wort „Kartoffelchips" durch das Feld «WARE».

> Liebe «NAME»,
>
> bei unseren Proben ist es immer so ungemütlich. Bitte bringe doch beim nächsten Mal einige Päckchen «WARE» mit.
>
> Viele Grüße
> Der Regisseur

Speichere den so bearbeiteten Brief unter 🗎 *Knabberbrief*.

Schalte von den Feldnamen zu den Feldinhalten um. Der Vorname *Meike* taucht wieder auf.

 Über die Pfeilleiste kannst du alle Datensätze in dem Brief durchprobieren. Dabei fällt die Anrede „Liebe Ralf" unangenehm auf. Was tun? Fürs erste ersetzen wir das Wort „Liebe" einfach durch „Liebe(r)".

Mit einem weiteren Befehlsknopf lassen sich nun die fertigen Serienbriefe ausdrucken.

❓ Aufgaben

1. Entwirf eine schöne Urkunde für die Bundesjugendspiele. Setze die Felder *Name* und *Punkte* aus einer Tabelle ein. 🗎 *Bujus*/🗎 *Bujusdaten*.

2. Schreibe eine 🗎 *Klassenliste* mit Elternadressen. Verwende sie als Datenquelle für eine Einladung zur Premiere des Theaterstücks „Die chinesischen Gartenzwerge". 🗎 *Einladung*

40

Word

Bedingungsfelder

Das Problem mit dem „r" ist natürlich ärgerlich. Aber auch dafür gibt es eine Lösung. Wir erweitern die Tabelle Knabberzeug um eine Spalte, die das Geschlecht des Adressaten angibt. Dann kann auch Word die Jungen von den Mädchen unterscheiden.

NAME	MW	WARE
Meike	W	Kartoffelchips
Ralf	M	Pistazien
Susan	W	Salzstangen
Jens	M	Erdnüsse
Sonja	W	Gummibärchen
Frank	M	Schokolade
Andrea	W	Kekse

Im Brief fügen wir direkt hinter dem Wort „Liebe" ein Bedingungsfeld vom *Wenn ... dann ... sonst ...*-Typ ein.

Wenn das MW-Feld der Tabelle gleich M ist, **dann** soll **r** eingefügt werden, **sonst** wird nichts eingefügt.

Drücke nun den *OK*-Button. Wie du feststellst, ist in unserem Dokument leider rein gar nichts Neues zu sehen. Beim Durchblättern der Datensätze über die Pfeiltaste wirst du aber bemerken, dass die Anrede „Liebe" bei den Jungen zu „Lieber" verlängert wird.

 Aufgaben

1. Erweitere 🗐 *Bujus* derart zu 🗐 *Bujus2*, dass Word anhand der Punktzahl (mindestens 1500 Punkte) entscheidet, ob eine Sieger- oder eine Ehrenurkunde auszudrucken ist.

2. Erweitere die 🗐 *Klassenliste* um die beiden Spalten SCHÜLERNAME und MW. Ändere die Datei 🗐 *Blauer Brief* so ab, dass er als Serienbrief an alle Schüler der Klasse verschickt werden kann. Du kannst auch einen eigenen Brief entwerfen. 🗐 *Blauer Serienbrief*

Datensätze filtern

Unter 🗐 *Mailing* findet sich im Arbeitsverzeichnis ein echter, aber schon etwas älterer Werbebrief. In der dazugehörigen Datenliste sind 14 Kunden verzeichnet.

 Zeige die Datensätze an. Klicke auf das Dreieck bei LETZT_KAUF, dann auf *Weitere Optionen* und filtere die Datensätze wie folgt:

Der Brief wird nur an solche Adressen verschickt, bei denen als Geschlecht „w" eingetragen ist und deren letzte Bestellung vor dem 01.01.2004 liegt.

 Aufgaben

3. Drucke die Versandhausbriefe aus.

4. Verschicke an alle, die deinen Briefkasten Tag für Tag mit Reklame zumüllen, den Anti-Serienbrief 🗐 *Rache / Rachedaten*.

> Sehr geehrte Damen und Herren,
>
> Sie schickten mir im letzten Jahr «KAT» Kataloge und «DR» Drucksachen, die ich sämtlich ungelesen weggeworfen habe.
>
> Hören Sie auf, mich zu belästigen, und streichen Sie mich aus Ihrer Kartei. Ich habe alles, was ich brauche; und das, was ich nicht habe, kaufe ich ganz bestimmt nicht bei «VERSANDHAUS».
>
> Wenn Sie mir wieder einmal einen Brief schicken wollen, dann schreiben Sie ihn mit der Hand, damit ich sehe, dass er nicht vom Computer ist.

5. Erweitere 🗐 *Bujus2* zu 🗐 *Bujus3*. In den Daten sollen nun alle Teilnehmer enthalten sein. Word soll aber nur dann eine Urkunde drucken, wenn die Punktzahl über 1000 liegt.

6. Veranlasse, dass 🗐 *Blauer Serienbrief* nur an die Eltern von Jungen geschickt wird.

Kapitel 2

Kapitel 2

Grafik und Layout – Mehr Bilder in die Buchstabenwüste!

Grafik und Layout

Kathrin kommt mittlerweile öfter mal zu Besuch in die Schülerzeitungsredaktion. Auch den einen oder anderen Artikel hat sie schon geliefert, als Word-Dokument versteht sich. Eines Tages schaut sie Simon über die Schulter, der die neueste „Kaktus"-Ausgabe „layoutet", wie er das nennt.

„Das ist aber nicht Word, womit du da arbeitest", wundert sich Kathrin. „Nein", antwortet Simon. „Mit Word kann man zwar auch eine ganze Menge Aufgaben im Bereich Grafik und Layout lösen. Aber wenn man Bilder professionell für den Druck aufbereiten will oder Seiten wirklich pfiffig gestalten will, dann landet man letzten Endes doch bei Spezialprogrammen."

Simon entscheidet sich bei der Erstellung von Illustrationen für die schnellste der folgenden Möglichkeiten:
- Mit der **Zeichnen**-**Symbolleiste** von Word kann man Skizzen und Formen in den Text einfügen. Solche „eingebetteten Objekte" kann man über die Zwischenablage mit anderen Programmen austauschen, aber nicht separat speichern.
- Zur Zeichenleiste gehört auch **WordArt**, ein Werkzeug für auffallende Schrifteffekte.
- **Clipart**, die auf der Festplatte als WMF- oder EMF-Datei vorliegt, wird in Texte als „Objekt" eingebunden. Dasselbe gilt für mathematische Formeln, Sound oder anderes Beiwerk.
- Einfache Bitmaps wie einen zartbunten Hintergrund für eine Webseite kann man mit dem Windows-Zubehör **Paint** erzeugen und bearbeiten.
- Auch Fotos sind Bitmaps, sie verlangen aber andere Werkzeuge. Einfache Korrekturen an Helligkeit und Kontrast erreicht man dabei schon mit der **Grafik-Symbolleiste** der Office-Programme.
- Bessere Korrekturmöglichkeiten bietet der **Office Picture Manager.**
- Geht es um die Erstellung ganzer Broschüren, dann nutzt Simon Word zur Texterfassung und **Microsoft Publisher** fürs Layout, den Seitenaufbau.

Die Grundeinheit von **Word** ist der **Fließtext**. Das kann ein Brief sein, ein Referat oder ein ganzes Buch. Überall, wo Text problemlos von einer Seite auf die andere fließen darf, ist Word das passende Werkzeug. Auch Spaltensatz, einheitlicher Seitenaufbau mit gleichen Kopf- und Fußzeilen oder das Einbinden einzelner Bilder oder Skizzen in den fließenden Text ist in Word kein Problem. Wo der Text die Hauptsache und alles andere nur Zugabe ist, da liegt man mit Word richtig.

Den „Kaktus" hingegen gestaltet Simon lieber mit dem **Publisher**. Wie alle Zeitschriften besteht der „Kaktus" aus einer großen Anzahl unterschiedlicher Beiträge, die in eine gefällige Anordnung gebracht werden müssen. Da steht der Text auch schon einmal schräg oder fließt um ein Bild herum oder er wird weiß auf bunt in ein ganzseitiges Bild eingefügt. Da muss nicht jeder Quadratzentimeter mit Text gefüllt sein, sondern es gibt gut verteilten Weißraum, wo sich das Auge ausruhen kann.

Diese Arbeit nennt man **Layout** oder **DTP** (Desk Top Publishing). Grundeinheit eines DTP-Programms ist nicht der Fließtext, sondern die einzelne **Seite**, die der Grafiker aus einzelnen **Rahmen** mit Text oder Grafik aufbaut. Das gibt es zwar auch in Word, ein rahmengestützter Seitenaufbau lässt sich aber im Publisher leichter realisieren und präziser kontrollieren.

„Bitmaps, Objekte, Rahmen ... Mir dreht sich der Kopf!", gesteht Kathrin. „Wo hast du das denn alles gelernt?" „Der Appetit kommt beim Essen", grinst Simon. „Als ich das erste Mal mit dem Computer herumspielte, habe ich mich über die schönen Bildchen gefreut, die man mit Paint malen und ausdrucken konnte. Aber seit ich beim „Kaktus" mitarbeite, sehe ich mir die Zeitschriften am Kiosk mit anderen Augen an. Ich überlege immer: Wie haben die das gemacht? Kannst du das nicht auch? Und da habe ich mir zunächst die vielen Cliparts und Vorlagen, die beim Office mitgeliefert werden, angesehen und dann immer öfter auch mal versucht, meine eigenen Vorstellungen umzusetzen."

„Kannst du mir nicht ein paar Tricks zeigen?", erkundigt sich Kathrin, die fasziniert in Simons Grafikmappe herumblättert. „Wäre ja schön, wenn es nur um ein paar Tricks ginge", antwortet Simon. „Aber leider läuft die Beschäftigung mit Grafik und Layout letzten Endes doch immer auf zeitintensive und hartnäckige Detailarbeit hinaus. Einiges kann ich dir zeigen. Aber wirklich gute Ergebnisse wirst du nur bekommen, wenn du dir eigene Aufgaben stellst und dich richtig hineinkniest."

 Aufgabe

1. Welche der genannten Werkzeuge kennst du? Welche hast du selbst bisher eingesetzt? Gab es Probleme? Worüber möchtest du mehr erfahren?

2. Hast du schon einmal eine Werbeagentur oder eine Zeitungsredaktion von innen gesehen? Berichte, wie Profis arbeiten.

Kapitel 2

Woher nehmen und nicht stehlen?

Manchmal stöhnt Annika und beschwert sich darüber, wie schwer es ist, ihre Mitschülerinnen zum Schreiben zu motivieren. Simon hat andere Probleme: Eine Seite mit Text vollzuknallen, findet er, ist ganz einfach. Viel schwerer ist es, jemand zu finden, der sie liest. Also versucht er das Lesen so angenehm wie möglich zu machen. Er gestaltet schöne Überschriften, lockert die Texte durch Zwischentitel auf und illustriert sie mit Grafiken.

Obwohl er selbst gern zeichnet, fällt ihm nicht zu jedem Thema etwas ein. Also sucht er nach einer schnellen Quelle für Zeichnungen. Leider ist sein Archiv mit Zeitungsausschnitten und Bildern noch recht klein. Außerdem verbietet das Urheberrecht auch einem Schülerzeitungsredakteur, wahllos Illustrationen aus Büchern oder Zeitungen zu kopieren. Was tun?

Wähle *Einfügen – Grafik – Clipart* oder klicke in der *Zeichnen*-Leiste auf das Portrait-Symbol. Neben deinem Text öffnet sich ein Aufgabenbereich. Im Feld *Suchen nach...* gibst du einen Suchbegriff ein. Hast du dich für eine der Grafiken entschieden, dann klickst du auf ihre Randleiste und wählst *Einfügen*.

Wie die Sache funktioniert, erkennst du, wenn du im Menü einer Grafik *Vorschau/Eigenschaften* anklickst. Das Clipart-Werkzeug hat alle Grafiken zusammen mit einer Reihe von *Schlüsselwörtern* katalogisiert.

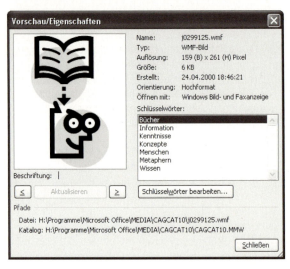

Unter *Ergebnisse* kannst du die Suche auf bestimmte Mediadateitypen, z. B. *Clipart-Grafiken* eingrenzen. Unter *Suchen in ...* kannst du festlegen, dass die Suche auf die Office-Seiten im Internet ausgeweitet werden soll.

Manchmal erhältst du eine Unmenge von Ergebnissen. Bevor du sie alle ansiehst, solltest du versuchen, ein präziseres Schlüsselwort einzugeben, z. B. „Bibliothek" statt „Bücher". Du kannst auch versuchen, zwei Begriffe einzugeben. Dann werden nur solche Grafiken gefunden, die zu beiden Begriffen passen.

Eines Tages findet er zufällig, was er sucht: die Office-Clipartsammlung. Wohlgeordnet und auf Stichwort abrufbar gibt es hier Illustrationen, Fotos und sogar Sounds und Filme. Und das Beste daran ist: Er kann sie nicht nur problemlos in seine Seiten einbauen, er darf es auch.

Aufgabe

1. In deinem Arbeitsverzeichnis gibt es einen Text über *Mediatoren*. Formatiere ihn ansprechend und füge ein bis zwei passende Clipart-Grafiken hinzu.

2. Gestalte unter Verwendung von Clipart eine Werbeanzeige für die 🗎 *Schülerbücherei*.

Clipart für Fortgeschrittene

Vielleicht ist deine Produktion an Bildern mittlerweile ja schon so umfangreich, dass du anfängst, den Überblick zu verlieren. Dann wird es höchste Zeit, dass du dich erneut mit dem Clip-Organizer befasst. Den kannst du nämlich auch zum Archivieren deiner eigenen Kunstwerke verwenden. Gesammelt werden die Bilder im Ordner *Eigene Dateien – Eigene Bilder – Microsoft Clip Organizer* deiner Festplatte. Den legt der Clip-Organizer selbstständig an, wenn du das erste Bild sammelst oder aus dem Internet herunterlädst.

Öffne den Clipart-Aufgabenbereich und klicke im unteren Teil des Bildausschnitts auf *Organisieren von Clips*. Der Clip-Organizer öffnet ein eigenes Bildschirmfenster.

Nun gibt es mehrere Möglichkeiten, deine Werke in die Clipartsammlung zu übertragen:

1) Markiere ein Bild in Word, und kopiere es in die Zwischenablage. Öffne dann den Clip-Organizer und füge es aus der Zwischenablage ein.

2) Ebenso kannst du in Word Bilder mit der Maus greifen und direkt ins Clip-Organizer-Fenster ziehen. Sollte Word das Fenster verdecken, so ziehe sie über das Clip-Organizer-Symbol in der Taskleiste.

3) Natürlich kannst du Bilder auch direkt in das Verzeichnis *Eigene Dateien – Eigene Bilder – Microsoft Clip Organizer* kopieren oder verschieben. Damit sie anschließend im Clip-Organizer angezeigt werden, musst du eventuell noch den Befehl *Ansicht – Aktualisieren* wählen (Tastenkürzel F5).

Bei Methode 3 hat das Bild bereits einen Namen. Das Bild *Shakespeare.WMF* wird bei einer Clipart-Suche nach dem Begriff *Shakespeare* gefunden.

Bei Methode 1 und 2 wählt der Clip-Organizer automatisch das Dateiformat und den Dateinamen. Hier musst du, damit die Suche funktioniert, dem Bild zusätzliche Schlüsselwörter zuordnen. Klicke dazu im Clip-Organizer das Bild an und wähle *Bearbeiten – Schlüsselwörter*. Bei vielen Grafiken wird ein einzelnes Stichwort im Feld *Beschriftung* schon ausreichen. Anderen wirst du mehrere Schlüsselwörter zuordnen wollen.

Der Clip-Organizer bietet dir im Menü *Datei – Clips zum Organizer hinzufügen* auch die Möglichkeit, deine Festplatte nach geeigneten Dateien zu durchsuchen und sie automatisch zu deiner Sammlung hinzuzufügen. Dabei produziert er sogar Schlüsselwörter. Da der Computer aber nicht in der Lage ist, Bildinhalte wirklich zu identifizieren, verspricht dieser Vorgang nur dort wirklichen Erfolg, wo Bild- und Tondateien einen aussagekräftigen Dateinamen besitzen.

Aufgabe

1. In deinem Arbeitsverzeichnis findest du in dem Word-Dokument 💾 *Theater* Material für einen Programmzettel. Füge die darin enthaltenen Bilder der Clipartsammlung hinzu.

2. Gestalte aus dem Material von 💾 *Theater* mithilfe von Word ein attraktives Faltblatt als Programmzettel für eine Aufführung.

Kapitel 2

Wanderkarte für Bitmaps

Clipart-Grafiken können in der Vorschau ähnlich aussehen, aber sehr unterschiedliche Eigenschaften haben. Lade die Datei 💾 *Shakespeare*. Sie enthält zwei briefmarkengroße Bilder des berühmten Dramatikers. Auf den ersten Blick wirkt das linke Bild scharf und das rechte etwas verwaschen. Vergrößerst du jedoch beide Bilder, indem du an den Ecken ziehst, so sieht die Sache umgekehrt aus: Das linke Bild wird immer gröber, das rechte bleibt scharf.

Das linke Shakespeare-Bild ist eine **Bitmap**. Sie könnte mit der Maus in Paint gemalt worden sein. Vielleicht wurde sie aber auch auf Papier gezeichnet und eingescannt oder mit einer Digitalkamera von einer Vorlage abfotografiert.

Bitmaps erkennst du in der Clipartsammlung am **Typ** *BMP*, *GIF*, *JPG* oder *PNG*. Solche Bilder haben eine feste **Größe** (in den Eigenschaften von Cliparts wird sie als Auflösung angegeben). Beim Shakespeare-Bild beträgt sie 89 Zeilen mit je 115 Punkten. Von jedem dieser **Pixel** speichert der Computer eine Zahl, die seine Farbe beschreibt.

Bei starker Vergrößerung stellst du fest, dass die Farbpunkte des Bildes größer werden. Für jedes Pixel des Bildes werden immer mehr Pixel des Bildschirms verwendet. Es werden aber keine neuen Details sichtbar. So wirkt das Bild immer gröber.

Die Grafik-Symbolleiste

Klickst du eine Bitmap in Word an, so erscheint die Grafik-Symbolleiste. Mit ihren verschiedenen Reglern lässt sich die Darstellung des Bildes auf dem Bildschirm und beim Ausdruck verbessern. Probiere die Werkzeuge aus:

Verpasse dem Bild einen schmalen Rahmen.

Spiele mit den Reglern für *Kontrast* und *Helligkeit*. Steilerer Kontrast macht die Farben greller und lässt Zwischentöne verschwinden. Flacherer Kontrast dagegen verwandelt alle Farben nach und nach in Einheitsgrau. Klicke zum Schluss auf *Grafik zurücksetzen*.

Klickst du auf *Zuschneiden* und ziehst dann an den Kanten, so wird das Bild beschnitten oder es wird weißer Rand hinzugefügt. Schneide das Bild quadratisch zu.

Greife das Shakespeare-Bild mit der Maus und ziehe es über den Text. Es wird wie ein Buchstabe in die Zeile eingebaut. Klicke dann auf *Textfluss*. Ein kleines Menü bietet dir verschiedene Möglichkeiten an, das Bild frei auf der Seite zu positionieren und den Text um das Bild herumfließen zu lassen. Probiere *Passend* aus.

Du kannst das Bild jetzt frei auf der Seite positionieren, aber es gehört immer zu einem bestimmten Absatz. Wenn du bei markiertem Bild die unsichtbaren Zeichen einblendest, erkennst du, wo es verankert ist.

Hier zwei Möglichkeiten für Profis:

a) Wähle unter *Textfluss* die Optionen *Passend* und *Rahmenpunkte bearbeiten*. Füge auf der roten Randlinie weitere Eckpunkte ein und ziehe sie dicht an das Bild heran, so dass der Text eng um das Bild herumfließen kann.

b) Lege das vergrößerte Bild hinter den Text, wähle beim Symbol *Farbe* die Option *Intensität*. Das Bild wird zum Wasserzeichen.

Auch Drehen ist möglich. Shakespeare wird es nicht mögen, wenn du ihn auf den Kopf stellst. Gegen leichte Schräglage hat er aber wohl nichts einzuwenden.

Das Symbol *Grafik formatieren* erlaubt dir, deine Wünsche in Zahlen auszudrücken. Mit *Grafik zurücksetzen* kannst du die ursprüngliche Größe schnell wiederherstellen.

 ## Aufgabe

1. Unter 💾 *Internet.doc* findest du einen unformatierten Text und ein kleines Bild. Gestalte daraus drei verschiedene Vorschläge für ein Kleinplakat.

Grafik und Layout

Wie man Bilder in Atome zerlegt

Das Bit ist die kleinste Einheit eines Computers: Null oder eins, ja oder nein, an oder aus. Eine Bitmap ist also eine Landkarte aus Lämpchen, die an - oder ausgeknipst sein können. Auch dein Bildschirm ist eine Bitmap. Du brauchst dir nur die Beschriftung der Symbole etwas näher anzusehen und schon erkennst du deutlich die **Pixel**.

Alles, was der Computer dir auf dem Monitor ausgibt, muss er zuvor in die Form einer Bitmap aus y Zeilen zu je x Pixeln bringen. Ein Pixel kann unter Windows nicht nur an- und ausgeknipst werden, sondern eine von 16,7 Millionen Farben annehmen.

Bildformate

Bildverarbeitungsprogramme speichern Bitmaps auf verschiedene Art ab. In Paint findest du unter *Datei – Speichern unter ...* vier verschiedene **BMP**-Formate:
- **Monochrom:** Hier belegt ein Pixel 1 Bit. Wer einen 1024 × 768 Pixel fassenden Bildschirm mit einem reinen Schwarzweißbild abspeichern will, kommt mit 786432 Bit oder etwa 98 Kilobyte aus.
- **16 Farben:** Jedes Pixel belegt 4 Bit, ein Bildschirm benötigt also den vierfachen Speicherplatz.
- **256 Farben:** Hier wird das Bild auf eine Palette aus den 256 häufigsten Farben reduziert und jeder Farbe eine Kennzahl zugeordnet. Ein Pixel braucht hier 8 Bit, der ganze Bildschirm etwa 790 KB.
- **24 Bit TrueColor:** Hier benötigt jedes Pixel drei Byte. Jede Farbe wird in den roten, günen und blauen Anteil zerlegt und jeder Farbanteil mit einer Zahl zwischen 0 und 255 gespeichert. Einen Bildschirm zu speichern erfordert ca. 2,4 Megabyte Speicherplatz.

Speicherformate

Neben den verschiedenen Bitmap-Formaten bietet Paint aber auch einige komprimierte Bildformate an.
- **TIF** wird vor allem von Grafikern verwendet. Es komprimiert die Bilddaten verlustfrei.
- **GIF** arbeitet mit Paletten aus 256 Farben und eignet sich besonders für Bitmaps mit reinen Farbflächen z. B. Screenshots vom Bildschirm. GIF-Bilder müssen nicht rechteckig sein, man kann eine Farbe transparent machen.
- **JPG** eignet sich für Fotos. Es ist in der Lage, Bilddateien stark zu verkleinern – auf Kosten der Qualität.
- **PNG** eignet sich gleichermaßen für Clipart und Fotos. Es ist aber noch nicht weit verbreitet.

Computer-Farbenlehre

Wie kann der Computer in 3 Byte 16,7 Millionen verschiedene Pixelfarben speichern? Klicke in Paint auf *Farben – Palette bearbeiten – Farbe definieren*. Es erscheint das Windows-**Farbwahlfeld**.

Du siehst einen Cursor auf einem Rechteck mit allen

Farbtönen. Daneben befindet sich ein zusätzlicher Regler, mit dem man die Helligkeit ändern kann. Darunter sind zwei Gruppen zu je drei Zahlen sichtbar, mit denen der gewählte Farbwert numerisch dargestellt wird.

Die rechte Dreiergruppe gibt die Windows-Denkweise wieder: Windows muss, um einem Pixel eine bestimmte Farbe zu geben, dem Monitor mitteilen, mit welcher Intensität die roten, grünen und blauen Leuchtpunkte im Bereich dieses Pixels aktiviert werden sollen. Deshalb merkt es sich die Farbe jedes Pixels in drei Zahlen zwischen 0 und 255. Satte, leuchtende Farben erhältst du nur, wenn einer der drei Farbanteile 0 ist. Fügst du zu einer Mischung aus zwei Farben einen Anteil der dritten Farbe hinzu, so neutralisiert dies die beiden anderen Farben. Der Farbcursor sinkt nach unten, die Farbe vergraut.

 Aufgabe

1. Stelle alle drei Farben auf 0. Welche Farbe wird im Farbfeld angezeigt?
   Was erwartest du bei R 255, G 255, B 255?
   Welche Mischfarbe ergibt R 255, G 255, B 0?
   R 255, G 0, B 255 heißt *Magenta*.
   R 0, G 255, B 255 heißt *Cyan*.

2. Stelle den Helligkeitsregler auf eine mittlere Stellung. Bewege den Cursor dann langsam an der Oberkante des Farbfeldes entlang. Du siehst, wie jeweils ein Farbwert auf 0 verharrt, während sich das Verhältnis der beiden anderen ändert.

Kapitel 2

Eine Zeichnung ist kein Gemälde

Öffne noch einmal 🖫 *Shakespeare* und betrachte das zweite Portrait. Auch dieses Bild lässt sich auf beliebige Weise in den Text einbauen, man kann Helligkeit und Kontrast regeln und den Rand beschneiden. Trotzdem gibt es einen wichtigen Unterschied zum anderen Bild, das merkt man beim Vergrößern. Dieser Shakespeare wird beim Vergrößern nicht gröber, sondern eher schärfer und detailreicher.

Offenbar besteht das Bild auch nicht aus Pünktchen, sondern aus Linien und überlappen einfarbigen Flächen, die bei jeder Veränderung neu berechnet und neu aufeinander angeordnet werden.

Der **Typ** derartiger Cliparts ist WMF oder EMF, ihre Größe (unter Clipart-Eigenschaften: Auflösung) ist *skalierbar*. Man kann solche Zeichnungen beliebig vergrößern, ohne dass sich ihre Auflösung vergröbert. Außerdem aber ist es auch möglich nachträglich zu einer Zeichnung neue Objekte hinzuzufügen oder vorhandene Objekte zu verändern. Klicke das vergrößerte Bild mit der rechten Maustaste an und wähle *Bild bearbeiten*. Word legt um das Bild herum einen Zeichnungsbereich an. In ihm kannst du alle Objekte anklicken und getrennt verändern.

❓ Aufgabe

1. Klicke alle Objekte einzeln an und lösche sie. Aus wie vielen Objekten besteht das Bild?
2. Mache die Löschungen rückgängig oder lade das Dokument neu. Blende dann die Symbolleiste *Zeichnen* ein und färbe die Garderobe anders ein.

3. Lösche die Hintergrundflächen, klicke zunächst auf *Anpassen*, um den Rahmen eng um das Bild zu legen und anschließend auf *Zeichnung skalieren*. Nun kannst du das Bild komplett verkleinern.

4. Ein kleiner Versuch, als Beispiel dafür, wie man Clipart auf kreative Weise weiterentwickeln kann:
   - Öffne 🖫 *Papierkorb*. Das Word-Dokument enthält zwei Zeichnungen.

   - Klicke zunächst das Baby mit rechts an und wähle *Bild bearbeiten*. Klicke zweimal auf *Erweitern*, um den Rahmen zu vergrößern.
   - Ziehe einen Rahmen um das Bild, um alle Elemente zu markieren. Klicke dann mit rechts hinein und wähle *Gruppierung – Gruppierung aufheben*.

   - Klicke Schulter, Kopf und Haare einzeln an und lösche sie. Falls zu viel gelöscht wird, mache die Operation rückgängig und markiere genauer.
   - Ziehe um alles einen Rahmen und gruppiere die Gesichtszüge neu.

   - Kopiere das Gesicht in die Zwischenablage.
   - Bearbeite nun den Eimer. Hier werden alle Einzelteile des Henkels entfernt. Der Rest wird ebenfalls gruppiert.
   - Nun werden aus der Zwischenablage die Gesichtszüge eingefügt, auf den Papierkorb verschoben und in der Größe angepasst.

Grafik und Layout

 ## Die kleine Skizzenwerkstatt

Zeichnen oder Malen? Ein guter Illustrator muss beides können, denn auch gute Grafikprogramme arbeiten mit beiden Konzepten, Bitmaps *und* Zeichnungen. Betrachten wir zunächst die Zeichenfunktionen in Word. Schalte dazu die Symbolleiste *Zeichnen* ein. Wähle *AutoFormen – Linien*. Reiße das Menü ab und platziere es an geeigneter Stelle auf dem Bildschirm.

Der Zeichnungsbereich

Sobald du ein Werkzeug ausgewählt hast, öffnet sich ein Rechteck mit der Aufforderung *Erstellen Sie Ihre Zeichnung hier*. Nun kannst du deine Kreativität entfalten.

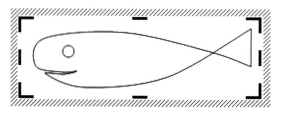

Die Symbolleiste *Zeichnungsbereich* enthält Befehle, die für die gesamte Zeichnung gelten:
- Mit *Anpassen* legst du den Rahmen eng an deine Zeichnung,
- mit *Erweitern* verschaffst du dir mehr Platz,
- nach einem Klick auf *Zeichnung skalieren* kannst du durch Ziehen an den Ecken die Zeichnung proportional vergrößern oder verkleinern
- und nach einem Klick auf das Symbol *Textfluss*, das du aus der Grafik-Symbolleiste kennst, festlegen, wie die Zeichnung in den Text eingebaut wird.

Im Menü *Extras – Optionen – Allgemein* lässt sich der Zeichnungsbereich abschalten. Danach kannst du einzelne Grafikobjekte völlig frei auf der Seite platzieren.

Das Gitternetz

Zeichne eine Strecke. Du merkst wahrscheinlich, dass du Anfangs- und Endpunkt nicht völlig frei setzen kannst. Der Bildschirm ist mit einem Gitterpunktraster überzogen und der Mauszeiger springt immer zum nächstgelegenen Punkt des Rasters.

Mit dem Befehl *Zeichnen – Gitternetz* (auf der *Zeichnen*-Symbolleiste) kannst du das Raster ausschalten oder anpassen. Wenn du es nur vorübergehend außer Kraft setzen willst, so zeichne mit gedrückter ALT-Taste.

Außer dem **Gitternetzraster** gibt es für Linien und Pfeile auch ein **Richtungsraster** mit 15°-Schritten. Aktiviert wird es durch Zeichnen mit gedrückter Großschreibtaste.

Kurven

Die *AutoFormen* der Zeichenleiste werden von Office 2003 nicht als Punktmuster, sondern als Beschreibung gespeichert. Außer der Linienbreite und -farbe merkt sich Office dazu bei geraden Linien die Koordinaten des Anfangs- und des Endpunktes, die Breite und die Farbe. Auch Rechtecke und Ellipsen lassen sich aus den Koordinaten zweier Punkte rekonstruieren.

Wähle *Freihandform*. Klicke drei Punkte an, den letzten mit Doppelklick. Bei Freihandformen werden geklickte Punkte durch gerade Linien verbunden.

Wähle *Kurve* und klicke ebenfalls drei Punkte an. Wo bei der Freihandform Ecken entstehen, erhältst du bei der Kurve gleichmäßige Übergänge. Ein Doppelklick beendet die Kurve.

Wähle *Skizze*. Ziehe mit gedrückter Maustaste eine Linie. Wenn du fertig bist, wirst du bemerken, dass Word die fertige Linie nachglättet.

Klicke die erstellten Linien mit der rechten Maustaste an. Wähle *Punkte bearbeiten*. Dieser Befehl macht die Übergangs- und Eckpunkte sichtbar, die sich Word gemerkt hat.

Kapitel 2

In der Nähe der Kurve erhältst du einen speziellen Mauszeiger. Du kannst jetzt Punkte nachträglich verschieben oder – bei gedrückter *Strg*-Taste – Punkte hinzufügen und löschen.

Wenn du Punkte oder Kurvenabschnitte mit der rechten Maustaste anklickst, kannst du ihren Charakter verändern. Aus Ecken werden sanfte Richtungsänderungen, aus Kurven Streckenabschnitte und umgekehrt:

Word setzt beim Zeichnen zunächst Auto-Punkte. Veränderst du diese Einstellung, so bekommt der Punkt zwei kleine Anfasser, mit denen du den Verlauf der Kurve in diesem Abschnitt exakt deinen Wünschen anpassen kannst. Während du diese Hebel bei **Übergangspunkten** nur synchron verändern kannst, kannst du bei **Punkt glätten** ihre Länge und bei **Eckpunkten** auch die Richtung getrennt festlegen. Sieh dir die Auswirkungen an.

Aufgabe

1. Die Feinheiten der Zeichenleiste übst du mit dem *Zeichenkurs*.

2. Zwei Ideen zum Nachzeichnen *Puzzle*, *Alien*

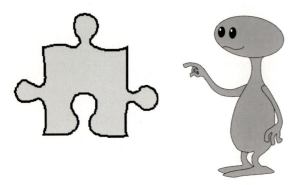

3. Eine Schülerzeitung braucht ein einprägsames Logo. Zeichne den abgebildeten Kaktus:

- Nutze den Bildschirm aus. Verkleinern kannst du die Figur auch nachträglich.
- Zeichne den Kaktus mit der Funktion *Kurve*. Später kannst du Übergangspunkte in Ecken ändern oder zusätzliche Punkte einfügen.
- Zeichne den Boden als *Freihandform*.
- Der Boden bekommt als *Füllfarbe* ein blasses Gelb, die Randlinie schalten wir aus.
- Der Kaktus wird grün ausgefüllt, unter *Fülleffekte* wählen wir einen vertikalen Übergang, der nach außen dunkler wird.
- Für die Rahmenlinie des Kaktus wählen wir die Farbe schwarz und das *Füllmuster* Krähenfüße (1. Reihe, 2. v. r.). Damit das Muster auch sichtbar wird, verbreitern wir die Randlinie auf 1,5 oder 2,25 p.
- Schließlich werden die beiden Formen gruppiert und der Kaktus verkleinert.
- Speichere dein Werk unter *Kaktuslogo*.

4. Metzger Wurst möchte eine Anzeige aufgeben. Erstelle eine Druckvorlage. *Hanswurst*

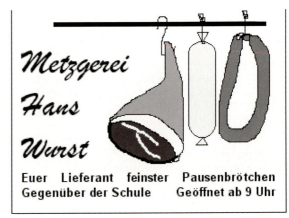

Grafik und Layout

AutoFormen

Nicht alle Formen braucht man selbst zu entwerfen. Office 2003 hält eine Auswahl fertiger *AutoFormen* bereit. Die meisten von ihnen verfügen außer den Ziehpunkten, mit denen man die Größe verstellt, zusätzlich über einen gelben Einstellknopf, der die Form variiert. Die fertige Auto-Form lässt sich zwei- und dreidimensional vielfältig weiterbearbeiten. Du kannst ihr einen Schatten verpassen oder aber die Form in die dritte Dimension hinein verlängern. Allerdings kannst du nicht gleichzeitig Schatten- und 3D-Effekte anwenden.

Die Symbolleiste *3D-Einstellungen* ist hinter der Schaltfläche *3D* der Zeichnen-Symbolleiste verborgen. Mit ihren Schaltflächen kannst du den Körper nicht nur drehen, sondern auch vielfältige Perspektiven- und Beleuchtungseffekte realisieren.

 Aufgabe

1. Erzeuge eine AutoForm *Rad*. Passe sie so an wie abgebildet (gepunkteter Rand, dicker Ring, Füllung mit Farbübergang). Erzeuge dann einen weiteren Kreisring. Kopiere ihn sieben Mal, indem du die <Strg>-Taste drückst und den Ring verschiebst. Passe anschließend die einzelnen Ringe so an, dass sie in 3D-Darstellung als Rohr erscheinen. Verschiebe sie, drehe einzelne Rohre, ändere Farbe, Textur und Beleuchtung, bis das abgebildete Rohrlager entsteht. Speichere unter 💾 *Rohrlager*.

2. Suche in der Clipartsammlung nach Bildern oder Karikaturen mit Menschen. Füge Sprechblasen hinzu (*AutoFormen – Legenden*) und denke dir passende Sprüche oder Gedanken aus. 💾 *Sprüche*

WordArt

Ähnliche Effekte wie für AutoFormen hält Word auch für Schriftzüge bereit. Wörter oder Sprüche können nach bestimmten Grundmustern verformt und dann durch Schatten- oder 3D-Einstellungen nachbearbeitet werden. Damit gestalten wir den „Kaktus"-Schriftzug:

- Ein Klick auf das Word-Art-Logo der *Zeichnen*-Symbolleiste präsentiert eine Liste mit 30 voreingestellten Effekten. Wähle die Regenbogenvariante mit Schatten.
- Im nächsten Dialogfeld gibst du Text ein. Die Schriftart des Beispiels ist *Andy*. Falls sie auf deinem Computer fehlt, wähle eine andere passende Schriftart.
- Nun kannst du den Schriftzug nachbearbeiten. Wenn du ihn anklickst, erscheint die WordArt-Leiste. Zusätzlich stehen dir die Schatten- und 3D-Einstellungen zur Verfügung. Ändere den Schatten so, dass er nach vorn fällt. Klicke dann auf *Schatteneinstellungen* und rücke den Schatten an die Buchstaben heran.
- Klicke das Pinselsymbol (*WordArt formatieren*) und ändere die Linieneinstellungen so, dass die Buchstaben einen gepunkteten schwarzen Rand bekommen. Vergrößere die Linienstärke etwa auf 4 Punkt.
- Speichere dein Kunstwerk unter 💾 *Kaktuskopf*.

Gehe mit WordArt vorsichtig um. Viele Effekte sind sehr grell und nutzen sich schnell ab.

 Aufgabe

3. Hier noch eine WordArt-Aufgabe. Vielleicht fallen dir aber auch noch bessere ein. Speichere deine Kunstwerke unter 💾 *WordArt*.

51

Kapitel 2

Der Bilderprofi

Der Fortschritt ist nicht aufzuhalten: Seit kurzem besitzt die „Kaktus"-Redaktion eine eigene Digitalkamera. Aber obwohl das Teil über fünf Automatikprogramme verfügt und sogar Videos aufnehmen kann, gelingt nicht alles auf Anhieb. Manche Fotos sind zu dunkel oder zu hell, andere sind schief. Häufig müsste der Bildausschnitt noch nachkorrigiert werden. Zwar arbeitet die Kamera auch bei Kunstlicht, aber die Farben wirken oft zu gelb.

Dagegen gibt es ein Mittel. Office enthält den Picture Manager. Er bietet zwar keine raffinierten Verfremdungstechniken, aber dafür alle Werkzeuge, die man braucht, um schnell und wirkungsvoll digitale Fotos aufzubereiten, bevor man sie in Dokumente einbindet, ausdruckt oder archiviert.

Bildverknüpfungen

Das Fenster des Picture Managers ist dreigeteilt. Die Ordnerliste links zeigt nicht alle Ordner der Festplatte an, sondern nur solche Verzeichnisse, die als Bildordner registriert sind. Der Ordner *Eigene Dateien – Eigene Bilder* sollte hier bereits eingetragen sein, er ist sozusagen der natürliche Arbeitsplatz für den Picture Manager.

Mit einem Klick auf *Bildverknüpfung hinzufügen* kannst du beliebige Ordner deiner Festplatte zu weiteren Bildordnern erklären. Vielleicht solltest du probeweise gleich den Desktop zu den Bildverknüpfungen hinzufügen.

Wenn du *Datei – Bilder suchen* wählst, wird der Picture Manager auch selbständig alle Verzeichnisse deiner Festplatte suchen, die Bilder enthalten. Darunter werden natürlich viele Ordner sein, die dich nicht interessieren. Du solltest jedoch nicht *Ordner löschen*. Klicke sie mit rechts an und wähle *Verknüpfung entfernen*.

Alles Ansichtssache

Im mittleren Teil des Fensters kannst du umschalten zwischen einer Darstellung mit vielen Miniaturansichten, einem Filmstreifen, bei dem das aktuelle Bild zusätzlich vergrößert dargestellt wird, und dem Einzelbildmodus, bei dem das aktuelle Bild formatfüllend dargestellt wird.

Damit du dir nicht das Genick zu verrenken brauchst, wenn Hochformat-Bilder auf der Seite liegen, kannst du Bilder ganz schnell in 90-Grad-Schritten vor- und rückwärts drehen.

Unter dem Bild befinden sich zwei unauffällige Werkzeuge: ein Doppelpfeil, mit dem du zu den anderen Bildern des Ordners blättern kannst, und ein Regler, mit dem du stufenlos in das Bild hinein- und wieder herauszoomen kannst. Mit den Bildlaufleisten kommst du auch zu Bildausschnitten, die außerhalb der Bildmitte liegen. Der Zoom funktioniert auch mit den Miniaturansichten.

Erst denken, dann arbeiten

Bevor du ein Bild bearbeitest, solltest du dir klar machen: Durch deine Bearbeitung wird dein Bild zwar optisch immer besser – von dem, was die Kamera aufgenommen hat, gehen aber immer mehr Informationen verloren. Deshalb solltest du bei der Bearbeitung forgende Regeln beachten:
- **Erst drehen, dann zuschneiden.**
- **Erst die Farbe korrigieren, dann die Helligkeit.**
- **Erst ganz zuletzt, wenn überhaupt, wird die Bildgröße geändert oder das Bild komprimiert.**
- **Überlege vor dem Speichern, ob du nicht besser das Original behalten und mit *Speichern unter ...* eine zusätzliche Version anlegen solltest.**

Experimente sind erlaubt. Für alle Fälle bleibt dir ja der Klick auf *Rückgängig*. Jeder Bearbeitungsschritt legt im Speicher eine neue Fassung des Bildes an, damit man ihn später wieder rückgängig machen kann. Im Ordner *Ungespeicherte Bearbeitungen* liegen die begonnenen, aber noch nicht fertig gestellten Bilder. Bearbeite also nicht zu viele Bilder geleichzeitig. Bei vielen ungespeicherten Bearbeitungen wird der Picture Manager immer langsamer reagieren und du solltest speichern.

Grafik und Layout

Schnelle Orientierung

![x] Um ein Bild formatfüllend anzuzeigen, kannst du das Ordnerfenster und den Aufgabenbereich ausblenden.

![Verknüpfungen...] Das Ordnerfenster ist duch die Schaltfläche *Verknüpfungen* ... schnell wieder eingeblendet.

![Bilder bearbeiten...] Der Aufgabenbereich erscheint beim Klick auf *Bilder bearbeiten* ...

Kapitel 2

Der Dreh mit dem Ausschnitt

Aus dem Theater hat Simon ein lebendiges Szenenbild mitgebracht, das leider noch gewisse Schwächen aufweist. Der Ausschnitt stimmt nicht, die Farben sind rötlich und überhaupt – das Bild ist schief. Du findest das Bild 💾 *Valentin.jpg* im Ordner 📁 *Picture Manager*. Mach mit!

Schräge Vögel – aber gerade Bilder

Für solche Fälle bietet der Picture Manager die Möglichkeit, Bilder stufenlos zu drehen (Aufgabenbereich *Drehen und spiegeln*). In vielen Bildern gibt es einen **Horizont**, der parallel zur horizontalen Bildkante verlaufen sollte. In unserem Fall ist dies die Oberkante der Kulisse. Die beiden vertikalen Kanten laufen perspektivisch aufeinander zu, sie eignen sich also nicht zum Ausrichten.

Zoome in das Bild hinein und bringe diese Linie in die Nähe des Fensterrandes. Drehe das Bild dann mit den Einstellpfeilen, bis Bildlinie und Fensterrand parallel sind. Zwischenwerte sind erlaubt, allerdings musst du sie ins Zahlenfeld eintippen.

Hoch aufgelöste Bilder lassen sich gut drehen. Deshalb solltest du nur solche Bilder drehen, die frisch aus der Kamera kommen. Bei Bildern, die bereits auf Bildschirmauflösung vergröbert sind, wirst du feststellen: Drehen vermindert die Bildschärfe. Deshalb sollte man

ein Bild auch nur ein einziges Mal drehen. Stellst du beim Zuschneiden fest, dass du besser etwas weniger gedreht hättest, dann drehe nicht rückwärts, sondern mache die erste Drehung rückgängig und gib einen kleineren Winkel ein.

Nicht jeder Zuschnitt passt

Es kann durchaus reizvoll sein, ein Bild in diesem Zustand zu drucken: das Bild selbst parallel zum Seitenrand ausgerichtet, aber mit schrägen Rändern. Normalerweise aber wirst du ein gedrehtes Bild anschließend beschneiden. Wechsle in den Aufgabenbereich *Zuschneiden*. An den Ecken und Rändern des Bildes erscheinen Anfasser, mit denen du den Ausschnitt verändern kannst.

Die Vorgabe bei *Seitenverhältnis* ist *Ohne*. Damit kannst du die Form des Ausschnitts frei festlegen. Das mag für Bilder, die in ein Word-Dokument eingefügt werden, die richtige Einstellung sein. Bei Fotos, die du archivieren oder ausdrucken willst, wählst du besser eins der festen Formate.

Das Standard-Seitenverhältnis der meisten Digitalkameras ist 3 zu 4, das heißt die Breite des Bildes beträgt drei Viertel der Länge. Der Picture Manager achtet darauf, dass dieses Seitenverhältnis bei deinem Ausschnitt erhalten bleibt. Natürlich kannst du aber jetzt zwischen Hoch- und Querformat wählen.

Wenn du nicht willst, dass deine Fotos vom Fotolabor an den Rändern nochmals eigenmächtig zugeschnitten werden, solltest du dich jetzt für das spätere Ausdruckformat entscheiden oder eine gewisse Reserve einplanen. Mehr dazu später beim Drucken.

Grafik und Layout

Konzentration aufs Wesentliche

Die wichtigeren Fragen beim Zuschneiden sind inhaltlicher Natur: Was ist die Aussage des Bildes? Was führt zu ihr hin, was lenkt von ihr ab. Klar ist: Der leere Raum hinter dem Rücken des Vaters stört, und das Bild an der Wand lenkt den Blick des Betrachters ab. Weg damit.

Ob wir die Kerze ebenfalls wegschneiden, hängt von unserer Absicht ab. Das Bild ist ein Szenenfoto aus dem Sketch „Der Firmling" von Karl Valentin. Wenn wir dieses Thema betonen wollen, gehört die Kerze unbedingt ins Bild. Geht es um die Beziehung der drei Personen, dann ist der knappere Ausschnitt besser, weil in der stärkeren Vergrößerung die Gesichtszüge besser zur Geltung kommen. Außerdem ist der Bildaufbau ausgewogener.

Ein Bild braucht Spannung

Die Regeln des Bildaufbaus sollte man eigentlich bereits beim Fotografieren beachten. Beim Nachbearbeiten lassen sie sich oft nur noch teilweise umsetzen. Ein Versuch lohnt trotzdem:

Unser Bild besteht aus drei Elementen, die in Form eines Dreiecks angeordnet sind. Dabei entsteht eine Spannung zwischen diesem Dreieck und dem Randviereck. Diese Spannung solltest du auch beim Aufbau solcher Bilder erzeugen, die von nur einem Element oder einer Linie dominiert werden.

Der Blickfang des Bildes wird so angeordnet, dass er das Rechteck ungleichmäßig teilt. Ein Verhältnis von etwa 3:4 nennt man den „Goldenen Schnitt". Achte darauf, dass Personen in das Bild hineinblicken und nicht aus dem Bild heraus.

Lege bei Landschaftsaufnahmen den Horizont nicht in die Mitte, sondern entweder unter das obere Drittel, um den Vordergrund zu betonen, oder über das untere Drittel, um den Himmel zu betonen.

Die Wahl von Hoch- oder Querformat ist nicht nur eine Geschmacksfrage. Hochformatige Bilder wirken dynamischer, querformatige eher ruhig. Der Eiffelturm wirkt im Querformat eher bieder, ein Sonnenuntergang im Hochformat, das ist dagegen ein Widerspruch in sich.

Die Sinnfrage

Beim Bild 🖫 *Soldaten.jpg* hast du die Wahl: Du kannst das kleine Mädchen entweder ganz wegschneiden, um die Soldaten zu betonen (weiß umrandeter Ausschnitt) oder aber den Kontrast zwischen dem Mädchen und den Soldaten zum eigentlichen Thema des Bildes machen (schwarz umrandeter Ausschnitt). Schließe keine faulen Kompromisse, sondern entscheide dich.

 Aufgabe

1. Im Ordner 📁 *Picture Manager* findest du Übungsmaterial. Drehe die Bilder, falls erforderlich, wähle einen sinnvollen Ausschnitt und speichere sie unter neuen Dateinamen ab. Vergleiche deine Ergebnisse mit denen deiner Mitschülerinnen und Mitschüler.

Kapitel 2

Die Welt wird durch Licht erst bunt

Als Simon im Theater saß, empfand er die Farbe der Gegenstände auf der Bühne als natürlich. Beim Betrachten des Fotos vom 💾 *Valentin*-Sketch bemerkt er einen Gelbstich. Wie kommt das?

Was wir als Farbe wahrnehmen, hängt von drei Faktoren ab: vom Licht, das auf den Gegenstand fällt, von den Reflexionseigenschaften des Gegenstands und von der Korrektur durch unser Gehirn. Während die Sonne einen Gegenstand gleichmäßig mit blauen, grünen und roten Farbanteilen bestrahlt, ist im Kunstlicht der blaue Farbanteil unterrepräsentiert und der rote dominiert. Entsprechend verändert nimmt unser Auge die Farbe von Gegenständen wahr. Während unser Hirn jedoch im Theater diese Veränderung ausgleicht, fällt sie uns auf einem Foto sofort auf.

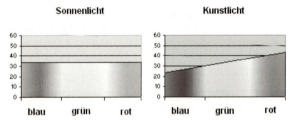

Um das Foto so zu verändern, dass die Farben natürlich wirken, hast du zwei Möglichkeiten: Entweder du legst selbst Hand an oder du nutzt die Automatik.

Manuelle Korrektur von Farbstichen

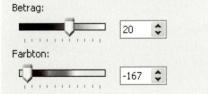

Für die manuelle Korrektur hilft die Vorstellung vom **Farbkreis:** Das Abschwächen eines Farbanteils führt zur Verstärkung der beiden anderen Grundfarben und umgekehrt. Vermindere ich Rot, so verstärke ich damit Cyan (Blau + Grün), verstärke ich Blau, so vermindere ich damit Gelb (Rot + Grün). Der Picture Manager stellt dafür zwei Regler zur Verfügung: *Farbton* und *Betrag*.

Beide funktionieren nur gemeinsam. Um den Farbstich des Valentin-Fotos zu korrigieren, kannst du
- entweder den roten Farbanteil vermindern: *Farbton* auf Rot belassen, *Betrag* auf –20 einstellen
- oder den blaugrünen Farbanteil erhöhen: *Farbton* auf Blaugrün verschieben und *Betrag* auf +20 einstellen.

Der dritte Regler *Sättigung* verstärkt Unterschiede zwischen den Farbwerten oder er ebnet sie ein. Fährst du die Sättigung ganz zurück, auf –100, so werden (nicht nur) alle Katzen grau. So kann man beurteilen, wie das Foto im Schwarzweißdruck wirkt.

Zur Korrektur von Farbstichen ist es empfehlenswert, den Regler auf +100 zu stellen und nach erfolgter Farbkorrektur die Sättigung wieder zurückzunehmen.

Korrektur durch Weißabgleich

Bei vielen Fotos, leider nicht bei allen, kann der Picture Manager die Farbstichkorrektur auch automatisch vornehmen. Weiß reflektiert bekanntlich alle Farben des Spektrums. Wenn wir dem Photo Manager eine Stelle in unserem Bild zeigen können, die weiß ausgesehen hat, dann kann er aus dem momentanen Farbstich dieser Stelle die Korrektur für das ganze Foto berechnen. Auf unserem Foto gelingt das mit verblüffender Genauigkeit, wenn wir auf die Schaltfläche *Farbe verbessern* klicken und dann die Schürzentasche der Kellnerin auswählen.

Der Auswahlkreis hat eine feste Größe, man kann jedoch, wenn sich keine ausreichend große weiße Fläche findet, mit dem Zoom den Ausschnitt unter dem Farbkreis vergrößern. Leider enthält aber nicht jedes Bild eine weiße Stelle, und leider funktioniert das Verfahren auch nur dann, wenn die betreffende Stelle im Bild noch eine gewisse Farbdeckung hat. Ist der Kontrast zu groß und alle weißen Stellen sind völlig überstrahlt, dann bleibt nur der manuelle Farbausgleich.

Abgesoffen oder ausgefressen?

Eigentlich sollte man meinen, dass unser Foto jetzt nicht mehr zu verbessern ist. Jedenfalls wäre Abspeichern eine gute Idee. Wenn du aber jetzt zum Aufgabenbereich *Helligkeit und Kontrast* wechselst und auf *Automatische Helligkeit* klickst, merkst du, dass es doch noch besser geht. Plötzlich wird unter der rechten Lampe der Zigarrenrauch sichtbar, der vorher gar nicht aufgefallen ist.

Wie sieht die Helligkeitsverteilung in einem guten Foto aus? Ein Fotograf würde sagen: Das Foto soll möglichst viele Details sichtbar machen. Lichter dürfen nicht ausfressen, Schatten nicht absaufen. Das soll heißen: In den hellen Partien müssen Unterschiede sichtbar bleiben, etwa das helle Schürzenband und die Tasche, und auch die dunklen Partien dürfen nicht einfach als schwarze Flächen erscheinen. Unter dem Frack gibt es eine Weste und auf der sollte man die Knöpfe erkennen.

Vielleicht machst du die automatische Korrektur noch einmal rückgängig und versuchst das Ergebnis durch eine manuelle Änderung zu erzielen. Die Wirkungsweise der verschiedenen Regler des Aufgabenbereichs *Helligkeit und Kontrast* lässt sich an einem Koordinatensystem verdeutlichen. Auf der Rechtsachse wird der Wert vor der Änderung, auf der Hochachse der geänderte Wert eingetragen. Ist die Linie exakt diagonal, so entspricht das geänderte Bild genau dem ursprünglichen.

Regler für Helligkeit und Kontrast

Zu Beginn werden schwarze Farbtöne schwarz, graue grau und weiße weiß abgebildet.

Setzt du nun die **Helligkeit** herauf, so werden helle Grautöne zu reinem Weiß, die Lichter fressen aus. Andererseits gibt es jetzt keine tief schwarzen Töne mehr, das Spektrum beginnt bei Dunkelgrau. Setzt du die Helligkeit herab, so werden alle dunklen Grautöne zu Schwarz, Schatten saufen ab, Stellen, die vorher weiß waren, sind jetzt hellgrau.

Erhöhst du den **Kontrast**, so wird das Bild härter. Helle Stellen werden heller und dunkle dunkler. Schwarz und weiß dominieren. Verminderst du den Kontrast, so nimmst du dem Bild die reinen Schwärzen und Weißen. Das Bild wird auf Grautöne reduziert.

Der Picture Manager bietet einen dritten Regler speziell für **Halbtöne**. Er behält die Helligkeit in den Extremwerten bei, dunkelt aber die Mitteltöne ab oder hellt sie auf. So werden die bildentscheidenden mittleren Grautöne differenzierter wiedergegeben. Mehr Details werden sichtbar.

Klickst du auf *Mehr*, so werden zwei weitere Regler sichtbar. Mit dem einen kannst du die **Schlaglichter** abdunkeln, ohne das ganze in Mitleidenschaft zu ziehen, mit dem anderen die **Schatten** aufhellen, ohne dass die Mitteltöne oder die Lichter leiden.

 Aufgabe

1. Nimm dir die Bilder in *Picture Manager* noch einmal vor. Verbessere Farbe, Helligkeit und Kontrast. Vielleicht stellt dir deine Lehrerin oder dein Lehrer zum Vergleich die Ergebnisse des Autors zur Verfügung.

Kapitel 2

Echte Managerqualitäten

Wie der Name schon verrät, dient der Picture Manager auch dazu, Bilder effizient zu verwalten. Nach und nach entdeckt man immer mehr praktische Möglichkeiten. So erlaubt etwa der Aufgabenbereich *Umbenennen* gleich eine ganze Reihe von Digitalfotos in einem einzigen Vorgang mit einheitlichem aussgekräftigem Namen (Schulfest 1, Schulfest 2, ...) zu versehen. Wichtiger aber sind die Druck- und Dateifunktionen.

Jetzt gibt's Druck

Klickt man auf den Drucker in der Symbolleiste, so meldet sich der Druck-Assistent. Das Spektrum seiner Angebote reicht nun von einem „Kontaktabzug" mit 35 Aufnahmen pro Seite einschließlich Dateinamen über Passbild- und Postkartenformate bis hin zum ganzseitigen Ausdruck eines einzelnen Bildes.

In der Regel wirst du mehrere Fotos auf einem Blatt ausdrucken wollen. Um die gewünschten Bilder auszuwählen, kannst du
- den Bildertisch kleiner zoomen, um alle Bilder im Ordner anzuzeigen, und die auszudruckenden Bilder mit der Maus einrahmen,
- das erste Bild einer Reihe normal und das letzte Bild mit gedrückter Großschreibtaste anklicken oder
- einzelne Bilder, die nicht hintereinander liegen müssen, mit gedrückter <Strg>-Taste auswählen oder aus der Auswahl entfernen.

Der Druck-Assistent unterstützt dich mit einer Vorschau. Beachte dabei das Wort „zugeschnitten": Wo das Seitenverhältnis des gespeicherten Bildes nicht mit dem Seitenverhältnis des gewünschten Druckformats

übereinstimmt, beschneidet Picture Manager ohne weitere Nachfrage deine Bilder. Leider hat fast keins der angebotenen Druckformate genau das Seitenverhältnis 3 zu 4, mit dem die meisten Kameras arbeiten.

Wird nun das abgebildete, etwas knapp zugeschnittene Valentin-Bild im Format 10 × 15 cm ausgedruckt, so büßt die Kellnerin ihre Frisur und der Vater seine Fingerspitzen ein. Druckst du es dagegen auf 20 × 25 cm, so werden das Ohr des Vaters und die linke Gesichtshälfte des Firmlings angeschnitten. Wenn du das verhindern willst, musst du großzügigere Ausschnitte festlegen oder deine Bilder vor dem Ausdrucken genau auf das Seitenverhältnis des Druckformats zuschneiden.

Größe und Auflösung

Eine 4-Megapixel-Kamera liefert Bilder mit einer Größe von etwa 2200 × 1700 Pixel. Speicherst du ein solches Bild im BMP-Format (du kannst es ja einmal probieren), so belegt es 12 MB Speicherplatz: für jedes der 4 Millionen Pixel je ein Byte für den roten, grünen und blauen Farbanteil. Die Übertragung des Bildes übers Internet mit ISDN würde etwa 30 Minuten dauern. Viel zu viel.

Also wird die Datei schon in der Kamera verkleinert. Auf der Karte abgespeichert und in den Computer übertragen werden je nach gewählter Qualitätsstufe 600 KB bis 2,5 MB. Der Picture Manager erlaubt dir, die Dateigrößen zu reduzieren. Wähle entweder den Aufgabenbereich *Größe ändern* (wenn du das Bild selbst verkleinern willst) oder besser *Exportieren* (um eine verkleinerte Kopie in einer neuen Datei zu speichern).

Grafik und Layout

Wie funktioniert das? Zunächst einmal, indem die Kamera die **Größe** des Bildes herunterrechnet. Wenn man jeweils vier benachbarte Pixel des Sensors zu einem Bildpixel zusammenfasst, sinkt die Größe des Bildes auf 1100 × 850 Pixel und der Speicherplatzbedarf der Datei auf ein Viertel. Auf dem Bildschirm und beim Druck lässt sich das Bild nach wie vor in der gleichen Größe darstellen. Nur die **Auflösung** ist schlechter geworden, also die Anzahl der Dateipixel, die für die Berechnung eines Bildschirmpixels zur Verfügung steht.

Wenn du durch die Bilder deines Ordners blätterst, kannst du an der Zoom-Anzeige der Symbolleiste erkennen, dass die Bilder im Ordner auf dem Bildschirm zwar alle gleich groß dargestellt werden, in Wirklichkeit aber eine unterschiedliche Auflösung besitzen.

Je weiter du die Größe des Bildes verkleinerst, um so mehr muss der Computer die verbleibenden Pixel für den Bildschirm oder den Drucker wieder vergrößern. Bei der Hand der Kellnerin aus dem Valentin-Foto sieht das so aus: Das linke Bild wurde etwa mit der ursprünglichen Auflösung gedruckt, das rechte auf E-Mail-Format komprimiert und wieder auf dasselbe Format vergrößert.

Ein Spezialist für diese Art der Kompression ist das JPEG-Format. Wie stark die Daten dabei komprimiert werden, kannst du im Aufgabenbereich *Exportieren* unter *Dateiformat – JPEG-Optionen* selbst bestimmen. Einstellungen zwischen 75 % und 90 % ergeben deutliche Dateigrößenreduktion bei akzeptabler Qualitätseinbuße.

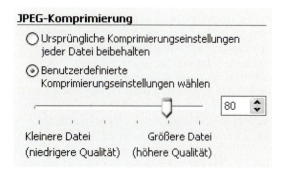

Übertreibt man dabei, so sieht das Foto am Ende wie ein Mosaik aus. Für das Beispiel wurde das Foto mit einer JPEG-Qualität von 10 % gespeichert. Es sieht zwar scharf aus, enthält aber störende „Kompressionsartefakte": sichtbare Teilflächen mit einheitlicher Farbe.

Eine generelle Empfehlung dafür, wie stark man komprimieren soll, gibt es nicht. Aber die Einteilung des Picture Managers, Fotos zum Vergrößern gar nicht, zum Einbinden in Dokumente nur wenig und nur für Webseiten und E-Mail stark zu komprimieren, dürfte alle Anforderungen der Praxis abdecken. Wenn du außerdem darauf achtest, das Original nicht zu überschreiben, kann eigentlich nichts mehr passieren.

Kompression

Ein weiterer Trick, um die Größe der Datei zu vermindern, heißt **Kompression**: Ein gelbes Pixel belegt im Computer mit den Farbwerten Rot 255, Grün 255 Blau 0 drei Byte Speicherplatz. Beim Komprimieren werden benachbarte Pixel verglichen. Liegen 100 gelbe Pixel nebeneinander, dann merkt sich der Computer die genannte Bytefolge nur einmal und notiert sich dazu den Befehl: Wiederhole das 100-mal. Bei manchen Bildern ergibt das schon ganz ordentliche Einsparungen ohne jeden Qualitätsverlust. Bei Fotos jedoch sind nebeneinander liegende Punkte in der Regel nicht gleich, sondern allenfalls ähnlich. Will man hohe Kompressionsraten erzielen, so muss man Unterschiede einebnen und aus ähnlichen Farben gleiche machen.

 Aufgabe

1. Simons Uroma hat ihre Memoiren geschrieben. Im Ordner 📁 *Erinnerungen* findest du den Text und einige passende Fotos. Bereite die Fotos auf, verkleinere sie durch Größenänderung und/oder Komprimieren auf jeweils ca. 100 KB und gestalte daraus ein ansprechendes Dokument von etwa 3 Seiten.

Kapitel 2

Für alles der passende Rahmen

Beim „Kaktus" war gerade Redaktionsschluss und der Erscheinungstermin naht mit Riesenschritten. Dies ist in jeder Redaktion die hektischste Zeit. Trotzdem findet Simon noch Zeit, mit Kathrin zu schwätzen. „Du hättest mal sehen sollen, wie wir das früher gemacht haben. Überall lagen Schnipsel herum, weil wir alle Elemente unserer Seiten einzeln getippt und ausgeschnitten haben. Die Teile haben wir auf leeren A4-Seiten so lange herumgeschoben, bis uns der Aufbau gefiel, und schließlich aufgeklebt und kopiert. Dummerweise sah man nach dem Druck oft noch den Rand der Ausschnitte."

Kathrin findet das echt vorsintflutlich, aber Simon klärt sie auf, dass auch große Zeitungsredaktionen früher so gearbeitet haben. In ein Raster mit Spaltenmarkierungen und Hilfslinien wurden Artikel und Anzeigen eingeklebt. Von der fertigen Seite wurde dann ein Film gezogen und zur Weiterverarbeitung in die Druckerei gebracht.

„Und wie arbeitet ihr jetzt?" Simon stellt ihr Microsoft Publisher vor. „Das ist ein Programm zur Gestaltung von Zeitungen, Karten, Plakaten, Flugblättern – man kann damit auch ganze Bücher layouten." Aber Kathrin sieht den Zweck eines solchen Programms noch nicht ganz. „Ich dachte, alles, was mit Text zu tun hat, kann man mit Word machen?"

„Das habe ich früher auch so gesehen", gesteht Simon. „Word kann diese Dinge ja fast alle auch, und wenn es um Einzelseiten mit wenigen Elementen geht, werfe ich den Publisher manchmal gar nicht erst an. Wenn du aber einmal eine richtige Zeitung mit dem Publisher gestaltet hast und dasselbe dann mit Word zu machen versuchst, bist du schnell überzeugt. Word ist als Textverarbeitungsprogramm konzipiert. Was nicht mehr auf die eine Seite passt, fließt da auf die nächste. Du kannst mit Word raffinierte Spalten-Layouts erstellen. Aber wenn du dann am Anfang des Kapitels einen Absatz hinzufügst, oder auch nur einen Fehler korrigierst, kommt unter Umständen der Aufbau vieler Seiten ins Schwimmen. Publisher dagegen arbeitet von Anfang an seitenorientiert. Texte, Grafiken, Linien – alles befindet sich in Rahmen. Die können zwar mal überlaufen, aber sie lassen sich gegenseitig in Ruhe."

Der Publisher ist überall dort die erste Wahl, wo
- unerfahrene Designer rasch ansprechende Ergebnisse benötigen und deshalb lieber eine vorgefertigte Vorlage abwandeln statt alles selbst zu machen,
- kurze Texte mit vielen frei platzierten Bildern und anderen Layoutelementen zu einem Plakat oder einer Broschüre kombiniert werden sollen,
- Text in Spalten gesetzt wird und Überschriften über mehrere Spalten hinweg laufen,
- verbindliche Layoutrichtlinien und präzise Maßangaben eingehalten werden müssen,
- mehrfarbig gedruckt werden soll und der Computer direkt von einer Publikation Farbauszüge für die späteren Druckfarben erstellen soll.

 ## Aufgabe

1. Wähle *Datei – Neu* und lass dir vom Publisher-Assistenten eine Faltanleitung für ein Papierflugzeug ausdrucken (Liste *Druckpublikationen – Papierfaltprojekte*). Wenn du Angst vorm Fliegen hast, darfst du auch eine der *Origami*-Vorlagen wählen.

Grafik und Layout

Jedem seinen Publisher

Microsoft Publisher ist das Werkzeug für jeden, der am eigenen Schreibtisch und trotzdem schnell und professionell kleine Publikationen wie Speisekarten, Visitenkarten, Vereinszeitungen oder Plakate erstellen möchte. Es integriert Texte, Bilder und grafische Elemente zu einer optischen Einheit.

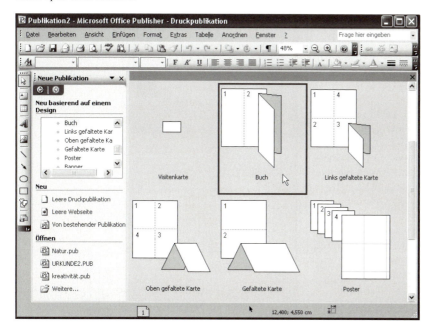

Gleich beim Öffnen bietet das Programm eine Vielzahl von fertigen **Publikationen** an, die man nur noch mit eigenen Inhalten füllen muss. Praktisch daran ist, dass man das Grundlayout oder das Farbschema auch nachträglich jederzeit ändern kann.

In **Designsets** werden diese Layouts so zusammengestellt, dass eine Firma sich ein einheitliches Erscheinungsbild geben kann: Webseite, Briefkopf, Formulare und Visitenkarten sind aus immer gleichen Gestaltungselementen aufgebaut.

Farben und Schriftarten präsentiert der Publisher in **Schemas** zusammengestellt, die zueinander passen.

Mit der **Design-Gallery** (Menü *Einfügen – Design-Gallery-Objekt*) können die grafischen Elemente auch einzeln in leere Publikationen eingefügt werden.

Kapitel 2

Die Setzerwerkstatt

Natürlich braucht man, um ein Papierflugzeug zu bauen, keinen Publisher. Aber wenn du den Katalog aufmerksam betrachtet hast, ist dir sicher klar geworden, worin die eigentliche Stärke des Publisher liegt: Er bringt professionell gestaltete Designs und Clipart mit, die man ohne viel Mühe an seine eigenen Zwecke anpassen kann. Genau richtig für Leute wie Simon, die andauernd von anderen zu hören bekommen: Du machst das doch so schön … Kannst du nicht mal schnell …?

Simon kann. Neulich zum Beispiel, da bestellte die Schulleiterin bei ihm ein kleines Faltblatt, mit dem sie die Schule bei Gästen und künftigen Schülern kurz vorstellen möchte. Nicht zu viel Text, ein paar einprägsame Symbole, dazu einige Linien und Balken, die den Blick leiten. Leicht und doch gehaltvoll. Wenn manche Leute wüssten, wie schwer das ist …

Gut, wenn man dazu einen Assistenten hat. Starte Publisher. Falls der Startbildschirm schon verschwunden ist, dann wähle *Datei – Neu* … Öffne die Liste unter *Druckpublikationen*, wähle darin den Unterpunkt *Broschüren* und dann *Zur Information*. Im Vorschaufenster rechts klickst du auf die *Informationsbroschüre Farbverlauf*. Und schon fängt Publisher an zu arbeiten. Das Ergebnis ist eine doppelseitige DIN A4-Seite mit zwei Faltkanten. Am unteren Rand des Publisher-Fensters kannst du von Seite 1 auf Seite 2 umschalten.

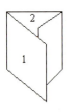

Beim Falten kommt die Seite 1 des Entwurfs nach außen und die Seite 2 nach innen. Die rechte Spalte von Seite 1 (*Produkt / Serviceinformation*) liegt also ganz oben, die linke Spalte (*Überschrift Rückseite*) wird beim ersten Aufklappen sichtbar. Die Mitte der Seite 1 wird zur Rückseite des Faltblatts.

Der Assistent liefert dir sämtliche Designelemente der Seite, nur der Text ist so genannter Blindtext, den du durch eigenen Text ersetzen musst. Ersetze den Platzhalter *Produkt / Serviceinformation* durch unseren Titel *Schulprofil* und füge darunter den Schulnamen ein. Die übrigen Texte findest du im Verzeichnis 📁 *Schulprospekt*. Die linke Spalte unseres Faltblatts soll Herrn Comenius vorstellen, die drei Innenseiten des Faltblatts werden durch Texte zu den Themen „Schulprofil", „Lernen" und „Besondere Angebote" ersetzt.

Dein Arbeitsverzeichnis enthält auch für jede Seite eine passende Illustration. Natürlich kannst du auch selbst Clipart suchen. Wie üblich sind die Texte zu lang. Deine Kunst besteht darin, die Texte zu kürzen und das Design vorsichtig anzupassen, aber so, dass weder das eine noch das andere Schaden leidet. Viel Erfolg!

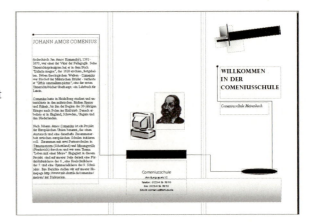

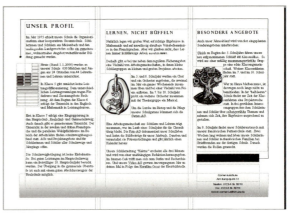

Nachdem du die Broschüre fertig gestellt und abgespeichert hast, kannst du auch jetzt noch ausprobieren, wie sie auf der Grundlage anderer Designs wirken würde. Öffne dazu den Aufgabenbereich *Publikationsdesigns* und klicke *alternative Designs* an.

 ## Aufgabe

1. Gestalte ein Theaterprogrammheft (*Druckpublikationen – Programme*). Text- und Bildmaterial findest du in 📄 *Theater.doc*.

2. Die Siegerin des Vorlesewettbewerbs der 6. Klassen war Meike Krämer. Gestalte eine Urkunde für sie. (*Druckpublikationen – Leistungszertifikate*)

Grafik und Layout

Es geht auch ohne Assistenten

Hier eine Anleitung, wie du schnell zu einem individuellen DIN A5-Handzettel kommst. Material dazu findest du in *Naturerfahrungen.doc*. Natürlich kannst du auch eigene Ideen verwirklichen, anstatt die vorgegebenen Elemente zu verwenden. Das Ziel deiner Anstrengungen sieht so aus:

Wähle *Datei – Neu ... – Leere Publikationen – Buch* oder klicke einfach auf die Leere-Seite-Schaltfläche.

Wähle *Datei – Seite einrichten*, dann den *Publikationstyp* Benutzerdefiniert, als *Breite* 14,8 cm, als *Höhe* 21 cm und als *Orientierung* Querformat. Publisher wird zwei Kopien deines Flugblatts auf ein A4-Blatt drucken.

Wähle *Anordnen – Layoutführungslinien*. Verkleinere den Abstand der *Äußeren Führungslinien* vom Blattrand von jeweils 2,5 cm auf jeweils 1 cm. Füge mit *Anordnen – Linealführungslinien – Vertikale Linealführungslinien einfügen* eine Führungslinie ein und verschiebe sie auf 3 cm Abstand vom linken Blattrand.

Füge zwischen die vertikale Linealführungslinie und die rechte Layoutführungslinie zwei Textrahmen (Textfelder) in die Seite ein; einen kleineren oben, einen größeren unten. Du merkst, dass die Führungslinien die Rahmen „magnetisch anziehen".

Füge dann über die Zwischenablage den vorbereiteten Text in die beiden Rahmen ein. Formatiere den laufenden Text in 12 Punkt Garamond und die hervorgehobenen Begriffe in 16 Punkt Maiandra GD. Das Wort „Wettbewerb" wird in 28 Punkt Maiandra gesetzt.

Nun zeichnest du einen Grafikrahmen für eine *Grafik aus Datei*. Du wählst *Naturerfahrungen.png* im Arbeitsverzeichnis. Die Grafik lehnst du mit dem linken Rand an die grüne Linie an und vergrößerst sie auf die volle Höhe des blauen Rahmens.

Wenn du den weißen Hintergrund *transparent machst* und dann den *Textfluss* auf *Passend* stellst, lehnt sich der Text der beiden Rahmen an die Ähre an. Bei Klick auf *Rahmenpunkte bearbeiten* (ebenfalls unter *Textfluss*) erscheint die Textbegrenzungslinie um die Ähre. Du kannst den Umriss noch individuell nacharbeiten, indem du neue Punkte setzt oder existierende verschiebst. Sollten einige Textteile jetzt links von der Ähre auftauchen, so gehst du mit Rechtsklick in *Grafik – formatieren – Layout* und wählst *Textfluss nur rechts*.

Der Titel „Naturerfahrungen" kommt in eine WordArt-Grafik. Wähle den dritten Typ in der ersten Reihe. Wenn du den WordArt-Rahmen schmal und länglich machst, wird der Bogen ganz sanft.

 Mithilfe von *Freies Drehen* (in der Standard-Symbolleiste) kannst du den WordArt-Rahmen so drehen, dass er sich links an die Ähre anlehnt.

Aufgabe

1. Gestalte ein kleines Werbeplakat für das Internetcafé (*Internet*) oder einen *Trommelworkshop*.

2. Gestalte aus den im Ordner *Erinnerungen* vorhandenen Materialien ein vierseitiges Faltblatt (Buch) in DIN A5.

Kapitel 2

 Ein Kaktus von A bis Z

Auf Simons Schreibtisch liegt ein Blatt mit einem ziemlich antiquiert aussehenden Herrn. „Das ist wohl die Titelseite der nächsten Nummer?" fragt Kathrin. „Klar doch", antowortet Simon. „Gefällt sie dir? Soll ich dir mal zeigen, wie ich sie gemacht habe?"

Da machen wir mit. Aus verschiedenen Text- und Grafikbausteinen werden wir nun die abgebildete Titelseite im Format DIN A5 erstellen.

Starte Publisher, beginne mit der Auswahl von *leere Publikation* und *Buch*. Die Frage ob Publisher drei Seiten einfügen soll, beantwortest du mit ja. Anschließend gehst du in *Datei – Seite einrichten* und änderst die Orientierung auf *Querformat*.

In die linke obere Ecke der Seite kommt das Kaktuslogo von Seite 50. Je nachdem, wie du es abgespeichert hast, musst du es als *ClipArt* einfügen oder als *Grafik aus Datei* importieren. Daneben fügst du die WordArt von Seite 51 mit dem „Kaktus"-Schriftzug ein.

Dann folgt ein *Textfeld* mit der Beschriftung „Schülerzeitung der Comeniusschule". Mit dem Menübefehl *Format - Zeichenabstand* kannst du den Buchstabenabstand so verbreitern, dass der Text über die ganze Zeilenbreite läuft. In der zweiten Zeile „Ausgabe 1/2004 / Preis 1 €, für Lehrer 2 €" stellst du den Preis mithilfe eines rechtsbündigen Tabulators an den rechten Rand.

Mit einem Klick auf die Schaltfläche *Linienart/Rahmenart* rahmst du den Textrahmen ein. Anschließend gehst du mit Rechtsklick zu *Textfeld formatieren*. Wähle im Vorschaubild die Oberkante aus und klicke links auf die 3 pt breite Linie, wähle dann die Unterkante und klicke auf 1,5 pt. Die beiden Seitenkanten setzt du auf *Keine Linie*.

Lade über *Einfügen - Grafik - Aus Datei* das Bild *Pauker* aus dem Arbeitsverzeichnis. Vergrößere die Grafik auf Seitenbreite oder stelle über *Format - Grafik vergrößern / verkleinern* die Länge und Breite auf jeweils 120 % des Originalformats ein.

Unter den *AutoFormen* findest du bei *Legenden* die Sprechblase. Am gelben Quadrat kannst du sie auf den Mund ausrichten. Text: „Getränkeautomat? Abgelehnt!" Verwende eine altertümliche Schrift, z. B. Old English.

Unten auf die Seite setzt du ein zweites Textfeld. Gib ein: „Da sind sie wieder ... / ... die guten alten Pauker". Formatiere die erste Zeile linksbündig, die zweite Zeile rechtsbündig.

Die Sprechblase wird vom Textfeld verdeckt. Um sie wieder nach vorn zu holen, klickst du sie an und holst sie in den Vordergrund.

Markiere alle Elemente der Seite. Gruppiere sie zu einem einzigen Rahmen, um versehentliches Verschieben einzelner Elemente zu vermeiden.

Grafik und Layout

Ein Raster mit vielen Variationen

Bevor wir die weiteren Seiten des „Kaktus" gestalten, sollten wir zunächst ein gemeinsames **Grundlayout** erarbeiten, das für alle Seiten gilt.

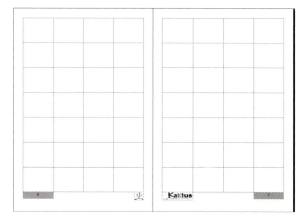

Jedes neue Publisher-Dokument zeigt bereits einen Rahmen aus „magnetischen" Hilfslinien.
- Die blauen **Layoutführungslinien** gelten für das gesamte Dokument. Sie ermöglichen einen einheitlichen Seiten- und Spaltenaufbau.
- Daneben kann man individuell auf jede Doppelseite grüne **Linealführungslinien** setzen, um mehrere Rahmen gemeinsam auszurichten.
- Publisher überzieht außerdem jedes Dokument mit zunächst unsichtbaren **Basislinien**. Unter *Format – Absatz* kann man Text an ihnen ausrichten, um zu verhindern, dass die Zeilen benachbarter Spalten in der Höhe versetzt werden.
- Führungslinien und Rahmenbegrenzungen können im Menü *Ansicht – Hilfslinien* aus- und wieder eingeblendet werden.

Beginnen wir mit dem Seitenraster. Wähle *Anordnen – Layoutführungslinien*.
- Der „Kaktus" benötigt keine 2,5 cm Rand. Setze den linken, rechten und oberen Rand auf 1 cm und den unteren Rand auf 2 cm wegen der Seitenzahlen.
- Außerdem hakst du die Option *Zweiseitige Masterseite* ab. Die Seitenzahlen sollen abwechselnd links und rechts eingefügt werden.
- Unsere Texte sollen in der Regel mehrspaltig sein. Deshalb stellst du bei *Innere Führungslinien* 4 Spalten ein. Die Zahl der Zeilen setzt du ebenfalls auf 4, um einige horizontale Hilfslinien zu erhalten.
- Den *Abstand* der Führungslinien setzt du auf 0.

Ein gemeinsamer Hintergrund

Elemente, die auf jeder Seite eingefügt werden, stehen beim Publisher auf einer **Masterseite**. Du kennst dieses Konzept schon von den Kopf- und Fußzeilen bei Word.
- Wähle *Ansicht – Masterseite*.
- Wähle *Ansicht – Zwei Seiten* und stelle den Bildschirmzoom auf *Ganze Seite*, so dass beide Seiten auf dem Bildschirm sichtbar sind.
- Ziehe unterhalb der äußeren Spalten je ein Textfeld auf, etwa 7,5 mm hoch. Färbe es hellgrau.
- Klicke in das Textfeld, wähle *Einfügen Seitenzahlen*. Publisher fügt die Markierung # für automatische Seitennummerierung ein.
- Klicke in der Format-Symbolleiste auf *Zentriert*, um die Seitenzahl mitten im grauen Viereck zu platzieren.
- Nun kannst du noch weitere Layoutelemente einfügen, die auf jeder Seite sichtbar sein sollen. Ein Vorschlag: Am Innenrand, gegenüber der Seitenzahl, platzierst du auf der rechten Seite den Schriftzug „Kaktus", auf der linken das Kaktuslogo.
- Auf der kleinen Symbolleiste *Masterseiten bearbeiten* klickst du jetzt auf *Masteransicht schließen*. Auch den Aufgabenbereich *Masterseiten* kannst du schließen.
- Auf der Titelseite des Kaktus sollen die gerade erstellten Elemente nicht angezeigt werden. Gehe zur Titelseite, wähle *Ansicht – Masterseite ignorieren*.
- Passe die Rahmen der Titelseite so an, dass sie an den neu erstellten Randlinien andocken.

Noch mehr Einheitlichkeit

Du möchtest endlich anfangen? Gemach! Stelle lieber noch einige Überlegungen darüber an, wie du das Raster nutzen kannst, um die Seiten einheitlich zu gestalten. Keine Angst: Individuell werden sie noch früh genug.

Zeilen: Unser Layout besteht aus 7 gleich hohen Tabellenzeilen. Die oberste Zeile ist für die Überschrift reserviert, der Text beginnt immer in der zweiten Zeile.

Spalten: Bei den ersten beiden Beispielseiten erstreckt sich der Text in der Breite über drei Spalten des Layoutrasters. Hier dient die äußere Spalte des Rasters als Marginalspalte – für Grafiken und Anmerkungen.

Die nächsten beiden Seiten sind mit zwei Spalten gleicher Breite gesetzt. Hier wird der Text durch Zwischenüberschriften und eingefügte Abbildungen aufgelockert. Text einspaltig über die ganze Seitenbreite zu setzen empfiehlt sich nicht, er ist meist schwer lesbar.

Schriftart: Verwende eine schlichte, gut lesbare und einheitliche Schrift für den Text der einzelnen Artikel. Es muss nicht unbedingt Times New Roman sein. Echte Profis wechseln nicht andauernd die Schrifttype. Zeitungen verwenden oft für Berichte eine Serifenschrift (Times), für die Überschriften dagegen eine serifenlose (Helvetica, Arial). Bei einer Schülerzeitung wie dem „Kaktus" dürfen die Überschriften aber auch etwas abwechslungsreicher gesetzt sein.

Schriftgröße: Für die Schriftgröße beim Fließtext gilt: Der Leser will informiert und umworben, aber nicht angeschrien werden. Die Schriftgröße sollte auf einer A4-Seite bei anständiger Druckqualität 11 pt nicht überschreiten. Hier wirst du, um die A5-Seite besser auszunutzen, den Fließtext in 9-Punkt setzen.

Absatzformat: Die Absätze der vier „Kaktus"-Seiten sind mit 4 mm zusätzlichem Einzug in der ersten Zeile formatiert. Man kann auch das Schriftbild auflockern, indem man Absätze – wie in diesem Heft – durch zusätzlichen Zeilenabstand kennzeichnet.

Heftaufbau: Manchmal findet man nachträglich, dass eine andere Reihenfolge der Seiten besser wirken würde. Mit dem Menübefehl *Bearbeiten – Seite verschieben* lässt sich das Problem elegant lösen.

Weitere Layout-Tipps

Im Pauker-Artikel wird der erste Absatz von einem *Initial* eingeleitet (Menü *Format*). Du kannst wählen, ob das Initial aus dem Text heraussteht oder in die ersten Zeilen eingebaut wird.

Die drei Textrahmen auf der Zeppelinseite sind miteinander **verkettet**. Der Text befindet sich eigentlich nur im obersten Rahmen. Mit dem Verkettungsbefehl wird erreicht, dass Text, der in den ersten Rahmen nicht hineinpasst, automatisch in die anderen Rahmen fließt. Die Verbindung lässt sich durch Klick auf das zerbrochene Kettenglied wieder lösen.

In den Eigenschaften von Textfeldern (Klick mit rechts, *Textfeld formatieren*) kannst du hier festlegen, welchen Abstand der Text vom Rand des Textfelds halten soll. Das ist dann praktisch, wenn die Kanten der Textfelder direkt aneinander stoßen und nicht – wie man das bei den Layoutführungslinien ebenfalls festlegen kann – einen gewissen Abstand voneinander halten.

Übrigens braucht man nicht unbedingt zwei Textfelder anzulegen, um zwei Spalten zu setzen. Das Textfeld auf der Seite „Buchbesprechungen" ist in sich zweispaltig. Auch das kannst du hier festlegen.

Unter *Linienart – Rahmenart – Weitere Linienarten* steht eine ganze Reihe von **Zierrahmen** zur Verfügung. Suche für die Seite „Buchbesprechungen" einen passenden Zierrahmen aus.

Beim *Textfluss* von Grafikrahmen ist einstellbar, auf welche Art und in welchem Abstand Text um den Rahmen herum fließen soll. Wählst du *Passend*, so erstellt Publisher eine Rahmenlinie um das eigentliche Bild. Die Rahmenpunkte kannst du sichtbar machen und nachbearbeiten. Auf der roten Linie kannst du neue Rahmenpunkte einfügen und Rahmenpunkte löschen.

 Der Zeppelin auf der letzten Seite ist eine WordArt-Typographie, ergänzt durch einige Flossen und Spitzen, die aus benutzerdefinierten Formen erstellt wurden. Diese Formen lassen sich nicht nur drehen, du findest auch oft einen speziellen Punkt auf ihrem Rahmen, mit dem sich die Form weiter an deine speziellen Bedürfnisse anpassen lässt.

Die drei Zeppelin-Bilder wurden zunächst rundherum auf das Wesentliche beschnitten. Anschließend wurden sie durch Ziehen an einem Eckpunkt so verkleinert, dass sie in die Doppelspalte passten. Grafiken dürfen durchaus auch einmal den Rand sprengen. Dabei ist es manchmal lästig, wenn die Layoutführungslinien magnetisch wirken. Du kannst dies im Menü *Extras* konfigurieren.

Aufgabe

1. Im Verzeichnis 📁 *Kaktus* findest du die erforderlichen Texte und Illustrationen um weitere Seiten zu erstellen. Seite 2 bis 5 sind rechts abgebildet. Momentan hat deine Publikation allerdings nur 4 Seiten. Füge bei Bedarf mit dem Menübefehl *Einfügen – Seite …* hinter Seite 4 weitere Vierergruppen ein. Drucke den fertigen „Kaktus" auf Vorder- und Rückseite. Publisher sortiert automatisch die Seiten richtig. Hefte deine Blätter dann zu einem DIN A5-Heft zusammen.

Grafik und Layout

Mein Leben als Müllschlucker
von Lindy Webb

Guten Morgen (gähn). Was, schon 7.45 Uhr? Gleich kommen sie angetrampelt, die Schüler aus der 9. Klasse.
Zuerst spucken schon mal mindestens vier Schüler ihre weichgekauten Kaugummis in meinen leeren Bauch. Igitt! Wie soll ich die nur wieder abkriegen? Doch damit nicht genug. Schon kommen zwei pummelige Beine aufmich zugetrabt. Noch bevor ich kapiere, was jetzt passiert, kitzelt feiner Granitstaub meine empfindlichen Nasenschleimhäute, so daß ich fürchterlich niesen könnte.
Dann habe ich erst einmal meine Ruhe. Doch kaum ertönt diese schrille Klingel, werde ich unsanft von einem Schuh aus meiner Ecke befördert. Dann segle ich von einem Fuß zum anderen durch die Luft, bis eine schrille Stimme dem Treiben ein Ende bereitet. Schnell werde ich in die Ecke geschmissen, dies sich Mülkeabe, mich aufrecht zu halten. Nun kann ich mich erholen. Dies er sch... langweilige Geschichtsunterricht schläfert die Schüler so ein, daß sich noch mal ein wenig niesen kann.
Als es zur großen Pause klingelt, werde ich mit leeren Brottüten bombardiert, daß mir fast die Spucke wegbleibt. Endlich eine Viertelstunde Ruhe. Doch kaum ist die Pause zu Ende, schleuern die Schüler im Vorbeigehen leere Milch- und Safttüten in mich hinein. Kein Lehrer erscheint - denn die Schüler haben Freistunde!!! Noch bevor ich mich verstecken kann, grapschen zwei Hände nach mir und legen mich auf die Seite. Dann schießen Herr Reebok, Frau Adidas und der berühmte Sportler L. A. Gear einen kleinen, gelben Ball in mich hinein. Mein wohlverdigter Inhalt wird in die Klasse verstreut.
Auch das noch: Herr B.! Der Mathematiklehrer donnert mit seiner schon leicht altersschwachen, aber trotzdem fürchterlich tönenden Stimme: „Hier sieht's ja aus wie im Schweinestall! Entweder ihr räumt sofort auf, oder ihr dürft am Mittwoch nachmittag die Klasse säubern, bis es aussieht wie geleckt!"
Unwillig nimmt mich eine Schülerin in ihre beringte Hand, hebt eine Tüte auf und liest sie in mich hineinplumpsen. Ich werde von Schüler zu Schüler weitergereicht, bis sie wieder bis oben hin gefüllt bin. Dann werde ich wieder in meine Ecke gestellt.
Der Rest der Stunde verläuft ruhig, doch als die Glocke klingelt und die Schüler aus ist, stürmen die Schüler wie Footballspieler auf die Tür zu, trampeln mich nieder. Schon wieder! Doch bevor ich erleichtert aufatmen kann, kommt eine Putzfrau, schleppt mich zu einem Müllsack und stellt mich auf den Kopf. Mit leerem Bauch setzt sie mich auf den Boden zurück und schließt die Tür.
Geschafft!!! Doch mit Grauen sehe ich dem morgigen Tag entgegen. Was da wieder abgeht...?

Gestern fanden wir in unserem Leserbriefkasten einen bemerkenswerten Text. Ob er von seinem Autor persönlich dort eingeworfen wurde, wissen wir nicht. Der Papierkorb der 9G stand heute morgen jedenfalls wie immer auf seinem Platz: grau und geduldig.

Da sind sie wieder...
... die guten alten Pauker
Magnus Müller kommentiert die letzte SV-Sitzung

Das dritte und letzte Thema der SV am 16.01.1997 war, wie schon so oft, der Getränkeautomat. Dabei wurde uns wieder einmal mitgeteilt (war auch nicht anders zu erwarten), das kein Getränkeautomat nicht in unsere Schule aufgestellt wird.
Warum der Getränkeautomat abgelehnt wurde: Auf sich sprachen sich zwar einige Lehrer für die Aufstellung des Automaten aus, aber die Gegner setzten sich letzten Endes durch. Begründung: Der Automat würde doch nur manipuliert werden, indem man falsches Geld hineinwirft, oder den Automaten mutwillig zerstört. Außerdem nähme ein Automat den Klassen, die jetzt in der Pause Getränke und Brötchen verkaufen, die Kundschaft weg.
Als Ersatz dafür soll eventuell in jede Klasse ein Wasserkocher für Tee oder Kaffee aufgestellt werden. Dabei gibt es nur einige Probleme: Ein Problem wäre zum Beispiel, wenn wir ihre Tee oder Kaffee zubereiten sollten. Die Fünfminutenpausen ist wahrscheinlich nur zu. Wechseln die Klassenräume und in den großen Pausen dürfen wir nur unter Aufsicht der Lehrer in den Klassen bleiben. Nur haben die Lehrer bestimmt keine Lust in ihren Pausen auch noch auf die jeweiligen Schüler aufzupassen.
Ein zweites Problem wäre die Anschaffung eines Wasserkochers. Würde sich das überhaupt lohnen? Ein Wasserkocher kostet zwischen 20 und 40 DM.
Schließlich bleibt zu fragen, wer überhaupt Tee oder Kaffee trinken möchte. Die meisten von uns ziehen Fanta, Cola oder Sprite vor. Unserer Meinung nach, ist das alles ein Affentheater. Man lässt die Schüler diskutieren und Anträge formulieren, aber dann lehnt man alles ab. Wenn der Automat für die Schüler aufgestellt werden würde, wären sie dafür auch dafür verantwortlich. Dann würde auch jeder Schüler ein Auge auf den Automat haben und dafür sorgen, das anständig mit ihm umgegangen wird.

Glaubt ihr, uns hätte irgend jemand gefragt, was wir trinken wollen? Wir haben getrunken, was auf den Tisch kam.

Kaktus

Die Buchecke
von Christina Göpfert und Helen Borrmann

Meine schöne Schwester

Dieser Roman von Brigitte Blobel behandelt ein sehr brisantes, aber auch oft verdrängtes Thema. Brigitte Blobel zeigt in diesem Roman, wie Magersucht entstehen kann wie zum Beispiel durch bestimmte familiäre Gründe oder wenn man nicht zu seinem Körper steht, ohne dies zu beschönigen.
Verschiedener können sich die Geschwister Daniela, von allen Dana oder kurz Baby genannt, und Beate nicht sein. Im Gegensatz zu Dana wird Beate immer wieder gesagt, wie schön sie doch sei. Sie ist sich dessen völlig bewusst und tut alles, damit sie ihren Mitmenschen gefällt. Die Liebe der Mutter ist ihr sicher, und auch die Liebesbriefe der Mitschüler erhält ebenfalls nur sie. Dana wird von allen ihren Mitmenschen, Freunden und Familie völlig vernachlässigt. Dies macht ihr schwer zu schaffen. Doch mit ihren vielen Problemen kann Dana nicht zu ihrer Familie gehen. Dort stößt sie damit auf totale Ablehnung, da ihre Mutter immer auf Harmonie bedacht ist. So bekommt Dana ihre Sehnsucht nach Bestätigung durch Essen. Doch als die Pfunde sich immer mehr häufen, beschließt sie, doch einige Kilo abzunehmen. Aus einer Abmagerungskur entwickelt sich bei Dana ein immerer Zwang. Sie wird magersüchtig. Ihre Familie merkt jedoch lange Zeit nichts von ihren Problemen. Erst im Krankenhaus wird allen bewusst, wie es um Dana steht.

Lockruf

Nachdem die 15-jährige Katharina immer wieder von ihrem verstorbenen Vater geträumt hat, möchte sie doch mehr über ihn wissen, da sie sich kaum noch an ihn erinnern kann. Bei ihrer Mutter jedoch stößt sie auf totalen Widerstand. Sie weigert sich hartnäckig Katharina von dem Leben ihres Vaters und von den Umständen seines Todes zu berichten.
Durch ein einfaches Spiel, mit dem man mit den Toten reden kann, glaubt Katharina, das auch sie mit ihrem Vater Verbindung aufgenommen hat. Von diesem Zeitpunkt an wächst bei ihr die Sehnsucht nach ihrem Vater immer mehr. Der „Lockruf" des Vaters aus dem Jenseits ergreift immer stärkeren Besitz von ihr. Durch ihre starke Sehnsucht nach dem Vater kapselt sie sich immer mehr von der Außenwelt ab. Niemand kennt ihn den genauen Grund dafür außer ihrer beste Freundin Lulu, der Katharina sich anvertraut hat.
Völlig verzweifelt beschließt Katharina ihrem Vater ins Jenseits zu folgen. Doch dann beginnt Katharina, an dem Ort woor Jahren Schlimmes passierte, endlich in Ruhe über ihr Leben nachzudenken.

zeppeline
Neu entdeckt von Andi Manz

Neulich schenkte mir ein Nachbar ein altes Buch. „Zigarettenbilder", sagte er, „Hab ich früher gesammelt. Vielleicht interessiert es dich." Erst einmal muss ich ziemlich blöd geguckt haben. Aber die Erklärung ließ nicht lange auf sich warten: „Als ich ein Kind war, lag bei jeder Schachtel Zigaretten ein Bildchen zum Sammeln. Hatte man alle Bilder einer Serie gesammelt, getauscht oder von anderen gekauft, dann konnte man sie in ein Album einkleben. Und das Ergebnis war das Buchhier." Das Album ist über sechzig Jahre alt und heißt „Zeppelin-Weltfahrten".

Um 1930 und danach waren Zeppeline ganz normale Flugzeuge. Düsenjets gab es noch nicht und Propellermaschinen meist klein. Größere Lasten und die weiigen Passagiere, die damals auf dem Luftweg reisten, transportierte man mit Luftschiffen. Die hatte um 1900 ein deutscher Graf namens Zeppelin erfunden. Es waren riesige zigarrenförmige Ungeheuer, Stahlgestelle mit einer silbernen Außenhaut, gefüllt mit Gasen, die leichter als Luft sind und das ganze Luftschiff trugen. Natürlich waren sie nicht so schnell wie ein Jet. Aber dafür konnten sie auf jedem Acker starten und landen.

Ihre Propeller brauchten sie nur für die Vorwärtsbewegung, deshalb gingen sie mit dem Treibstoff sehr sparsam um.
Leider fand die Weiterentwicklung dieser sympathischen Flugmaschinen ein jähes Ende, als im Jahr 1936 das deutsche Luftschiff Hindenburg in Lakehurst bei New York vom Blitz getroffen in Flammen aufging. 46 Menschen kamen bei der Katastrophe ums Leben. Luftschiffe, die man heute noch gelegentlich sieht, haben meist kein starres Gerüst, sondern sind oft Gasballons, die nur zu Werbezwecken durch die Luft herumtreiben.

Kaktus

67

Kapitel 3

Excel –
Rechne das doch mal schnell aus!

Excel

In der Comeniusschule wird der Verkauf von Schulmilch und Pausenbrötchen durch die Schüler organisiert. Das erwirtschaftete Geld kommt dem Schulleben zugute. Leider läuft das in letzter Zeit nicht so ganz, wie es gedacht war. Trotz auskömmlicher Gewinnspanne bleibt kaum noch Geld übrig. Herr Braun, der den Verkauf betreut und das Konto führt, ist immer öfter schlecht gelaunt. So kann der Milchverkauf nicht weitergehen.

Eines Tages kommt er zu Andi: „Sag mal, ihr produziert doch so eine professionell gemachte Schülerzeitung! Könntest du mir nicht gelegentlich mal mit Word ein Formular für die Abrechnung des Milchverkaufs gestalten? Hier habe ich schon mal einen Entwurf:

	Milch	Kakao
übernommen	72	238
übergeben	11	48
verkauft	61	190

Die Milchverkäufer schreiben in jeder Pause auf, wie viel Ware sie zu Beginn vorgefunden haben und wie viel am Ende noch übrig ist. Am Ende käme dann, in Euro umgerechnet, heraus, was in der Kasse sein muss. Und ich prüfe dann nachmittags die Kasse, bringe das Geld zur Bank und nehme die Lieferung entgegen.

Wenn es wieder mal Unstimmigkeiten gibt, weiß ich wenigstens, mit wem ich schimpfen muss. Ach Moment mal: Das zurückgenommene Leergut müsste natürlich auch noch in die Rechnung einbezogen werden."

Kein Problem für Andi. In zehn Minuten hat er eine Abrechnungstabelle erstellt und ausgedruckt. Herr Braun ist hoch zufrieden. Er braucht jetzt weniger zu kontrollieren als vorher, hat aber einen entschieden besseren Überblick. Und schon steigt auch der Gewinn. Nur die Milchverkäufer schimpfen mit Andi: „Immer diese Bürokratie. Du entwirfst Formulare und wir haben die Arbeit damit! So eine Rechnerei für eine Viertelstunde Milchverkauf. Kann das nicht gleich der Computer machen?"

Vielleicht sollte Andi einmal mit Excel experimentieren. Die Bezeichnung „Tabellenkalkulation" hört sich so an, als wäre Excel genau für solche Aufgaben erfunden:

Mit Word bearbeitet man **Dokumente**. Das können kleine Zettel sein oder ein ganze Bücher. Der Inhalt dieser Dokumente ist im Wesentlichen ein einziger fortlaufender **Fließtext**, den man in Seiten, Abschnitte, Absätze, Wörter und Zeichen unterteilen kann. Natürlich dürfen darin auch Tabellen und Zahlen vorkommen, sie spielen aber bei Word nur eine Nebenrolle.

Bei Excel ist es umgekehrt: Excel verwaltet **Mappen** mit **Tabellen**. Deren **Zellen** dienen dazu, **Zahlen** aufzubewahren und in **Formeln** zu kombinieren. Natürlich kann man sie auch mit Text füllen, aber für Romane eignen sich Tabellenfelder naturgemäß nicht. **Texte** haben bei Excel in erster Linie den Zweck, Zahlen zu erläutern und zu benennen.

Während bei Word der Text von einer Zeile zur anderen und von einer Seite auf die nächste fließt, sind die einzelnen Zellen einer Tabelle streng getrennt. So behält jede Zelle auf Dauer eine feste **Adresse** aus dem Spaltenbuchstaben und der Zeilennummer, also etwa D5. Ein spezieller Cursor, der dicke, rechteckige **Zellzeiger**, umrahmt jederzeit die gerade aktive Zelle.

Und das Wichtigste: Excel kann Zahlen kombinieren. Um den Milchverkauf mit Andis Word-Tabelle abzurechnen, brauchen die Milchverkäufer Verständnis für die Zusammenhänge, und sie müssen außerdem richtig rechnen. Milchverkäufern, die mit Excel arbeiten, bleibt anstrengende Denkarbeit erspart. Sie tragen nur noch Zahlen ein. Die Auswertung übernimmt Excel.

Noch weiß Andi nicht, wie das genau funktionieren soll. Trotzdem verspricht er den Milchverkäufern, dass er an der Sache dranbleibt. Sein Ziel ist eine computergestützte Abrechnung, bei der niemand mehr denken muss.

 Aufgaben

1. Was weißt du schon über Excel? Was machen andere damit, was möchtest du damit machen?

2. Begib dich auf eine kleine 🖫 *Schnitzeljagd*.

3. Wie viele Zeilen, wie viele Spalten, wie viele Zellen hat ein Excel-Tabellenblatt? Wie viele Zellen haben alle 255 Blätter zusammen?

Kapitel 3

 Ab in die Zelle!

Unten siehst du die erste Fassung von Andis Milchmädchen-Zettel. Andi hat drei getrennte Lagerabrechnungen für Milch, Kakao und Leergut erstellt, hat die Preise (0,50 € pro Fläschchen einschließlich 0,20 € Pfand) berücksichtigt und eine Kassenabrechnung hinzugefügt.

Starte Excel und gib die Zahlen und Benennungen in Tabelle 1 ein. Das ist das oberste von drei Tabellenblättern, die Excel lädt, das nach dem Laden sichtbare Tabellenblatt. Eingaben in Excel funktionieren so:

Du klickst eine beliebige Zelle an. Excel rahmt sie mit einem rechteckigen Cursor ein und hebt den Spaltenbuchstaben und die Zeilennummer der angeklickten Zelle farbig hervor. Beide zusammen ergeben die Zelladresse, hier A1.

Gleichzeitig wird die Zelladresse in der Bearbeitungsleiste unterhalb der Symbolleiste angezeigt.

Nun hast du zwei Möglichkeiten: Du kannst das, was in der Zelle stehen soll, oben in die Eingabezeile eintippen oder auch – nach einem Doppelklick – direkt in die Zelle schreiben. Ein Druck auf die Eingabetaste oder ein Klick auf den grünen Haken beendet die Eingabe.

Bei der Eingabe stellst du fest, dass Excel mitdenkt:

Texteingaben setzt Excel automatisch linksbündig in die Zelle. Wenn der Text nicht ganz in eine Zelle passt und die Nachbarzelle leer ist, lässt Excel den Text über die Nachbarzelle laufen.

Eingaben, die Excel als Zahlen erkennt, setzt es dagegen rechtsbündig, damit Zahlen stellengerecht untereinander stehen.

Drückst du nach einer Zahl das Euro-Zeichen, so erkennt Excel die Eingabe als Zahl. Es setzt sie ins **Währungsformat**: rechtsbündig mit zwei Nachkommastellen, nimmt das Euro-Zeichen dazu und färbt negative Zahlen sogar automatisch rot ein.

Excel versteht auch das Prozentzeichen und übernimmt es mit in die Zelle.

Eingaben mit Punkt statt Komma interpretiert Excel als Datum. In Zelle F1 ist das beabsichtigt. Nach dem Druck auf die Eingabetaste steht in der Zelle „05. Apr". In der Eingabezeile siehst du, dass Excel auch das Jahr automatisch hinzugefügt hat.

Wenn du eine Zahl durch eine andere ersetzt oder mit der <Entf>-Taste löschst, bleibt das Format der Zelle (Währungs-, Prozent- und Datumsformat) erhalten. Formate löscht man mit *Bearbeiten – Löschen – Alles* oder *Bearbeiten – Löschen – Formate*.

	A	B	C	D	E	F	G
1	Milchverkauf				Datum:	05. Apr	
2							
3	Lagerabrechnung						
4		übernommen	übergeben	verkauft	Einzelpreis	Gesamt	
5	Milch:	70	12	58	0,50 €	29,00 €	
6	Kakao:	185	23	162	0,50 €	81,00 €	
7	Leergut:	8	217	209	-0,20 €	-41,80 €	
8			Rücklauf:	95%		68,20 €	
9							
10	Kassenabrechnung						
11		übernommen	Einnahmen	Kassensoll	übergeben	Abweichung	
12		8,70 €	68,20 €	76,90 €	76,50 €	-0,40 €	

Excel

Zahlenkosmetik

Nach der Erfassung aller Texte und Zahlen sieht Andis Tabelle noch ziemlich nüchtern aus. Wir wollen sie deshalb etwas freundlicher gestalten und die Übersicht verbessern.

Als Erstes setzen wir den Titel „Milchverkauf" in kursive Times New Roman 20p und formatieren ihn fett und kursiv. Die Zwischentitel („Lagerabrechnung", „Kassenabrechnung") setzen wir einfach fett.

Du merkst: Excel passt die **Zeilenhöhe** automatisch an den höchsten Zellinhalt an. Die **Spaltenbreite** musst du selbst optimieren. Greife dazu einfach die Grenze mit der Maus und ziehe sie.

Formatierungsbefehle betreffen normalerweise nur die aktive Zelle. Wenn du einen **Zellbereich** gleichartig formatieren willst, musst du ihn zunächst markieren, indem du die Maus mit gedrückter Taste darüber ziehst. Ganze **Zeilen** oder **Spalten** markiert man, indem man ihr Kopffeld anklickt.

Um Zellen hervorzuheben, stellt uns Excel Füllfarben zur Verfügung. Klicke auf den Pfeil neben dem Farbkännchen und unterlege die Zellen, in denen die Ergebnisse von Zählvorgängen (Flaschen oder Geld) erwartet werden, mit hellgelber Hintergrundfarbe.

Daneben existiert eine aufklappbare Liste mit Rahmen. Markiere die Spaltenüberschriften (übernommen, übergeben, …) und unterstreiche die Zellen.

Text linksbündig, Zahlen rechtsbündig – das ist nicht immer optimal. Die ganzzahligen Werte in der Warenabrechnung setzen wir zentriert, ebenso ihre Spaltentitel. Die Überschriften von Euro-Feldern (z. B. „Einzelpreis") setzen wir wie die Zahlen rechtsbündig. Auch Benennungen, die vor einer Zahl oder einer Zeile stehen (z. B. „Milch"), sehen rechtsbündig besser aus.

 Auch das Währungsformat, das Prozentformat und ein Zahlenformat mit fester Zahl von Nachkommastellen kann nachträglich noch durch einen Klick auf das entsprechende Symbol gesetzt oder geändert werden. Mit den Symbolen rechts kannst du die Zahl der angezeigten Nachkommastellen verändern.

Speichere dein Werk unter *Milchverkauf*.

Aufgaben

1. Übe Tabellenkosmetik mit *Gestaltung* und *Schiebung*. Das Makro in *Schiebung* musst du aktivieren, sonst funktioniert das Spiel nicht.

2. Stelle den Cursor mitten in die Milchverkauf-Tabelle. Prüfe, was folgende Tasten bewirken: <Bild↓>, <Alt>+<Bild↓>, <Strg>+<←>, <Strg>+<↑>, <Strg>+<Pos1>, <Strg>+<Ende>.

	A	B	C	D	E	F
1	*Milchverkauf*				Datum:	05. Apr
2						
3	**Lagerabrechnung**					
4		übernommen	übergeben	verkauft	Einzelpreis	Gesamt
5	Milch:	70	12	58	0,50 €	29,00 €
6	Kakao:	185	23	162	0,50 €	81,00 €
7	Leergut:	8	217	209	-0,20 €	-41,80 €
8			Rücklauf:	95%		68,20 €
9						
10	**Kassenabrechnung**					
11		übernommen	Einnahmen	Kassensoll	übergeben	Abweichung
12		8,70 €	68,20 €	76,90 €	76,50 €	-0,40 €

Kapitel 3

Milchmädchenrechnung mit Komfort!

Andi hat Excel gründlich erforscht und eine Tabelle entwickelt, die mitdenkt. Er hat festgestellt: Excel kann sich in seinen Zellen nicht nur Zahlen und Texte, sondern auch Formeln merken. Ein Zellinhalt, der mit = beginnt, signalisiert Excel: Jetzt kommt eine Formel. Formeln bestehen aus

- **Zahlen, Rechenzeichen und Klammern.** Wenn du in eine Zelle =3/4*(5+7) eingibst, rechnet Excel den Wert des Ausdrucks aus und zeigt dir 9 an. Sicher weißt du, dass das Zeichen / auf dem Computer den Bruchstrich und das Zeichen * den Malpunkt ersetzt.
- **Zelladressen.** Die Formel =A4*2 sagt Excel: Multipliziere den Inhalt der Zelle A4 mit 2.
  Die Formel =H9-F6 lautet ausführlich: Berechne die Differenz der Zahlen aus H9 und F6.
- **Funktionen.** Mit Funktionen kann man Excel aktuelle Informationen entlocken, z. B. setzt =HEUTE() das Datum in eine Zelle ein. Andere verkürzen umständliche Formeln. So zählt =SUMME(F5:F7) alle Zahlen von F5 bis F7 zusammen, ohne dass die Zelladressen alle einzeln aufgeführt werden müssten.

Nimm dir nun deine 🖫 *Milchverkauf*-Tabelle noch einmal vor. Markiere die ganze Abrechnung, klicke auf *Kopieren*, blättere weiter zu *Tabelle 2*, setze den Zeiger auf Zelle A1 und klicke dann auf *Einfügen*.

In der neuen *Tabelle 2* sollst du nun diejenigen Zahlen, die sich als Rechenergebnisse aus anderen Zahlen ergeben, durch Formeln ersetzen (siehe Abbildung unten). Beachte, dass deine Formeln nicht gleichzeitig sichtbar sind, sondern gleich nach der Eingabe durch ihr Ergebnis ersetzt werden.

Die ersten Formeln solltest du einfach über die Tastatur eingeben. Anschließend kannst du eine andere Eingabemethode ausprobieren: Anstatt eine Zelladresse einzutippen, klickst du einfach die Zelle mit der Maus an. Bei der Formel in F12 geht das so:
- Setze den Zellzeiger auf F12.
- Drücke die Taste =.
- Klicke die Zelle E12 an.
- Drücke die Taste –.
- Klicke die Zelle D12 an.
- Drücke zum Abschluss die Eingabetaste.
- Wenn du mit der Formeleingabe fertig bist, speicherst du die Tabelle am besten zuerst einmal ab.

Nun kannst du eine Tabelle in Aktion erleben: Ändere die Werte in den gelb hinterlegten Zellen und beobachte, wie Excel sofort alle Werte in den Formelzellen an die neuen Verhältnisse anpasst.

 Aufgaben

1. Ändere die Werte in den gelben Feldern. Erstelle so drei verschiedene Abrechnungen und drucke sie aus.

2. Übe die 🖫 *Formeleingabe*.

	A	B	C	D	E	F
1	*Milchverkauf*				Datum:	=HEUTE()
2						
3	Lagerabrechnung					
4		übernommen	übergeben	verkauft	Einzelpreis	Gesamt
5	Milch:	70	12	=B5-C5	0,50 €	=E5*D5
6	Kakao:	185	23	=B6-C6	0,50 €	=E6*D6
7	Leergut:	8	217	=C7-B7	-0,20 €	=E7*D7
8			Rücklauf:	=D7/(D5+D6)		=Summe(F5:F7)
9						
10	Kassenabrechnung					
11		übernommen	Einnahmen	Kassensoll	übergeben	Abweichung
12		8,70 €	=F8	=B12+C12	76,50 €	=E12-D12

Excel

Überblick im Excel-Fenster

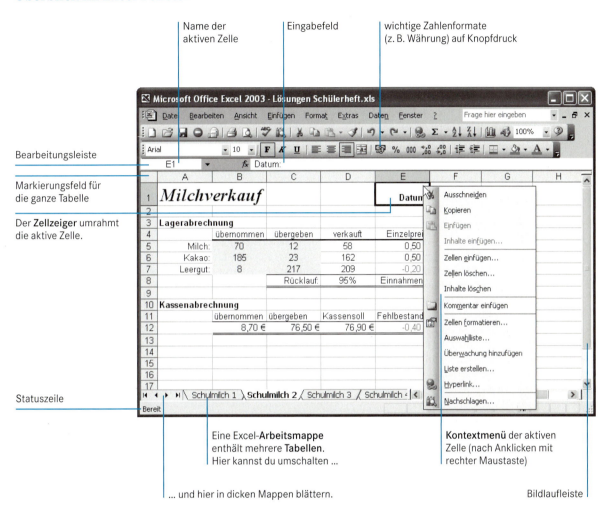

Name der aktiven Zelle

Eingabefeld

wichtige Zahlenformate (z. B. Währung) auf Knopfdruck

Bearbeitungsleiste

Markierungsfeld für die ganze Tabelle

Der **Zellzeiger** umrahmt die aktive Zelle.

Statuszeile

Eine Excel-**Arbeitsmappe** enthält mehrere **Tabellen**. Hier kannst du umschalten ...

Kontextmenü der aktiven Zelle (nach Anklicken mit rechter Maustaste)

... und hier in dicken Mappen blättern.

Bildlaufleiste

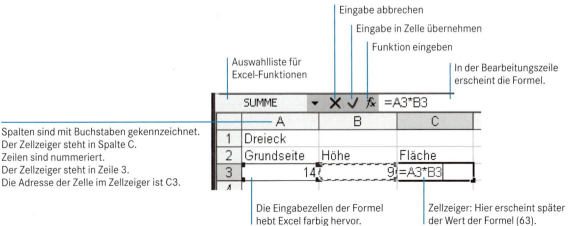

Eingabe abbrechen

Eingabe in Zelle übernehmen

Funktion eingeben

Auswahlliste für Excel-Funktionen

In der Bearbeitungszeile erscheint die Formel.

Spalten sind mit Buchstaben gekennzeichnet.
Der Zellzeiger steht in Spalte C.
Zeilen sind nummeriert.
Der Zellzeiger steht in Zeile 3.
Die Adresse der Zelle im Zellzeiger ist C3.

Die Eingabezellen der Formel hebt Excel farbig hervor.

Zellzeiger: Hier erscheint später der Wert der Formel (63).

73

Kapitel 3

 ## Was kostet Autofahren?

Die meisten Leute glauben, Autofahren sei billiger als die Benutzung öffentlicher Verkehrsmittel. Meistens rechnen sie aber nur mit dem Benzinpreis und vernachlässigen die Anschaffungskosten und die regelmäßigen Ausgaben. Was ein Auto wirklich kostet, kannst du ihnen mit dieser Tabelle ausrechnen. Andi hat seinen Vater nach den Kosten seines Autos befragt. Anhand der Zahlen des Beispiels entwickelt Andi die Formeln. Den Wertverlust pro Monat kann man z. B. aus den folgenden Angaben berechnen:

= (Neupreis – Restwert) / (Laufzeit * 12)

Gib die Formel in D5 ein. Natürlich musst du statt der Benennungen die Zelladressen der zugehörigen Zahlen verwenden. Die 12 ergibt sich daraus, dass ein Jahr 12 Monate hat. Kontrolliere, ob bei dir ebenfalls 241,67 € herauskommt.

Der zweite große Batzen sind die so genannten Fixkosten. Diese fallen teils regelmäßig einmal im Jahr an, teils kann man ihre Jahressumme etwa abschätzen. Die Formel für die Fixkosten pro Monat lautet:

= (Summe der Jahresfixkosten) / 12

Nun fehlen nur noch die Spritkosten pro Monat. Wir errechnen sie aus der Jahresfahrleistung, dem Verbrauch pro 100 km und dem Literpreis:

= Jahresfahrleistung / 12 * Verbrauch / 100 * Spritpreis

In Zelle D16 (Kosten des Autos pro Monat) brauchst du nur die Summe der drei Werte zu bilden. Die Formeln der Spalte E schaffst du auch allein. Speichere dein Werk unter 💾 Autokosten.

 ## Aufgaben

1. Simons Vater hat sich für 6900 € einen gebrauchten Kleinwagen gekauft. Er fährt jährlich etwa 12 000 km und hofft, dass das Auto noch 8 Jahre hält. Danach hat es wohl nur noch Schrottwert. Derzeit ist das Auto steuerbefreit. Für Haftpflicht zahlt er 167 €, eine Kaskoversicherung hat er nicht abgeschlossen. Die letzte Inspektion kostete ihn 180 € und für fällige Reparaturen (Auspuff) kalkuliert er 200 € ein. Die sonstigen Kosten (Reifenverschleiß, TÜV und AU) schätzt er auf 160 €. Sein Verbrauch liegt bei etwa 5 Liter auf 100 km und der Liter Benzin kostet derzeit 1,15 €. Berechne die Kosten pro Monat und pro km.

2. Käme Simons Vater billiger weg, wenn er sich für 8500 € den gleichzeitig angebotenen Diesel gekauft hätte? Diesel kostet nur 0,95 € je Liter, und ein Dieselmotor kommt auf 100 km mit 4 Liter aus.

	A	B	C	D	E
1	**Was kostet Autofahren?**			pro Monat	pro km
2	Kaufpreis mit Extras	20.000,00 €			
3	Laufzeit in Jahren	5			
4	Kilometer pro Jahr	20000			
5	Restwert danach	5.500,00 €	Wertverlust	241,67 €	0,15 €
6					
7	Steuer pro Jahr	250,00 €			
8	Haftpflicht pro Jahr	400,00 €			
9	Vollkasko pro Jahr	400,00 €			
10	Inspektion pro Jahr	650,00 €			
11	Reparaturen pro Jahr	500,00 €			
12	Sonstiges pro Jahr	600,00 €	Fixkosten	233,33 €	0,14 €
13					
14	Verbrauch Liter/100km	7,5			
15	Kraftstoff pro Liter	1,15 €	Kraftstoff	143,75 €	0,09 €
16			Mein Auto kostet	618,75 €	0,37 €

Excel

 Weitere Aufgaben

1. Lege die folgende Tabelle ⌷ *Klassenparty* an. Ergänze die Formeln in den eingerahmten Zellen.
   a) Welche Rückzahlung ergibt sich pro Teilnehmer?
   b) Die Teilnehmerzahl sinkt auf 18. Wie viel Euro muss jeder Teilnehmer nachzahlen?

	A	B	C	D
1	Ausgaben für die Klassenparty			
2				
3		3 Kästen Cola	7,90 €	
4		2 Kästen Limo	7,90 €	
5		23 Bratwürste	0,65 €	
6		2 Tuben Senf	0,99 €	
7			Summe	
8		geteilt durch Teilnehmer		18
9		Anteil pro Teilnehmer		
10			eingesammelt	3,00 €
11		nachzahlen / rückzahlen		

2. Frau Amati war mit 28 Schülerinnen und Schülern für 5 Tage auf ⌷ *Klassenfahrt*. Hier die Abrechnung:
   Einnahmen: Die Eltern hatten für jedes Kind 80 € auf das Klassenfahrtkonto überwiesen. Hinzu kam ein Zuschuss von 12,50 pro Kind aus der Elternspende. In der Klassenkasse befinden sich außerdem 300 €, die langfristig angespart wurden.
   Ausgaben: Für Unterkunft und Verpflegung wurden vom Jugendhotel pro Person und Tag 17,50 € in Rechnung gestellt. Der Bus kostete insgesamt 275 €. Für Eintrittsgelder liegen drei Rechnungen vor über 46 €, 22,50 €, und 33 € (für die gesamte Klasse).

   a) Lege eine Tabelle an. Links berechnest du die Summe aller Einnahmen, rechts die Summe aller Ausgaben. Darunter ermittelst du den Überschuss bzw. das Defizit der Fahrt: insgesamt und pro Teilnehmer. Gestalte die Tabelle ansprechend und übersichtlich.

   b) Im Laufe der Planungen ergaben sich immer weitere Änderungen. Gib sie in der angegebenen Reihenfolge in die Tabelle ein und notiere, wie sich der Überschuss/das Defizit pro Teilnehmer jeweils ändert:
   - Die Teilnehmerzahl steigt auf 30.
   - Die Klassenkasse kann 400 € zuschießen.
   - Die Busrechnung steigt auf 325 €.
   - Unterkunft und Verpflegung kosten jetzt 20 €.
   - Die Stadt zahlt 16,50 € Zuschuss pro Teilnehmer.
   - eine zusätzliche Museumsführung kostet 105 €.

3. Erstelle die folgende ⌷ *Rechnung*. Berechne die Werte in den umrahmten Feldern über Formeln.
   a) Wie hoch ist der Rechnungsbetrag?
   b) Der Papierpreis erhöht sich auf 5,10 € je Paket.
   c) Der Kunde bestellt 3 Tonerkassetten.

	A	B	C	D
1	Technobox GmbH			
2	12345 Meisenbach			18.03.2003
3				
4	Comeniusschule			
5	Am Europapark 25			
6	12345 Meisenbach			
7				
8	Rechnung			
9				
10	Anz.	Artikel	Einzelpreis	Gesamtpreis
11	3	Rohlinge 10er	9,30 €	
12	5	Pakete UWS-Papier	4,20 €	
13	1	Toner HP 6L	62,00 €	
14				
15			Summe	
16			16% MWSt	
17			Rechnungsbetrag	

4. Ein ⌷ *Rasengitterstein* ist im Prinzip eine Betonplatte von 40 cm × 60 cm × 8 cm, aus der 12 Quader von 9 cm × 9 cm × 8 cm herausgeschnitten wurden. (Die Ausschnitte am Rand sind insgesamt so groß wie 4 Löcher.) Beton wiegt 2,4 g pro cm^3.

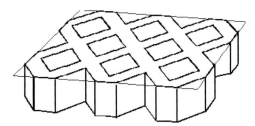

Lege eine Tabelle an, mit der man Volumen und Gewicht des Steins berechnen kann. Gestalte sie so, dass jedes Maß nur einmal eingegeben werden muss.

a) Was wiegt der beschriebene Rasengitterstein?
b) Was würde er wiegen, wenn man die Dicke auf 10 cm erhöht und die Kantenlänge der Löcher auf 8 cm vermindert?
c) Versuche zu erreichen, dass der Stein genau 30 kg wiegt. Verändere dazu bei den ursprünglichen Maßen
   (1) nur die Dicke des Steins,
   (2) nur die Kantenlänge der Löcher.

75

Kapitel 3

Wer macht die schönsten Tabellen?

Dass Excel zum Rechnen erfunden wurde, heißt nicht, dass Tabellen nicht gut aussehen dürften. Wenn Simon eine Tabelle gestaltet, wird aus einem Stundenplan ein optisches Kunstwerk. Hier lernst du einige seiner Tricks. Öffne eine neue Tabelle und arbeite mit.

Bevor er sich an die Gestaltung macht, gibt Simon zunächst den kompletten Text ein. Die Überschrift „Stundenplan" kommt in Zelle B1, die Anfangs- und Endezeiten schreibt er jeweils nebeneinander in dieselbe Zelle.

Er markiert den gesamten Plan A1:H11 und zentriert die Zellinhalte horizontal. Um die Überschrift in die Mitte zu stellen, markiert er die Zellen A1:H1 und klickt auf „Verbinden und zentrieren". So wird aus dem Bereich A1:H1 eine einzige große Zelle.

Die Eintragungen lässt Simon in Arial stehen, die Rahmenelemente setzt er in Comic Sans MS (Überschrift 22 pt, Wochentage 11 pt fett, Zeiten 8 pt).

Den gesamten Bereich B2:G10 rahmt er ein mit der Option „Alle Rahmenlinien".

Als Simon die Breite von Spalte B verringern will, verschwinden plötzlich die Endezeiten. Normalerweise gibt es in einer Excel-Zelle keinen Zeilenumbruch. Um Anfangs- und Endezeiten trotzdem untereinander zu setzen, markiert Simon den Bereich B3:B10 und hakt bei *Format – Zellen – Ausrichtung* die Option *Zeilenumbruch* ab. Excel erhöht dabei automatisch die Zeilenhöhe.

Allerdings scheinen die Namen der Fächer jetzt an den Fußlinien zu kleben. Simon markiert C3:G10 und wählt wieder *Format – Zellen – Ausrichtung*. Diesmal wählt er unter *Textausrichtung Vertikal* die Option *Zentrieren*.

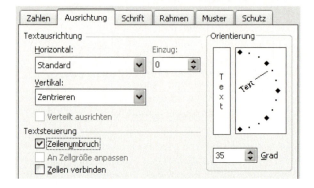

Schließlich ruft er den Dialog ein drittes Mal auf, markiert die Wochentage in C2:G2 und dreht sie um 35°. Wieder passt Excel die Zeilenhöhe automatisch an.

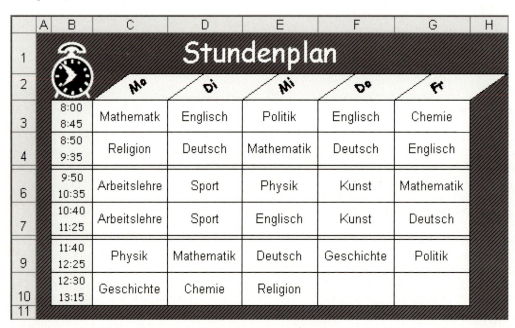

Excel

Die Höhe der Zeilen 5 und 8, die im Plan die Pausen markieren sollen, korrigiert Simon mit der Maus.

Falls du jetzt merkst, dass es bei dir in Zeile 5 gar keine Leerzeile für die Pausen gibt, dann klicke mit rechts in den Zeilenkopf der jetzigen Zeile 5 und wähle *Zellen einfügen*. Dasselbe wiederholst du mit Zeile 8. Sicher ist dir dabei aufgefallen, dass es im Kontextmenü zu markierten Zellen auch die Option *Zellen löschen* und *Zellen formatieren* gibt. Dieser Befehl ruft den bekannten Dialog auf.

Klicke bei dieser Gelegenheit auch einmal mit rechts auf den Namen des Tabellenblatts *(Tabelle 1)*. Im Kontextmenü, das dann erscheint, kannst du Tabellenblätter umbenennen, löschen oder neue einfügen.

Die Spalte der Zeiten, die Reihe der Wochentage und die beiden Pausenblöcke färbt Simon mithilfe des normalen Füllkännchens gelb ein.

Für den Rahmen (Zeile 1 und 11, Spalte A und H, außerdem Zelle B2) wählt er eine raffiniertere Methode. Im Dialog *Zellen formatieren* finden sich unter *Muster* nicht nur die Hintergrundfarben des Füllkännchens, sondern auch eine Liste mit 18 Streifenmustern, bei denen man Vorder- und Hintergrundfarbe getrennt festlegen kann. Simon streift die Zelle B2 grau-weiß und überträgt das Muster dann mit dem Kopierpinsel auf den restlichen Rahmen.

Die jetzige schwarze Schriftfarbe des Wortes „Stundenplan" ist auf diesem Hintergrund nur schlecht lesbar. In weiß wirkt sie besser.

Zum Schluss kommt das Sahnehäubchen. Mit den Zeichenfunktionen von Excel – es sind dieselben wie in Word – entwirft Simon einen Wecker. Er gruppiert alle Elemente, setzt die Füllfarbe auf schwarz und die Linienfarbe auf weiß. Dann verkleinert er die Zeichnung und platziert die Uhr oberhalb der Zeitleiste.

Falls dein Werk jetzt genauso gut aussieht wie Simons, dann darfst du es unter *Stundenplan* speichern.

Weitere Tipps

Um eine Spalte so breit zu machen, dass der längste Eintrag gerade hineinpasst, führst du einen Doppelklick auf die rechte Spaltengrenze aus.

Um mehrere Spalten auf die gleiche Breite zu setzen, markierst du alle Spaltenköpfe und bringst die linke Spalte auf das gewünschte Maß.

In manchen Tabellen stören die Linien. Um sie unsichtbar zu machen, entfernst du im Dialog *Extras - Optionen - Ansicht* das Häkchen bei *Gitternetzlinien*.

Ausgedruckt werden Tabellenlinien normalerweise nicht. Wenn du das aber ausdrücklich wünschst, dann setze im Dialog *Datei – Seite einrichten – Tabelle* bei der Option *Gitternetzlinien* ein Häkchen.

Aufgaben

1. Gestalte mit Excel einen *Sitzplan* deiner Klasse oder einen *Fahrplan* für deine Schulbuslinie.

2. Maiers Wasseruhr steht auf 1992 m^2. Vor einem Jahr wurden 1756 m^2 abgelesen.

   In der Gemeinde Hohenstein, wo Maiers wohnen, kostet ein Kubikmeter Wasser 2,60 €. Zusätzlich wird ein monatlicher Grundpreis von 2 € erhoben, und zum Gesamtbetrag kommen noch 16 % Mehrwertsteuer hinzu.
   Außerdem erhebt die Gemeinde eine Kanalgebühr von 2,90 € je m^2 Wasserverbrauch. Bei der Kanalgebühr gibt es weder Grundpreis noch Mehrwertsteuer. Maiers haben im Laufe des letzten Jahres Abschlagszahlungen in Höhe von 1212 € geleistet.

   Entwirf ein übersichtlich gestaltetes Abrechnungsformular. Berechne darin die Rückerstattung bzw. Nachzahlung und die neue vierteljährliche Abschlagszahlung.

3. Nimm dir noch einmal die *Rechnung* vor (Seite 80 Aufgabe 3). Gestalte daraus ein Formular mit ordentlichem Firmenbriefkopf und Firmenlogo mit Platz für etwa 10 Rechnungsposten, das beim Ausdruck eine DIN A4-Seite füllt. *Rechnung 2*

Kapitel 3

Mathe-Power

Natürlich will Andi Excel auch für Mathematikaufgaben benutzen. Das erste, was er herausfindet ist, dass man Formeln aus dem Mathematikbuch manchmal etwas umstellen muss, damit Excel sie schluckt. Besonders wenn man Bruchstriche durch Divisionszeichen ersetzt, muss man durch Klammern sicherstellen, dass Excel die richtige Reihenfolge der Rechnungen einhält.

Der **Bruch** $\frac{A2 + B3}{7 \cdot C1}$ wird so zu **(A2 + B3) / (7 * C1)**

Zum Potenzieren verwendet man ^, man schreibt also 5^3 statt 5^3. Eigentlich ist das Zeichen ^ ein Akzent (Rhône), und nach Akzenten wartet die Tastatur immer das nächste Zeichen ab. Der „Hochpfeil" erscheint deswegen erst mit Eingabe der 3.

Anstelle einer Zahl kannst du in Excel-Formeln natürlich immer auch eine Zelladresse einsetzen. Die Formel =B4^2 liefert das Quadrat der Zahl in der Zelle B4.

 Aufgabe

1. Papas Heimtrainer misst beim Trainieren den Puls. Aus dem Verhältnis von Belastungspuls (nach 10 Minuten Training) und Erholungspuls (nach einer Ruhepause von einer Minute) berechnet der Computer eine Fitnessnote nach der folgenden Formel:

$$Note = 6 - \left(\frac{10 \cdot (Belastungspuls - Erholungspuls)}{Belastungspuls} \right)^2$$

   a) Erstelle mit der Formel die folgende Tabelle. Die Note ist auf eine Kommastelle genau anzuzeigen:

Bist du so fit wie dein Turnschuh?	
Belastungspuls nach 10 min. Training	165
Erholungspuls eine Minute später	135
Fitnessnote	2,7

   b) Patrick misst einen Belastungspuls von 173 und einen Erholungspuls von 169. Berechne die Fitnessnote.
   c) Versuche zu beschreiben, auf welches „Pulsverhalten" man gute Noten bekommt.

Wie man Funktionen anwendet

Viele weitere Probleme lösen Excels **Funktionen**. Das sind Befehlswörter, die gesuchte **Werte** berechnen. Dazu benötigen sie meist einen oder mehrere Ausgangswerte, die **Argumente**. Die Formel =WURZEL(4) nimmt das Argument 4 entgegen und gibt den Wert 2 aus. Als Argument einer Funktion eignen sich auch Terme oder Zelladressen: =WURZEL(9/16) liefert 0,75 und =WURZEL(B4) liefert die Wurzel der Zahl in B4. Funktionen können auch in Formeln eingebaut werden. Die Formel =(3*WURZEL(2))^2 liefert den Wert 18.

Sobald du in einer Formel den Namen einer Funktion nennst, zeigt dir Excel, welche Argumente es von dir erwartet. Du kannst jetzt eine Zahl eingeben, eine Zelle anklicken, in der eine Zahl steht, du kannst aber auch einen ganzen Term zusammenklicken: =WURZEL(B2^2+B3^2). Wenn etwas unklar ist, klickst du auf den Funktionsnamen und rufst die Hilfe auf.

Einige Funktionen benötigen kein Argument, trotzdem muss nach dem Funktionsnamen eine Klammer stehen: So liefert PI() den Wert der Konstante Pi und ZUFALLS-ZAIIL() einen Wert zwischen 0 und 1.

Pythagoras	
Kathete a	3,8
Kathete b	7,5
Hypotenuse c	=Wurzel(

 Aufgaben

2. Baue folgende Tabelle. Verwende die Funktion PI().

Fläche und Umfang des Kreisrings

äußerer Radius: 7,5 cm
innerer Radius: 3 cm
Flächeninhalt: 148,4 cm²
Randlinie: 65,97 cm

3. Gib in eine Zelle die folgende Formel ein:
   =KÜRZEN(ZUFALLSZAHL()*6)+1
   Drücke dann mehrmals die Taste F9 (Neuberechnen).
   Wie ändert sich der Wert der Zelle?
   Was bewirkt die Funktion KÜRZEN?
   Baue auf gleiche Art einen Lottozahlengenerator.

Excel

Winkelfunktionen

Falls ihr im Unterricht schon bei der Trigonometrie angekommen seid, werden dich Excels Winkelfunktionen interessieren. Dabei ist zu beachten, dass Excel im Bogenmaß rechnet. Um den Sinus von 30° zu berechnen, musst du die 30° erst ins Bogenmaß verwandeln. Die passende Funktion kannst du mit der Sinusfunktion verschachteln: =SINUS(BOGENMASS(30)). Du erhältst das Ergebnis 0,5. Um zum Sinus 0,5 wieder einen Winkel zu suchen, musst du ebenfalls zwei Funktionen verschachteln: =GRAD(ARCSIN(0,5)).

SIN(Zahl) liefert zum Bogenmaß den Sinus.
ARCSIN(Zahl) liefert zum Sinus das Bogenmaß.
COS(Zahl) liefert zum Bogenmaß den Kosinus.
ARCCOS(Zahl) liefert zum Kosinus das Bogenmaß.
TAN(Zahl) liefert zum Bogenmaß den Tangens.
ARCTAN(Zahl) liefert zum Tangens das Bogenmaß.
BOGENMASS(Zahl) verwandelt Bogenmaß in Grad.
GRAD(Zahl) verwandelt Gradzahlen ins Bogenmaß.

 Aufgabe

1. Aus den Katheten a und b eines rechtwinkligen Dreiecks kann man die Hypotenuse c, die Höhe h, die Hypotenusenabschnitte p und q und die Winkel α und β berechnen. Hier die Formelsammlung:

$$c = \sqrt{a^2 + b^2} \quad p = \frac{a^2}{c} \quad q = c - p \quad h = \sqrt{p \cdot q}$$
$$\alpha = \text{Grad}\left(\text{Arcsin}\left(\frac{a}{c}\right)\right) \quad \beta = 90 - \alpha$$

a) Lege eine Tabelle an und zeichne eine Skizze dazu. Bei den Eingaben a = 3 cm und b = 4 cm musst du die folgenden Ergebnisse erhalten:

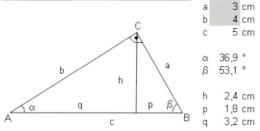

b) Welche Werte erhältst du in einem Dreieck mit
(1) a = 13,2 cm und b = 21 cm;
(2) a = 4,6 cm und b = 9,1 cm?

Funktionen mit mehreren Argumenten

Manche Funktionen benötigen mehrere Eingaben. So liefert etwa =REST(A7;A4) den Rest, der entsteht, wenn man die Zahl in Zelle A7 durch die Zahl in A4 teilt.

QUOTIENT(Dividend;Divisor) liefert das Ergebnis der Ganzzahldivision (ohne Nachkommastellen).
RUNDEN(Zahl;Stellenzahl) rundet die Zahl auf eine wählbare Stellenzahl.
RÖMISCH(Zahl;Typ) wandelt eine Zahl in eine römische Zahl um (verschiedene Umwandlungstypen).

Daneben gibt es Funktionen, die auf Reihen von gleichartigen Argumenten angewendet werden, so errechnet die Funktion MITTELWERT(Zahl1;Zahl2;Zahl3; ...) den Durchschnitt aus zwei oder mehr Zahlen.
Die einzelnen Argumente oder ihre Zelladressen kann man durch Semikolon getrennt aufzählen oder als Zellbereich angeben: MITTELWERT(B2:D8) berechnet den Durchschnitt aller Zahlen im Bereich B2:D8.

SUMME(Bereich) addiert alle Zahlen im Bereich.
ANZAHL(Bereich) zählt die Zahlen im Bereich.
MAX(Bereich) gibt die größte der Zahlen aus.
MIN(Bereich) gibt die kleinste der Zahlen aus.

 Aufgaben

2. Um Brüche zu kürzen, benötigt man den größten gemeinsamen Teiler ggT zweier Zahlen. Diesen kann man nach Euklid auf folgende Art ermitteln:
(1) Teile die größere Zahl durch die kleinere und bestimme den Rest.
(2) Bilde ein neues Zahlenpaar aus der kleineren Zahl und dem Rest.
(3) Wiederhole die Schritte (1) und (2) so lange, bis der Rest 0 ergibt. Der vorhergehende, von 0 verschiedene Rest ist der gesuchte ggT.

ggT nach Euklid	
24	90
90	24
24	18
18	6
6	0
0	#DIV/0!
#DIV/0!	#DIV/0!

3. Weitere Funktionen zum Ausprobieren findest du in der Mappe 🗎 *Funktionen*.

79

Kapitel 3

Der Funktionsassistent

Häufig wird es so sein, dass du nicht genau weißt, wie die benötigte Funktion heißt. Dann kannst du die Hilfe des Funktionsassistenten in Anspruch nehmen.

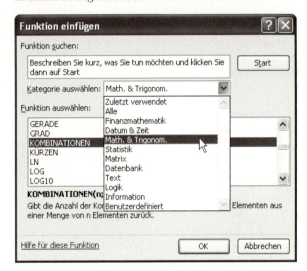

Klicke dazu auf das fx-Symbol in der Eingabezeile. In einem Dialog kannst du Funktionen auswählen:

Sobald du mit OK eine Funktion ausgewählt hast, fordert der Assistent dich zur Eingabe der Argumente auf.

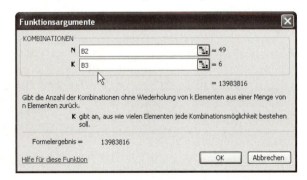

Excel beschreibt dir auch hier ziemlich genau, welche Argumente zu der gesuchten Funktion eingegeben werden müssen. Gib Zahlen ein, klicke auf die Zellen, in denen die benötigten Werte stehen, oder klicke dir Terme zusammen, die den gesuchten Wert ergeben.

Dabei ist das Dialogfeld mit dem Funktionsassistenten häufig im Weg. Manchmal nützt auch Wegschieben nichts. Bei genauerem Hinsehen findet sich aber in jeder Eingabezeile ein kleines Symbol, mit dem du den Funktionsassistenten verkleinern und nach dem Anklicken der Zelle oder des Zellbereichs wieder vergrößern kannst.

Hilfe für diese Funktion Bei Unklarheiten steht dir auch hier der Weg zur ausführlichen Hilfe offen:

KOMBINATIONEN

Siehe auch

Gibt die Anzahl der Kombinationen ohne Wiederholung von **k** Elementen aus einer Menge von **n** Elementen zurück. Verwenden Sie **KOMBINATIONEN**, um zu berechnen, wie viele Gruppen aus einer bestimmten Anzahl von Elementen gebildet werden können.

Syntax

KOMBINATIONEN(n;k)

n ist die Anzahl der Elemente.

k gibt an, aus wie vielen Elementen jede Kombination bestehen soll.

Hinweise

- Numerische Argumente werden zu ganzen Zahlen gekürzt.
- Ist eines der Argumente kein numerischer Ausdruck, gibt **KOMBINATIONEN** den Fehlerwert #WERT! zurück.

Aufgabe

1. a) Wie viele Lottoscheine musst du ausfüllen, damit unter Garantie einmal sechs Richtige dabei sind?
   b) Wie viele wären es beim Spiel 7 aus 36?

2. Zur Lösung quadratischer Gleichungen in der Normalform $x^2 + px + q = 0$ kennst du die Formeln:

$$x_1 = -\frac{p}{2} + \sqrt{(\frac{p}{2})^2 - q} \qquad x_2 = -\frac{p}{2} - \sqrt{(\frac{p}{2})^2 - q}$$

a) Baue die folgende Tabelle.

Quadratische Gleichungen					
x^2+	3	$x +$		-4	= 0
$x1=$	1	$x2=$	-4		

b) Löse die Gleichungen: (1) $x^2 - 15x + 14 = 0$
   (2) $x^2 + 8x - 20 = 0$ (3) $x^2 - x - 2 = 0$

Excel

Excel experimentiert

„Hallo Andi!" Annika ist in Rätsellaune. „Kannst du mir mal ein Küchenproblem lösen? Ein Topf wird mit Deckel für 25 Euro verkauft. Der Topf kostet 20 Euro mehr als der Deckel. Was kostet der Deckel allein?" „Ist doch klar: 5 Euro", sagt Andi. „Das kann nicht stimmen", wendet Annika ein. „Dann müsste beides zusammen ja 30 Euro kosten." „Dann weiß ich's auch nicht", knurrt Andi. Anstatt jetzt weiter selbst herumzuprobieren, lässt er lieber Excel arbeiten und befragt die **Zielwertsuche**.

	A	B
1	Ein Küchenproblem	
2	Deckel	5,00 €
3	Topf	25,00 € ⇐ =B2+20
4	zusammen	30,00 € ⇐ =B2+B3

- Lege eine Tabelle an wie abgebildet.
- Setze den Zellzeiger auf B4.
- Wähle *Extras – Zielwertsuche*. Als *Zielzelle* hat Excel bereits B4 eingesetzt. Gib den *Zielwert* 25 ein, klicke in das Feld für die *Veränderbare Zelle* und wähle B2.

 Aufgaben

1. Wie viel kostet der Deckel?

2. Löse die dritte Teilaufgabe des Rasengittersteinproblems (S. 75 Nr. 4) mithilfe der Zielwertsuche.

3. Finde in der Tabelle zu S. 85 Nr. 1 die restlichen Maße eines rechtwinkligen Dreiecks mit a=5 cm und α=30°. Der veränderliche Wert ist b.

Flächeninhalt Trapez	
Unterkante a	25 cm
Oberkante c	8 cm
Höhe h	18 cm
Fläche A	297 cm²

4. Ein Trapez soll 400 cm² groß sein und die parallelen Seiten sollen 20 cm und 30 cm lang sein.

   a) Wie groß ist die Höhe zu wählen?
   b) Der Flächeninhalt A soll 500 cm², die Höhe h soll 25 cm und die Oberkante c soll 10 cm messen. Wie lang wird die Unterkante a?

5. Ein kugelförmiger Tank mit 2 m Durchmesser wird mit Wasser gefüllt. Das Wasser im Tank hat die Form eines Kugelabschnitts. Das Volumen V des Kugelabschnitts beim Füllstand f berechnet man nach der Formel $V = \pi \cdot f^2 \cdot (r - f/3)$.
   a) Wie viel Wasser ist im Tank, wenn der Messstab den Füllstand 0,83 m anzeigt?
   b) Wie hoch stehen 500 l Wasser im Tank?

6. Entlang einer Mauer soll mit einem 50 m langen Draht ein 300 m² großes Areal eingezäunt werden. Wie lang sind die Seiten des Rechtecks zu wählen?

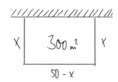

Lege die folgende Tabelle an. Starte in B4 die Zielwertsuche. Setze 300 als Zielwert ein und B2 als veränderbare Zelle:

	A	B
1	Das Zaunproblem	
2	Seite x	8
3	andere Seite	34 ⇐ =50-2*B2
4	Fläche	272 ⇐ =B2*B3

a) Welche Lösung für x findet Excel?
b) Was liefert die Gleichung x*(50-2*x)=300?

Kapitel 3

Sein und Schein

Kathrin hat Probleme. „Mein Computer spielt verrückt:
- Ich wollte **15,3** eintippen, habe aber versehentlich statt des Kommas einen Punkt eingegeben: **15.3**.
- Da erschien in der Zelle ein Datum: **15.Mrz**.
- Vor Verzweiflung habe ich die Zelle mit der *Entf*-Taste gelöscht und die Zahl neu eingetippt: **15,3**.
- Aber jetzt steht da **15.Jan** und in der Eingabezeile lese ich **15.01.1900 07:12:00**."

Keine Panik, Kathrin! Versuch's mal mit dem Menübefehl *Bearbeiten – Löschen – Formate*. Und dann klären wir, was passiert ist.

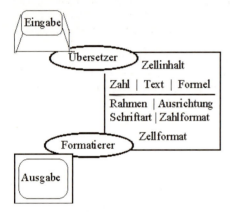

Jede Zelle des Arbeitsblatts hat nicht nur einen **Inhalt**, sondern auch ein bestimmtes **Format**. Dazu gehören nicht nur äußerliche Merkmale wie die Ausrichtung des Textes, die Schriftart, die Hintergrundfarbe, sondern auch bedeutungstragende Elemente wie die Zahl der angezeigten Nachkommastellen oder das Prozentzeichen. Wenn du eine Eingabe machst, bemüht sich Excel zu erkennen, was du meinst. Dabei durchlaufen Zahlen und Formeln ein spezielles Erkennungsprogramm.

Gibst du in eine Zelle 75 %, 0,75 € oder 18:00 ein, so merkt sich Excel eine Zahl. Der Wert ist in allen drei Fällen der gleiche, nämlich 0,75. Bei deiner Eingabe hat Excel aber registriert, dass du in diese Zelle eine Prozentzahl, einen Währungsbetrag oder eine Uhrzeit eingegeben hast und hat das Format der Zelle entsprechend eingestellt: als Prozentzahl, als Währungsangabe oder als Datum und Uhrzeit.

Das Datumsformat

Excel hat Kathrins Eingabe 15.3 offenbar interpretiert als *15. März des laufenden Jahres* und hat die Zelle auf Datumsformat eingestellt. Als der Inhalt der Zelle nachträglich von 15.3 auf 15,3 geändert wurde, hat es 15,3 abgespeichert, aber das Format der Zelle beibehalten und 15,3 als neue Datumsangabe interpretiert.

Was hat ein Datum mit einer Zahl zu tun? Excel könnte Datumsangaben als Text behandeln. Das hätte aber dann den Nachteil, dass es nicht mehr merken würde, dass mit „01.03." dasselbe Datum gemeint ist wie mit „1. März". Deshalb übersetzt Excel alle Arten von Datums- und Zeitangaben einheitlich in Zahlen. Das hat auch den Vorteil, dass man mit Zeitangaben rechnen kann wie mit anderen Zahlen auch. Excel kodiert Datum und Uhrzeit in einer einzigen Kommazahl:

Für den **Tag** verwendet Excel den **Vorkommateil** der Zahl. Die Excel-Zählung beginnt mit dem 1. Januar 1900. Kathrins erste Eingabe „15.3" hat Excel als „15. März" interpretiert. Intern und unsichtbar hat es die Jahreszahl des aktuellen Jahres, sagen wir 2004, ergänzt. Gemerkt hat es sich die Zahl 38061, die Tagesnummer des 15. März 2004.

Den **Nachkommateil** der Datumszahl verwendet Excel, um sich die **Uhrzeit** zu merken. Die Zahl 0,1 wäre also zu lesen als „ein zehntel Tag", was dasselbe ist wie 2 Stunden und 24 Minuten. Kathrins zweite Eingabe „15,3" bedeutete für Excel: „15,3 Tage nach Beginn der Excel-Zeitrechnung", anders ausgedrückt 15. Januar 1900 7 Uhr 12.

 ## Aufgaben

1. Gib in die Zelle B2 deinen Geburtstag ein, z. B. 24.09.1989. In Zelle B3 schreibst du das heutige Datum, z. B. 15.04.2004. In B4 rechnest du den Unterschied aus. Anschließend löschst du in allen drei Zellen das Datumsformat.
  a) Wie viel Tage alt ist die Person im Beispiel?
  b) Wie viel Tage bist du alt?

	A	B
1	Schon so alt?	
2	Mein Geburtstag	24.09.1989
3	Heute	15.04.2004
4	Unterschied	=B2-B1

2. Der Unterricht beginnt um 7:50 und endet um 13:15. Wie lange dauert er?

Excel

Alle Zellformate

Gib die Zahl 34 123,8 in eine leere Zelle ein. Eine solche Zelle hat das Format *Standard*, das heißt, Zahlen werden möglichst so angezeigt wie eingegeben. Klicke nun die Zelle mit rechts an und wähle *Zellen formatieren*. Auf der Karte *Zahlen* kannst du das Zellformat ändern.

Intern kennt Excel nur Zahlen, und die merkt es sich mit größtmöglicher Genauigkeit. Die Anzeige auf dem Bildschirm passt es dagegen den Wünschen seiner Benutzer an: Es bringt Zahlen hinter dem Komma auf eine einheitliche Länge und fügt Tausenderpunkte oder Währungssymbole hinzu. Es zeigt den Zinsfaktor 1,04 als 104 % an. Es verwandelt Dezimalzahlen in Brüche und Zeitangaben in Dezimalzahlen.

Formatierungsbeispiele für die Zahl 34123,8

Kategorie	Eigenschaften	Ergebnis
Standard	mit möglichst vielen Dezimalen	34123,8
Zahl	auf 0 Dezimalstellen gerundet	34124
	auf 2 Dezimalstellen gerundet	34123,80
	dasselbe mit Tausenderpunkten	34.123,80
Währung	mit Währungszeichen (€)	34.123,80 €
Wissensch.	Mantisse plus Exponent	3,41E+04
Datum	Vorkommateil: Tage seit 1.1.1900	03.06.1993
	mit ausgeschriebenem Monat	3. Juni 1993
Uhrzeit	Nachkommateil als Uhrzeit	19:12

Nehmen wir als zweites Beispiel eine kleinere Zahl, die 0,523. Sie lässt sich zum Beispiel als Uhrzeit oder als Prozentangabe darstellen. Excel kann sie sogar in einen Bruch verwandeln. Dieser ist je nach Format auf einen ein- oder zweistelligen Nenner gerundet:

Formatierungsbeispiele für die Zahl 0,523

Kategorie	Eigenschaften	Ergebnis
Standard	mit allen darstellbaren Dezimalen	0,523
Zahl	auf 0 Dezimalen gerundet	1
Prozentzahl	"52,3% von" bedeutet "mal 0,523"	52,30%
als Bruch	angenähert, Nenner zweistellig	34/65
	Nenner 100	52/100
Wissensch.		5,23E-01
Text	wird von Excel als Text behandelt	0,523

Es geht auch „benutzerdefiniert"

So vielfältig die Formatierungsangebote von Excel auch sind – nicht jeder findet, was er sucht. Deshalb gibt es auch die Möglichkeit, sich selbst eigene Zahlenformate zu basteln. Nehmen wir an, wir sind es leid, für die Maßeinheiten in geometrischen Formeltabellen jeweils eine eigene Zelle zu verwenden. Die Benennung „cm" soll ähnlich wie das Euro-Zeichen mit in die Zelle aufgenommen werden. Außerdem sollen alle Angaben mit einer Kommastelle angezeigt werden.

- Gib in eine Zelle die Zahl 18,75 ein, klicke sie mit rechts an, wähle *Zellen formatieren - Zahlen* und das Format *Benutzerdefiniert*.
- Gib im Feld *Typ* das Format **0,0 „cm"** ein. Die beiden Nullen besagen, dass vor dem Komma mindestens eine Stelle und nach dem Komma genau eine Stelle stehen soll. Die Anführungsstriche kennzeichnen „cm" als Text ohne rechnerische Bedeutung.
- Nach dem Klick auf OK sollte die Zelle „18,8 cm" anzeigen. Ersetze den Inhalt der Zelle durch 7. Das Format bleibt erhalten, die Zelle zeigt "7,0 cm".
- Mit dem Kopierpinsel kannst du das Zellformat schnell in andere Zellen übertragen.

 Aufgaben

1. Die Datei 🗎 *Zellformate* enthält Übungen.

2. Definiere in der Tabelle „rechtwinkliges Dreieck" (S. 85 Nr. 1) die Zahlenformate cm und °.

3. Herr Maier überzieht gelegentlich sein Konto und die Bank berechnet ihm dafür Überziehungszinsen.
   a) Lege die folgende Tabelle an. Beachte, dass bei Krediten sowohl Auszahlungs- als auch Rückzahlungstag als Zinstage gezählt werden.

	A	B
1	Zinsen für Kurzzeit-Kredite	
2	Darlehnssumme	3.500,00 €
3	Zinssatz	13,5%
4	Auszahlungstag	03.07.2004
5	Rückzahlungstag	31.07.2004
6	Jahreszins	472,50 €
7	Zinstage	29
8	fällige Zinsen	38,06 €

   b) Wie viel Zinsen muss Herr Maier zahlen, wenn sein Konto vom 17. bis 26. November bei 16,5% Zinsen bis Monatsende um 1273,80 € überzogen ist?

Kapitel 3

Faulpelze herhören!

Herr Braun wertet Klassenarbeiten mit Excel aus. Dabei lässt er Excel die Punkte der einzelnen Schülerinnen und Schüler aufsummieren und die bei jeder Aufgabe durchschnittlich erreichte Punktzahl ausrechnen.

	A	B	C	D	E	F	G
1	Mathematiktest Nr.2						
2	NAME	A1	A2	A3	A4	A5	SUMME
3	Maria	4	0	2	6	8	
4	Serhat	2	0	4	0	6	
5	Isabel	3	0	1	3	7	
6	Fadil	2	0	0	5	1	
7	Manal	4	0	4	0	6	
8	Björn	4	1	4	5	7	
9	Sükriye	2	1	4	5	8	
10	Nicole	4	0	3	5	9	
11	Alexander	1	2	3	8	10	
12	Sosan	4	0	3	6	8	
13	Kathleen	5	0	3	2	4	
14	Georg	3	0	5	8	4	
15	Nadine	5	0	1	2	3	
16	Patrick	0	3	3	8	10	
17	Durchschnitt						

Lade die Tabelle 💾 *Noten*. Bevor du mit der Arbeit anfängst, hier einige Rationalisierungstipps:

Automatische Summenberechnung

Σ ▾ Zur Addition der Punktzahlen der ersten Zeile kannst du die Funktion =SUMME(B3:F3) eintippen. Excel macht es dir aber noch einfacher. Markiere einfach die entsprechenden Werte, indem du den Zellzeiger mit gedrückter Maustaste bis in die angrenzende freie Zelle ziehst. Klicke dann einfach den Sigma-Knopf an, und Excel fügt in der letzten Zelle die Summenformel ein. Mathematiker verwenden das griechische Zeichen Sigma als Abkürzung für **Summe**.

Formeln kann man kopieren

Anstatt das jetzt mit jeder Zeile zu machen, kannst du einfach die Formel aus G3 in die Zwischenablage kopieren und in den ganzen darunter liegenden Bereich einfügen. Die Parameter der Formel werden von Excel automatisch angepasst. Die kopierte Formel =SUMME(B3:F3) verändert Excel also beim Einfügen in Zeile 4 automatisch zu =SUMME(B4:F4).

Das Ausfüllkästchen

In Zelle B17 soll der Durchschnitt aller bei Aufgabe 1 erreichten Punktzahlen stehen. Die entsprechende Excel-Funktion heißt =MITTELWERT(B3:B16). Du kannst sie einer Liste entnehmen, die neben dem Σ aufklappt.

Natürlich könntest du den Durchschnitt auch durch eine eigene Formel berechnen. Die Verwendung der Mittelwertfunktion von Excel hat aber den Vorteil, dass leere Felder bei der Berechnung unberücksichtigt bleiben. So kann ein Schüler, der nicht mitgeschrieben hat, auch nicht den Mittelwert beeinflussen.

Zum Kopieren der Formel verwenden wir diesmal einen anderen Trick. Der Zellzeiger besitzt an der rechten unteren Ecke einen etwas dickeren Punkt. Neben diesem Punkt wird der Mauszeiger zu einem dünnen Kreuzchen. Drücke die linke Maustaste und ziehe den Cursor über die Nachbarzellen hinweg. Wenn du den Mausknopf loslässt, ist die Formel kopiert und angepasst worden.

Auf diese Weise kann man neben Formeln auch Zahlen und Texte kopieren. Aber nicht nur das: Markierst du zwei oder mehr Zellen und erweiterst diese Auswahl dann durch Ziehen am Kästchen, so versucht Excel, Reihen zu erkennen und automatisch fortzusetzen.

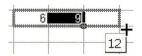

Du kannst das Ausfüllkästchen auch mit der rechten Maustaste anklicken. In diesem Fall erscheint nach dem Loslassen ein Dialog, in dem man den Charakter der gewünschten Reihe genauer festlegen kann: Beim **linearen Trend** wächst die Reihe durch fortgesetzte Addition derselben Zahl. Beim **exponentiellen Trend** wächst die Reihe durch Multiplikation mit demselben Faktor.

Excel

 Aufgaben

1. Erweitere die Notenliste um einige Zeilen. Trage ein, wie viele Punkte bei jeder Aufgabe erreichbar waren, und rechne den erreichten Durchschnitt in eine Prozentzahl um. Excel stellt dir außerdem die Funktionen MAX() und MIN() zur Verfügung. Damit kannst du für jede einzelne Aufgabe und für die Summe die größte und kleinste erreichte Punktzahl ermitteln.

Durchschnitt	3,07	0,5	2,86	4,5	6,5	17,4286
erreichbar	5	3	5	8	10	31
gelöst %	61%	17%	57%	56%	65%	56%
Maximum	5	3	5	8	10	24
Minimum	0	0	0	0	1	8

2. Zwischen 1984 und 1992 wurde die LP von der CD abgelöst. Berechne, wie viele Tonträger insgesamt verkauft wurden und wie sich der prozentuale Anteil der CD entwickelt hat. Kopiere die Formeln.

Verkauf von CD und LP 1984 - 1992				
Quelle: Harenberg aktuell				
	Mio CD	Mio LP	gesamt	% CD
1984	3	71,1		
1985	6,8	74		
1986	13,3	68,8		
1987	22,8	66,3		
1988	56,9	48,3		
1989	76,2	44,7		
1990	102,2	23,4		
1991	105,9	4,9		

3. Die Folge 6, 9, 12, 15, 18, ... nennt man eine *arithmetische Folge*, bei Excel heißt das *linearer Trend*. Excel kann solche Reihen automatisch fortsetzen. Schreibe dazu die Zahlen 6 und 9 in nebeneinander liegende Zellen. Markiere beide Zellen und ziehe das Ausfüllkästchen nach rechts.
   a) Lass Excel diese Folgen fortsetzen:
      (1) 17, 19, ...
      (2) 200, 175, ...
      (3) -9, -17, ...
   b) Erzeuge dieselben Zahlenfolgen durch Kopieren einer Formel. Gib die erste Zahl in eine Zelle ein, erzeuge die zweite durch eine Formel aus der ersten und kopiere diese Formel nach rechts.
   c) Versuche eine universell einsetzbare Formel aufzustellen, die aus zwei Anfangsgliedern einer beliebigen arithmetischen Folge das dritte und jedes weitere Folgenglied erzeugt.

4. Excel kann auch *geometrische Folgen* wie 1, 2, 4, 8, ... erzeugen. Dazu musst du mindestens zwei Anfangszahlen eingeben, sie markieren, das Ausfüllkästchen mit gedrückter rechter Maustaste ziehen und beim Loslassen die Option *Exponentieller Trend* wählen.
   a) Lass Excel die Folgen fortsetzen:
      (1) 12, 48, 192, ...
      (2) 512, 256, 128, ...
      (3) 12, 36, 108, ...
   b) Versuche das zweite Glied jeder Folge durch eine Formel aus dem ersten zu erzeugen. Kopiere dann die Formel nach rechts.
   c) Versuche eine allgemeine Formel aufzustellen, die das dritte und jedes weitere Glied einer geometrischen Reihe aus seinen beiden Vorgängern erzeugt.

5. Auch bei diesen Zahlenreihen kann man aus den ersten zwei Zahlen die dritte, aus der zweiten und dritten die vierte usw. berechnen. Dies geht aber nur, indem man selbst definierte Formeln kopiert.
   (1) 1, 1, 2, 3, 5, 8, ...
   (2) 1, -2, 3, -4, ...
   (3) 1, 4, 9, 16, 25, 36, ...

6. Bastle dir mit Excel einen kleinen Terminkalender. Überlege dir vor jeder Aktion, wie du mit Zwischenablage und Ausfüllkästchen schematische Arbeit einsparen kannst. Wenn der ganze Kalender markiert ist, kannst du mit *Format – Bedingte Formatierung* alle Zellen, in denen So(nntag) steht, rot einfärben.

2005			
Januar		Februar	
1	Di	1	Fr
2	Mi	2	Sa
3	Do	3	So

7. Die Mappe 🗐 *Funktionsplotter* enthält drei Funktionsplotter und zwei Übungsprogramme. Damit sie arbeitet, musst du Makros aktivieren.
Um z. B. die neue Funktion y=2x+1 einzugeben, änderst du den Text in B1 auf „y=2x+1" und gibst in B2 die Formel =2*A2+1 ein. Anschließend kopierst du die Formel mit dem Ausfüllkästchen nach unten.

	A	B	C
	B2	=2*A2+1	
1	x	y=2x+1	
2	-10	-19	
3	-9		
4	-8		
5	-7		

85

Kapitel 3

Alles ist relativ. Alles?

Simon hat von Opa einen Tausender geschenkt bekommen und möchte ihm beim Wachsen zusehen. Dazu legt er sich eine Tabelle an. Den Kontostand nach einem Jahr berechnet er aus Anfangskapital und Zinssatz. Dann kopiert er die Formel nach unten. Eigentlich sollte sein Guthaben wachsen. Leider verharrt es aber stur bei 1030 Euro. Was ist da los?

Schalte mit <Strg>+# auf Formelanzeige um. Du siehst: Beim Kopieren hat Excel die Formel aus C5 immer weiter angepasst. In C6 steht =*C5+C5*A5*, in C7 steht =C6+C6*A6 usw. Excel möchte offenbar sowohl den letzten Kontostand als auch den Zinssatz aus der jeweils darüber liegenden Zeile lesen.

Noch deutlicher wird das Problem, wenn du die Symbolleiste *Formelüberwachung* einblendest. Setze den Zellzeiger in C9 und klicke mehrfach auf *Spur zum Vorgänger*. Du siehst: Ab Zeile 6 gehen die Vorgängerspuren nicht zum Zinssatz, sondern ins Leere.

Irgendwie müsste man Excel mitteilen, dass zwar die Zelladresse des Kontostandes beim Kopieren von C4 zu C5, dann zu C6 usw. verändert werden soll, aber die Zelladresse A4 des Zinssatzes immer gleich bleibt.

Relative Adressierung

Wenn du in A2 die Formel =*A1+1* schreibst, dann merkt sich Excel in Wirklichkeit nicht: *Hole die Zahl aus A1*, sondern *Hole die Zahl aus der oberen Nachbarzelle*. Es speichert also nicht, wo die beiden Zahlen stehen, sondern wie man von der Formelzelle aus zur Informationsquelle kommt. Dieses Verfahren nennt man **relative** Zelladressierung.

Relative Adressen haben einen großen Vorteil: Sie gelten auch dann noch, wenn man einen zusammengehörigen Zellenblock verschiebt. Und meistens stimmen sie auch, wenn man eine Tabellenzeile in die nächste kopiert. Excel soll ja sehr wohl jedes Jahr mit dem Ergebnis des letzten Jahres weiterrechnen und nicht jedes Mal wieder das Anfangskapital verwenden.

Absolute Adressierung

Nur der Zinssatz, der wandert eben nicht mit. Und so brauchen wir eine Methode, um Excel mitzuteilen, dass es eine Formel **absolut** speichern soll, d. h. dass die Zelladresse beim Kopieren nicht angepasst werden darf. Der Trick ist ganz einfach: Bei Zelladressen, die nicht angepasst werden sollen, setzt du vor die Zeilen- und die Spaltenbezeichnung der Zelladresse ein Dollarzeichen. Die Formel in C5 sollte also lauten: =*C4+C4*$A$4*. Kopiere erneut. Diesmal klappt es.

Gemischte Adressierung

Manchmal möchte man, dass Excel beim Kopieren zwar die Zeilen-, aber nicht die Spaltenangabe anpasst. Auch das geht. Setze einfach das Dollarzeichen nur vor die Zeilenbezeichnung (z. B. =B4+$C3).

Übrigens kannst du bei der Eingabe einer Zelladresse in einer Formel durch mehrfaches Drücken der Taste <F4> von relativer Adressierung auf alle anderen Adressierungsarten umschalten.

Excel

Wie wird man seine Schulden los?

Wer ein langfristiges Darlehen aufnimmt, sollte sich vorher überlegen, wie er seine Schulden wieder loswird. Deshalb legen wir uns für einige Experimente mit Schulden und Zinsen die unten stehende Tabelle 🗎 *Tilgungsplan* an. Für die Rückzahlung veranschlagen wir dabei bis zu 30 Jahre. Hier einige Hinweise zu den Formeln:

- Die erste **Restschuld** ist gleich der Darlehnssumme. Kopiere Zelle G2 aus Zelle B5.
- Die **Jahresrate** ist einfach das Zwölffache der Monatsrate aus Zelle B9. (Unsere Tabelle ist vereinfacht. Normalerweise ist es nicht egal, ob man Schulden mit einer Jahresrate oder mit zwölf Monatsraten tilgt.)
- Die **Zinsen** ergeben sich aus der Restschuld in der jeweils vorhergehenden Zeile und aus dem Zinssatz in Zelle B7.
- Die **Tilgung** ist der Teil der Jahresrate, der nicht für Zinsen verwendet werden muss, sondern die Schuld vermindert.
- Die neue **Restschuld** berechnet man, indem man von der Restschuld des letzten Jahres die Tilgung abzieht.
- Unter **bisher gezahlt** kannst du zusätzlich die bis zum jeweiligen Jahr gezahlten Raten aufsummieren.

❓ Aufgaben

1. Forschungsaufträge zum Tilgungsplan:
   a) Nach wie vielen Jahren ist das Darlehen getilgt?
   b) Wie viel Euro wurden insgesamt zurückgezahlt?
   c) Wie viele Jahre dauert die Tilgung bei
      (1) einer Monatsrate von 45 €?
      (2) einem Zinssatz von 7 % (Rate 500 €)?
   d) Was passiert bei 50 000 € zu 9 % Zinsen und einer Rate von weniger als 375 €?

2. Bei Baudarlehen kalkuliert man die monatliche Rückzahlungsrate häufig so, dass im ersten Jahr genau 1 % des Darlehens getilgt wird. 🗎 *Tilgungsplan 2*:
   Monatsrate = Darlehen * (Zinssatz + 1 %) / 12
   Die Rate bleibt dann über die ganze Laufzeit gleich, während die Schulden langsam sinken. Das bedeutet: Der Zinsanteil der Monatsrate sinkt im Laufe der Zeit, während der Tilgungsanteil steigt.
   a) Welche Monatsrate ergibt sich bei 50 000 € Darlehen zu 8 % Zinsen?
   b) Wie lange dauert die Tilgung des Darlehens?
   c) Wie ändern sich die Rate und Tilgungsdauer bei einem Zinssatz von 6 %?

3. Lege eine ähnliche Tabelle für einen 🗎 *Sparplan* an:
   a) Herr Schulz erhält 4 % Zinsen und zahlt jährlich 4200 Euro ein. Über wie viel Euro kann er nach 1, 2, 3, 4, ... Jahren verfügen?
   b) Wie viel Euro muss Herr Schulz jährlich einzahlen, wenn er in 10 Jahren 10 000 € haben will?

4. Billiger als mit Hypothekendarlehen kann ein Bauherr seine Hütte häufig mit einem Bausparvertrag finanzieren. Allerdings muss man hier erst einmal einige Jahre sparen, bevor man Anspruch auf ein Darlehen hat. Lade die Tabelle 🗎 *Bausparvertrag*, lies die Erläuterungen und beantworte folgende Fragen:
   a) Wann ist der Bausparvertrag zuteilungsreif, wenn man keine Zusatzzahlungen leistet?
   b) Wie wirkt sich eine Zusatzzahlung von 5000 € auf die Bewertungszahl aus, wenn sie zu Anfang, nach 3, nach 5 Jahren erfolgt?
   c) Du zahlst die Ansparsumme (25 000 €) auf einmal ein und verzichtest auf Regelbeiträge. Wann ist der Bausparvertrag zuteilungsreif?

	A	B	C	D	E	F	G	H
1	**Tilgungsplan**		Jahr	Jahresrate	Zinsen	Tilgung	**Restschuld**	bisher gezahlt
2			0				**50.000,00 €**	0,00 €
3			1	6.000,00 €	4.000,00 €	2.000,00 €	**48.000,00 €**	6.000,00 €
4			2	6.000,00 €	3.840,00 €	2.160,00 €	**45.840,00 €**	12.000,00 €
5	Darlehen	50.000,00 €	3	6.000,00 €	3.667,20 €	2.332,80 €	**43.507,20 €**	18.000,00 €
6			4	6.000,00 €	3.480,58 €	2.519,42 €	**40.987,78 €**	24.000,00 €
7	Zinssatz	8,0 %	5	6.000,00 €	3.279,02 €	2.720,98 €	**38.266,80 €**	30.000,00 €
8			6	6.000,00 €	3.061,34 €	2.938,66 €	**35.328,14 €**	36.000,00 €
9	Monatsrate	500,00 €	7	6.000,00 €	2.826,25 €	3.173,75 €	**32.154,39 €**	42.000,00 €
10			8	6.000,00 €	2.572,35 €	3.427,65 €	**28.726,74 €**	48.000,00 €
11			9	6.000,00 €	2.298,14 €	3.701,86 €	**25.024,88 €**	54.000,00 €
12			10	6.000,00 €	2.001,99 €	3.998,01 €	**21.026,88 €**	60.000,00 €
13			11	6.000,00 €	1.682,15 €	4.317,85 €	**16.709,03 €**	66.000,00 €

Kapitel 3

Eine Tabelle für alle Fälle

Andi hilft Herrn Braun bei Auswerten der Fahrradprüfung im 5. Schuljahr. Auf dem Verkehrsübungsplatz muss jeder Teilnehmer drei Teilprüfungen ablegen, bei denen die Fehler gezählt werden. Bestanden hat, wer insgesamt weniger als 10 Fehler macht. Andi sitzt mit seinem Notebook daneben und protokolliert die Fehler in einer Excel-Tabelle. Klar, dass er die Fehlersumme der drei Tests von Excel zusammenzählen lässt:

F4				fx	=WENN(E4<10;"ja";"nein")	
	A	B	C	D	E	F
1	Fehler bei der Fahrradprüfung					
2	(Prüfung bestanden bei insgesamt weniger als 10 Fehlern)					
3			Test 1	Test 2	Test 3	gesamt	bestanden
4	Peter	1	0	0	1	ja
5	Simone	5	4	7	16	nein
6	Nicole	3	2	4	9	ja
7	Sehat	8	1	4	13	nein
8	Patrick	0	2	2	4	ja
9	Sükriye	4	4	4	12	nein

Außerdem hat er aber auch eine Excel-Funktion gefunden, die gleich feststellt, ob die Prüfung bestanden ist oder nicht. In Zelle F4 hat er eingetragen

=WENN(E4<10;"ja";"nein")

Anschließend hat er diese Formel in die darunter liegenden Zellen kopiert.

Die **Wenn**-**Funktion** verlangt drei Eingaben, die durch Semikolon getrennt sind:
- eine **Bedingung**, die Excel prüfen soll. Unsere Bedingung E4<10 kann wahr oder falsch sein.
- den **Dann**-Teil: Hier steht, was die Zelle mit der Wenn-Funktion anzeigen soll, wenn die Bedingung erfüllt ist. In unserem Fall ist die E4 kleiner als 10 und in F4 erscheint das Wort „ja".
- den **Sonst**-Teil: Hier steht, was die Zelle mit der Wenn-Funktion anzeigen soll, falls die Bedingung nicht zutrifft. In F5 steht =WENN(E5<10;"ja";"nein"). Diesmal ist die Bedingung nicht erfüllt, deshalb erscheint in Zelle F5 das Wort „nein".

Alles oder nichts

Auch Herr Braun baut in seine Tabellen immer neue Funktionen ein. Bei jedem Test lässt er sich die Durchschnittsnote und den prozentualen Anteil der einzelnen Notenstufen berechnen. Da ihm das Kultusministerium vorschreibt, dass er die Arbeit wiederholen muss, wenn mehr als die Hälfte der Arbeiten mit *mangelhaft* oder *ungenügend* bewertet wurden, lässt er Excel auch diesen Fall prüfen. Sollte es wirklich einmal vorkommen, dass die Fünfer und Sechser zusammen mehr als 50 % ausmachen, dann schreibt Excel in roter Schrift *Wiederholen!* unter den Notenspiegel.

H6			fx	=WENN(F5+G5>50%;"Wiederholen!";"")			
	A	B	C	D	E	F	G	H
1	Notenspiegel							
2								
3		Note	1	2	3	4	5	6	4,0
4		Schüler	2	5	2	3	7	6	25
5		%	8%	20%	8%	12%	28%	24%	1
6								Wiederholen!

Nehmen wir einmal an, es gäbe nur einen Sechser. Dann läge die Zahl der nicht ausreichenden Arbeiten nur bei 32 % und die Bedingung wäre nicht erfüllt. Was würde Excel in die Zelle schreiben? In unserem Fall würde er gar nichts in die Zelle schreiben. Dieses Nichts wird durch zwei direkt aufeinander folgende Gänsefüßchen im Sonst-Teil ausgedrückt.

Immer nur ja oder nein?

Leider ist die Welt so kompliziert, dass einfache Alternativen nicht immer ausreichen. Für diesen Fall gestattet Excel, dass man mehrere Wenn-Funktionen ineinander verschachtelt, indem man anstelle des Sonst-Teils eine weitere Wenn-Funktion einsetzt. In C2 steht eine solche verschachtelte Wenn-Funktion:

=WENN(B3<14;"Kind"; WENN(B3>=18; "Erwachsener";"Jugendlicher"))

Liegt das Alter unter 14, dann erscheint „Kind". Ist das Alter größer oder gleich 18, dann wird „Erwachsener" ausgegeben, ansonsten „Jugendlicher".

	A	B	C
1	Altersklasse		
2	Name	Alter	Status
3	Meike	11	Kind
4	Klaus	17	Jugendlicher
5	Fritz	19	Erwachsener

Excel

 Aufgaben

1. Erstelle die Tabellen 🗐 *Radfahrprüfung*, 🗐 *Notenspiegel*, 🗐 *Altersstufen*.

2. Bearbeite noch einmal die 🗐 *Rechnung* von S. 75. Die Lieferfirma gewährt neuerdings 10 % Rabatt bei Rechnungsbeträgen über 100 €, darunter nur 3 %.

3. Simon baut sich einen 🗐 *Vokabeltrainer*. In D4 bis D13 steht eine WENN-Funktion, die die Benutzereingabe (Spalte C) mit der Lösung (Spalte B) vergleicht. In D14 wird mit ZÄHLENWENN festgestellt, wie oft im Bereich D4:D13 das Wort „ok" auftaucht.

   Bevor Simon seine Kenntnisse testet, markiert er die Spalte B und versteckt sie mit *Format – Spalte – Ausblenden*. Um Vokabeln einzutragen, markiert er die Spalten A bis C und klickt auf *Format – Spalten – Einblenden*. Dann wird auch B wieder sichtbar.

	A	B	C	D
1		**Vokabeltrainer**		
2				
3	deutsch	Lösung	englisch	
4	Katze	cat	cat	ok
5	Schwein	pig	pig	ok
6	Seehund	seal	seadog	falsch
7	Wellensittich	budgie		
8	Schildkröte	tortoise		
9	Fliege	fly		
10	Spinne	spider		
11	Fuchs	fox		
12	Zebra	zebra		
13	Ameise	ant		
14			Punkte	2

4. Andi hilft auch beim 🗐 *Lesewettbewerb*. In B9 setzt er die MITTELWERT-Funktion ein. Die Spalte C füllt er mit einer WENN-Funktion aus. Den Rangplatz in Spalte D ermittelt er mit der RANG-Funktion, und den Sieger stellt er mit einer WENN-Funktion fest.

	A	B	C	D	E
1	Lesewettbewerb				
2					
3	Name	Punkte	Ø	Rang	
4	Klaus	48	schlechter	2	
5	Peter	39	besser	3	
6	Claudia	32	besser	4	
7	Nicole	52	schlechter	1	Sieger
8	Nadine	31	besser	5	
9	Ø	40,4			

5. Modifiziere die Tabelle von S. 80: Wenn die Lösungsmenge der Gleichung leer ist, soll die Bemerkung „Lösungsmenge leer" auftauchen. (Die Lösungsmenge ist genau dann leer, wenn der Ausdruck in der Wurzelfunktion negativ ist.) 🗐 *Quadgl2*

	A	B	C	D	E
1	Quadratische Gleichung (2)				
2					
3	x²+	3	x+	5	= 0
4					
5	x1=	#ZAHL!	x2=	#ZAHL!	
6	Lösungsmenge leer!				

6. Herr Schulze hat das Untergeschoss und das Dachgeschoss seines Hauses vermietet. Am Ende des Jahres addiert er alle Nebenkosten und verteilt sie auf drei Parteien. Laut Mietvertrag werden einige Kosten nach Personen (P), andere nach Wohnfläche (F) verteilt. Schaffst du es, alle weißen Felder mit Formeln auszufüllen und in den Spalten C, D und E jeweils einheitliche Formeln zu verwenden?

	A	B	C	D	E	F
1	Nebenkostenabrechnung Goethestr. 100					
2			UG	EG	DG	Gesamt
3	Fläche m²		87	105	68	
4	Personen		3	4	1	
5	Wasser	P				1.024,80 €
6	Kanal	P				915,00 €
7	Heizung	F				1.912,30 €
8	Strom	P				1.600,00 €
9	Müllabfuhr	P				184,00 €
10	Grundsteuer	F				107,80 €
11	Versicherung	F				728,60 €
12	Summe					

7. Erstelle die folgende 🗐 *BJSListe* (Siegerurkunde ab 1400, Ehrenurkunde ab 1850 Punkte).

	A	B	C	D	E	F
1	Bundesjugendspiele					
2	Name	Lauf	Sprung	Stoß	ges.	Urkunde
3	Susi	275	620	510	1405	Sieger
4	Eva	310	345	300	955	
5	Anne	690	615	645	1950	Ehren
6	Karen	305	315	0	620	
7	Sabrina	410	435	495	1340	
8	Melanie	505	490	510	1505	Sieger

8. Der Heron-Algorithmus berechnet Quadratwurzeln mithilfe eines Näherungsverfahrens. Was bewirken die Wenn-Funktionen in 🗐 *Heron*?

Kapitel 3

Schlag nach!

Beim Benzin an der Zapfsäule wird der Preis durch einen einfachen Dreisatz berechnet. Anderswo ist die Preisgestaltung mathematisch undurchsichtig und muss in einer Tariftabelle nachgeschlagen werden. Dafür bietet Excel eine spezielle Funktion an. Nimm an, du jobbst als Aushilfe auf der Post. Für deinen stressigen Job hast du dir extra eine Portotabelle angelegt. In B5 gibst du das Gewicht eines Maxibriefs an, in B6 die Tarifgruppe. Excel ermittelt das Porto, indem es in der Tariftabelle nachschaut.

In B12 steht: **=SVERWEIS(B5 ; D4:H13 ; B6+1)**

Die Funktion SVERWEIS besitzt drei Parameter:
- das Kriterium, von dem der gesuchte Preis abhängt. Bei uns hängt der Preis vom Gewicht ab und das steht in der Zelle B5. Excel sucht also den Wert aus B5 in der Eingangsspalte der Tabelle. In unserem Fall kann es die genaue Zahl 622 dort nicht finden. So nimmt es den letzten darunter liegenden Wert, die 501.
- den Bereich mit der Tabelle, bei uns D4:H13.
- die Spalte der Hilfstabelle, in der der gesuchte Wert steht. Bei uns stehen in den Spalten die Entfernungszonen. Allerdings ist die Spaltennummer immer um 1 größer als die Nummer der in B6 eingetragenen Entfernungszone.

SVERWEIS steht kurz für „senkrechter Verweis". Für horizontal aufgebaute Hilfstabellen gibt es eine entsprechende Funktion namens WVERWEIS.

 Aufgaben

1. Schreibe die Tabelle ab und speichere sie unter 💾 *Maxibrief*. Ermittle: Was kostet ein Maxibrief
   a) von 800 Gramm Gewicht im Inland?
   b) von 1750 Gramm in Europa?
   c) von 300 Gramm zum Welt-Luftpost-Tarif?
   d) von 1800 Gramm im Inland?
   Kontrolliere das Funktionieren deiner Tabelle, indem du selbst nachschlägst.

2. Öffne die vorbereitete Tabelle 💾 *Urkunde* und ergänze die fehlenden Formeln. Die Zahlen in B4 und B5 werden in der beigefügten Tabelle nachgeschlagen. In B9 steht eine kombinierte WENN-Funktion, die entweder „keine Urkunde", „Siegerurkunde" oder „Ehrenurkunde" ausgibt.

	A	B	C
1	Bundesjugendspiele Jungen		
2			
3	Wie alt bist du?	11	
4	Du brauchst für eine Siegerurkunde	675	Punkte
5	und für eine Ehrenurkunde	875	Punkte
6			
7	Wie viel Punkte hast du?	700	
8			
9	Du bekommst	eine Siegerurkunde	

3. In der Tabelle 💾 *BJS* findest du in Tabellenform die Bewertungsschlüssel der Bundesjugendspiele. Bereite die Tabelle mithilfe von SVERWEIS so auf, dass man Messergebnisse (Sekunden oder Meter) eintragen und Punkte ablesen kann.

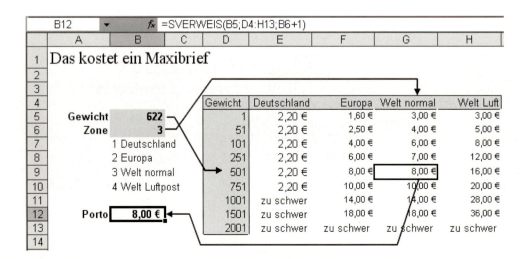

Excel

Etwas fürs Auge

Tabellen mögen wunderschön übersichtlich sein, aber der Mensch muss nun mal erst nachdenken, um sich von Zahlen ein Bild zu machen. Diagramme nehmen ihm diese Arbeit ab. Sie liefern nicht so präzise Angaben wie Zahlen, aber sie sorgen dafür, dass man Größenverhältnisse oder Entwicklungen auf einen Blick erfassen kann.

Jeder, der andere überzeugen will, wird versuchen trockene Zahlen durch **Diagramme** zu veranschaulichen. Deshalb verfügen alle modernen Tabellenkalkulationsprogramme über die Fähigkeit Zahlen in Grafik umzusetzen. Bei Excel sind es 14 Grundtypen mit einer Unzahl von Abwandlungen.

Die wichtigsten Diagrammtypen, mit denen man Zahlen veranschaulicht, sind das Säulendiagramm, das Kreisdiagramm und das Liniendiagramm. Jedes hat seinen speziellen Anwendungsbereich.

Durch ein **Säulendiagramm** werden die Größenverhältnisse in einer Reihe von Zahlen verdeutlicht. Die Reihenfolge der Säulen ist oft willkürlich, auch könnten meistens durchaus noch andere Säulen neben die vorhandenen treten.

Dagegen symbolisiert ein **Kreisdiagramm** zusätzlich: Alle Zahlen zusammen ergeben ein Ganzes. Mehr gibt's nicht. Wenn der gemeinsame Kuchen nicht größer werden kann, kann jedes Stück nur auf Kosten der anderen gewinnen. Deshalb kombiniert man Kreisdiagramme oft mit Prozentzahlen.

In einem **Liniendiagramm** schließlich steckt meist eine zeitliche Abfolge von links nach rechts. Dieselbe Größe entwickelt sich zum Guten oder zum Schlechten und der Betrachter soll sich fragen, warum das so ist.

 Aufgabe

1. Welches Diagramm gehört zu welcher Tabelle?

Lehrlingseinkommen

Beruf	1. Lehrjahr
Gerüstbauer	537,00 €
Maurer	525,00 €
Berufskraftfahrer	524,00 €
Koch	475,00 €
Kfz-Mechaniker	465,00 €
Tischler	368,00 €
Friseur	315,00 €
Damenschneider	165,00 €

Quelle: BI für Berufsbildung

Geburten (Ostdeutschland)

Jahr	Geburten
1985	227648
1986	222269
1987	225959
1988	215734
1989	198922
1990	178476
1991	107769
1992	87030

Quelle: Stat. Bundesamt

Verpackungskonsum

Packstoff	kg je Einwohner
Glas	48
Papier/Pappe	19
Kunststoff	12
Weißblech	9
Verbundstoff	5
Aluminium	1,5
Sonstige	0,5
Insgesamt	95

Quelle: Harenberg aktuell 94

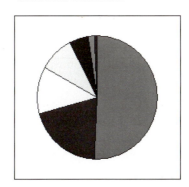
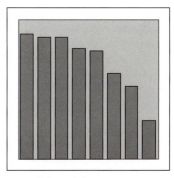

Kapitel 3

Let me assist you ...

Wenn du selbst trockene Zahlen in Kuchenstücke, Säulen oder Linien verwandeln möchtest, führt dich Excels Diagrammassistent mit einer Reihe von Fragen zum gewünschten Ergebnis. Gib zunächst die Zahlen ein:

	A	B
1	Stromquellen 2002	
2		Mio kWh
3	Kernkraft	165,0
4	Braunkohle	159,2
5	Steinkohle	134,8
6	Erdgas	54,0
7	Wasserkraft	26,1
8	Windkraft	16,8
9	Übrige	24,9

Markiere dann die Tabelle mitsamt Überschrift und Beschriftung und rufe den Diagrammassistenten auf. Wähle im ersten Schritt einen passenden **Diagrammtyp** aus dem reichen Angebot aus. In diesem Fall solltest du dich für einen 3D-Kreis entscheiden. Klicke auf *Weiter*.

Die Vorschau des Diagramms im zweiten Schritt zeigt, dass der Assistent die **Quelldaten** der Tabelle offenbar richtig zugeordnet hat. Klicke auf *Weiter*.

Schritt 3 legt die **Diagrammoptionen** fest:
- Der *Titel* kann so bleiben, wie er ist.
- Die *Legende* in einem extra Kästchen ist nicht sehr elegant. Entferne das Häkchen bei „Legende anzeigen".
- Stattdessen setzt du auf der Karte *Datenbeschriftungen* Häkchen bei *Kategoriename* und *Wert*.

In Schritt 4 – **Diagrammplatzierung** – wählst du, dass du das Diagramm nicht neben deine Tabelle quetschen, sondern auf einer eigenen Seite anlegen willst:

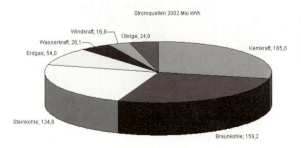

Noch sieht das Diagramm etwas lieblos aus. Aber du kannst seine verschiedenen Bestandteile auswählen und optisch aufpolieren. Die entsprechenden Befehle findest du auf der Diagramm-Symbolleiste oder, wenn du ein Element des Diagramms mit rechts anklickst, auch im Kontextmenü.

Klicke zunächst in die Fläche außerhalb des Diagramms. Mit dem Befehl *Diagrammfläche formatieren* im Kontextmenü kannst du den weißen Untergrund passend einfärben.

Klicke dann in den Kuchen. Alle Segmente werden markiert. Unter *Datenreihen formatieren* auf der Karte *Optionen* kannst du das erste Kreissegment um 60° drehen.

Bei weiteren Klicken auf das Diagramm werden nur einzelne Segmente markiert. Markiere das Segment „Windkraft" und ziehe es ein Stück nach außen.

Klicke nun den **Diagrammtitel** an. Füge einen Zeilenwechsel ein und formatiere die erste Zeile in 20 Punkt, die zweite in 12 Punkt, beides fett. Auch die Kategoriennamen sehen besser aus, wenn die Zahlen in der zweiten Zeile stehen. Außerdem solltest du die Kategoriennamen noch etwas besser platzieren.

Die von Excel automatisch vergebenen Farben sind zwar kontrastreich, aber nicht besonders aussagekräftig. Klicke jedes Segment einzeln an und färbe es über seine Eigenschaften anders ein: Kernkraft gelb, Braunkohle braun, Steinkohle schwarz, Erdgas rot, Wasserkraft blau, Windkraft grün und Sonstige grau.

Speichere dein Werk unter 🖫 *Stromquellen*.

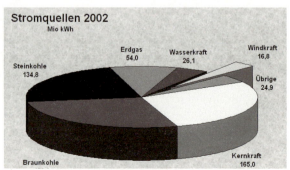

Excel

Aufgaben

1. Hier sind vier Statistiken, deren Inhalt du angemessen in Szene setzen sollst. Wähle zunächst sorgfältig eine passende Diagrammform. 🖳 *Diagramme*
Beachte: Die Eckzelle zwischen Kopfzeile und Kopfspalte sollte immer leer sein, sonst bekommt der Diagrammassistent Schwierigkeiten.

a) **Schulabschluss der Berufsanfänger als Kfz-Mechaniker 1999**

	Prozent
Ohne Abschluss	2
Hauptschule	48
Realschulabschluss	36
Abitur oder FOS	4
Sonstige	10

b) **Schulabschluss der Berufsanfänger als Kfz-Mechaniker 1999**

	Prozent
Ohne Abschluss	2
Hauptschule	48
Realschulabschluss	36
Abitur oder FOS	4
Sonstige	10

c) **Recyclingquote 1993**
Quelle: Verpackungsverordnung

	recycled	Müll
Glas	42%	58%
Weißblech	26%	74%
Aluminium	18%	82%
Papier/Pappe	18%	82%
Kunststoffe	9%	91%
Verbund	6%	94%

d) **Bananenverbrauch 1995**
Quelle Harenberg aktuell 98

	kg / Kopf
Deutschland	15
Frankreich	10
Griechenland	2
Großbritannien	11
Italien	8
Schweden	17
Spanien	10

Hier eine Spielerei, mit der du das Bananendiagramm optisch aufwerten kannst: Verwende Säulen aus Bananensymbolen und einen Hintergrund aus Bananenblättern. Im Arbeitsverzeichnis findest du zwei Bilder: *Banane.gif* und *Bananenblatt.gif*. Einfügen kannst du sie, indem du die Datenreihe anklickst und bei den Eigenschaften *Muster – Fülleffekte – Grafik – Grafik auswählen* klickst. Dasselbe machst du anschließend mit dem Diagrammhintergrund.

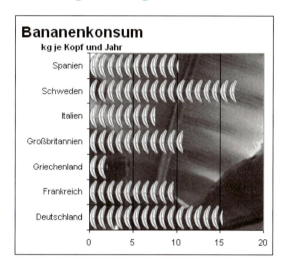

2. In 🖳 *Energie* findest du zwei Tabellen, bei denen du die Diagrammform *gestapelte Säulen* ausprobieren kannst. Beim Benzinpreis wachsen die Säulenstapel, bei den Energiequellen sind alle gleich hoch (100%).

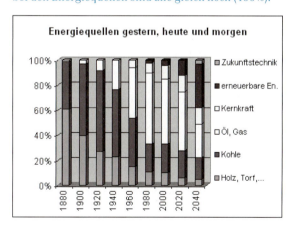

3. Weitere Tabellen, z. B. den Bundeshaushalt findest du im Internet unter www.statistik-bund.de. Lade eine Seite in den Browser, klicke mit rechts darauf und wähle *Export nach Microsoft Excel*.

Kapitel 3

Im Kosmetiksalon

Wer Diagramme häufiger einsetzt, kommt nicht umhin, sich etwas eingehender mit der Sprache des Diagrammassistenten auseinander zu setzen. Einen Grundkurs bekommst du, wenn du mit der Maus über ein fertiges Diagramm fährst. In der Mappe 🗔 *Bildung* findest du das folgende Diagramm. Untersuche es mit der Maus.

Eine Säule, ein Kreissegment oder ein Punkt in einem Diagramm heißt bei Excel **Datenpunkt** und die dazugehörige Zahl der Tabelle nennt Excel ihren Wert. Eine ganze Spalte oder Zeile der Tabelle (z. B. „Deutsche") heißt **Datenreihe**, sie wird im Diagramm durch eine einheitliche Farben oder ein bestimmtes Symbol eindeutig gekennzeichnet. Welche Farben oder Symbole zu welcher **Datenreihe** gehören, steht in der **Legende**, die Excel in einem kleinen Kasten neben das Diagramm stellt.

Oft möchtest du ein Diagramm nachträglich verändern. Dazu gibt es zwei Möglichkeiten: Symbolleiste oder Rechtsklick. Die **Diagramm-Symbolleiste** hast du auf der vorigen Seite bereits kennen gelernt. Außer den **Eigenschaften** des jeweils ausgewählten Elements bietet sie auch die Möglichkeit, eine ganz neue **Diagrammform** zu wählen, die **Datentabelle** unter das Diagramm hinzuzufügen, Zeilen und Spalten zu vertauschen und die **Achsenbeschriftung** anders auszurichten.

Die Möglichkeiten, die du auf der Symbolleiste vermisst, findest du wahrscheinlich, wenn du mit rechts auf die Diagrammfläche klickst und dann **Diagrammoptionen** auswählst. Dann öffnet sich ein ausführlicher Dialog mit vielen Einstellmöglichkeiten, die du vom Diagrammassistenten schon kennst.

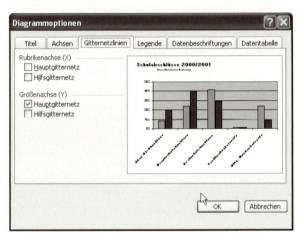

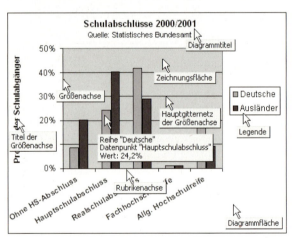

Ebenfalls durch Rechtsklick kommst du – nur bei dreidimensionalen Diagrammen – zu den **3D-Optionen**. Hier kannst du die Position und die Betrachtungsperspektive räumlicher Diagramme so verändern, dass sie sich von ihrer besten Seite zeigen.

Bei zweidimensionalen Diagrammen heißt die X-Achse **Rubrikenachse**, die Y-Achse wird als **Größenachse** bezeichnet. Bei dreidimensionalen Diagrammen geht die Y-Achse nach hinten und heißt **Reihenachse** und die Z-Achse ist die Größenachse.

Den normalerweise weißen Hintergrund des gesamten Diagramms und aller Beschriftungen bezeichnet man als **Diagrammfläche**. Die zunächst graue Fläche hinter den Säulen wird dagegen **Zeichnungsfläche** genannt. Bei 3D-Diagrammen spricht man auch von den **Wänden** und der **Bodenfläche**. Sie werden vom **Gitternetz** durchzogen, das sich nach dem bei den Eigenschaften der Achsen eingestellten **Intervall** richtet.

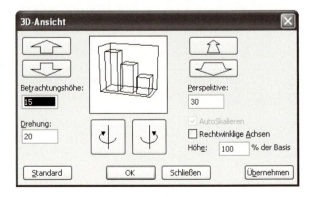

Ein Beispiel: Klimadiagramme

Nicht immer sagen die vom Excel-Diagrammassistenten erstellten Diagramme automatisch das aus, was sie sollen. Meist muss man noch etwas nachhelfen. Ein gutes beispiel dafür sind Klimadiagramme, wie du sie im Geographiebuch oder im Atlas findest. Lade *Klima*. Das Blatt enthält eine Klimatabelle von Astrachan am Kaspischen Meer.

Klimadiagramme sind Diagramme mit zwei verschieden skalierten Y-Achsen: eine für den Niederschlag und die andere für die Temperatur. Markiere die Tabelle und starte den Diagrammassistenten. Wähle auf der Registerkarte *Benutzerdefinierter Typ* den *Typ Linien auf zwei Achsen*. Überspringe Schritt 2. Im Schritt 3 gibst du noch den Titel *Astrachan* und die Beschriftung der beiden Y-Achsen ein. Danach kannst du *Fertig stellen* anklicken.

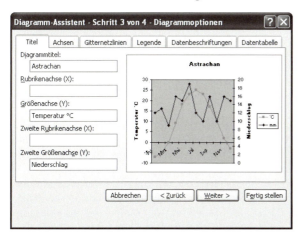

Dieses Diagramm wollen wir jetzt etwas aussagekräftiger gestalten. Zunächst fällt die unterschiedliche Lage der Nullpunkte auf. Die linke Y-Achse passt nicht zur rechten. Deshalb müssen wir die Automatik ausschalten und die Achsenteilung manuell anpassen.

Wenn die Einheiten der Niederschlagsachse halb so lang sind wie die der Temperaturachse, so sagen die Fachleute, dann kann man die trockenen und feuchten Jahreszeiten am besten abschätzen. Viele Pflanzen wachsen am besten, wenn bei 10° Durchschnittstemperatur etwa 20 mm Niederschlag, bei 20° etwa 40 mm Niederschlag zur Verfügung stehen.

Doppelklicke auf die rechte Y-Achse und wähle im Dialog *Achsen formatieren* das Register *Skalierung*. Wie du an den Häkchen siehst, wird die Y-Achse bisher automatisch skaliert. Setze dort das *Minimum* auf –20, das *Maximum* auf 60 und das Hauptintervall auf 10. Wähle *OK*.

Nun sollten wir die beiden Linien noch gefälliger gestalten. Doppelklicke auf die pinkfarbene Temperaturkurve. Es erscheint das Menü *Datenreihen formatieren*. Im Register *Muster* kannst du die Kurve rot einfärben, etwas dicker zeichnen und die Klötzchen entfernen.

Klicke nun mit der rechten Maustaste auf die blaue Niederschlagskurve. Wähle das Kontextmenü *Diagrammtyp* und suche auf der Registerkarte *Standardtypen* das erste Diagramm der Kategorie *Fläche* aus. Klicke auf *OK*. Aus der Linie wird eine Fläche. Doppelklicke darauf und ändere ihre Farbe zu einem blassen Blau.

Ein Doppelklick auf den Diagrammhintergrund erlaubt dir, die graue Fläche etwas freundlicher einzufärben. Klicke nun noch die Legende an und ziehe sie in den Bereich über dem eigentlichen Diagramm. Den Titel ziehst du etwas nach links. Zum Schluss kannst du den Diagrammrand anklicken und alles noch etwas in die Breite ziehen.

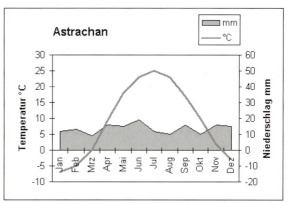

So wie es jetzt ist, werden auf dem Diagramm die kalten Winter und die heißen Sommer am Kaspischen Meer sichtbar. Außerdem kann man leicht erkennen, dass sich die Niederschläge zwar über das ganze Jahr relativ gleichmäßig verteilen, dass aber im Sommer die Witterung für die meisten Pflanzen zu trocken ist. In unserem Diagramm erkennt man das daran, dass die rote Temperaturkurve das blaue Niederschlagsfeld verlässt.

❓ Aufgabe

1. Besorge dir aus einem Atlas oder einem Geographiebuch weitere Klimadaten und bereite sie in gleicher Weise auf.

Kapitel 3

Sonnige Zeiten

Lehrer Braun hat lange versucht Energie einzusparen, aber auf Null konnte er seinen Verbrauch nicht senken. Dann entschloss er sich, unter die Stromproduzenten zu gehen. Auf seinem Dach ließ er 20 Solarzellenmodule montieren. Hier ein Foto von den Bauarbeiten:

Der Gleichstrom, den die Module bei Sonnenschein liefern, wird von einem Wechselrichter in Wechselstrom umgewandelt und ins Stromnetz eingespeist. Neben dem Verbrauchszähler hängt jetzt ein Einspeisezähler.

Natürlich betrachtet Herr Braun die Anlage auch als Spielzeug, und so sammelt er Daten und lässt sie von Excel auswerten und grafisch darstellen. Seine Produktionsstatistik findest du in der Datei ⌸ *Photovoltaik*.

 Aufgaben

1. Der Wechselrichter besitzt eine Computerschnittstelle. Diese liefert dem angeschlossenen Computer alle zehn Sekunden einen Datensatz. Die Tabelle *Capture* enthält die aufgezeichneten Daten eines Tages: das aktuelle Datum und die Uhrzeit, die Spannung U, die Stromstärke I und die erzeugte Leistung P der Gleichspannungsseite, außerdem die Spannung UN, die Stromstärke (IN) und die ans Netz abgegebene Leistung (PN) der Wechselstromseite.

Natürlich ist diese Tabelle ziemlich lang. Das sollte dich nicht daran hindern, daraus ein Diagramm zu erstellen. Für deine Grafik brauchst du nur zwei Spalten: die Uhrzeit (Spalte B) für die X-Achse und die eingespeiste Wattzahl (Spalte P) für die Y-Achse.

Entnimm dem Diagramm: Wann ging die Sonne auf, wann ging sie unter, wann stand sie am höchsten?

2. Kannst du aus den Zahlen der Spalte P auch berechnen, wie viel kWh Herr Braun an diesem Tag ins Stromnetz eingespeist hat?

3. Jeden Abend schreibt Herr Braun auf, wie viel Kilowattstunden er produziert hat. Seine Tageserträge im Jahr 2001 sind in der Tabelle *Jahresertrag* enthalten. Jeden Monat rechnet er ein Monatsergebnis aus. Außerdem addiert er auf, wie viel Strom er seit Jahresbeginn erzeugt hat. Das folgende Diagramm zeigt die Monatserträge in Form von Säulen und den langsam wachsenden Jahresertrag als Linie. Baue es nach. (Das abgebildete Diagramm ist vom Typ *Linie-Säule*. Alternativ kannst du aber auch die anspruchsvollere Fassung *Linie-Säule auf zwei Achsen* verwenden.)

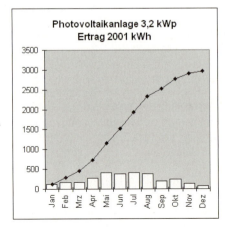

Excel

Wahlen wie im Fernsehen

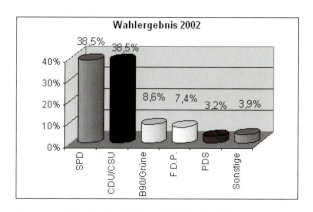

In der Excel-Mappe 🗎 *Bundestagswahl* findest du einige Tabellen mit Bundestags-Wahlergebnissen der vergangenen Jahre. Deine Aufgabe ist es, die Zahlen, so wie rechts dargestellt, durch Diagramme zu veranschaulichen. Manchmal musst du dazu Excel auch noch etwas rechnen lassen. Deine Ergebnisse dürfen ruhig etwas anders aussehen als abgebildet. Achte aber darauf, dass die Aussage des Diagramms gut herauskommt.

Für die **Wahlbeteiligung** könntest du ein Kreisdiagramm oder zwei gestapelte Säulen verwenden. Das schaffst du schon allein.

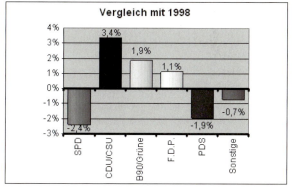

Das eigentliche **Wahlergebnis** kommt am besten in Form *Gruppierter Zylindersäulen* heraus. Lösche die *Legende* und füge den *Titel* „Wahlergebnis 2002" ein. Klicke die X-Achse an, wähle *Achse formatieren* und richte den Text senkrecht aus. Klicke die Zylinderreihe an, wähle *Datenreihen formatieren* und verringere unter *Optionen* den Abstand der Säulen. Im Register *Datenbeschriftung* blendest du den *Wert* ein. Wähle die Säulen einzeln aus und ändere die Farben.

Zum **Vergleich mit 1998** legst du zunächst wieder dasselbe Zylinderdiagramm an. Die negativen Zylinder kommen am besten bei exakter Frontalansicht heraus. Dazu wählst du im Kontextmenü *3D-Ansicht* die Werte für *Drehung* und *Betrachtungshöhe* jeweils auf 0.

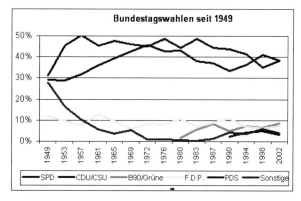

Im Blatt **Wahlen seit 1949** markierst du die Zeile mit den Jahreszahlen und den Bereich mit den Ergebnissen der Parteien. Dann erzeugst du ein Liniendiagramm. Du wirst merken, dass die Linien zu dünn ausfallen. Klicke sie an, wähle *Datenreihen formatieren* und das Register *Muster*. Dort kannst du die Stärke und die Farbe der Linie anpassen. Bei der *Zeichnungsfläche* änderst du die Farbe auf weiß. Passe die Beschriftungsgröße der X-Achse so an, dass alle Jahreszahlen sichtbar sind.

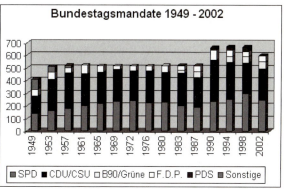

Für das Blatt **Sitze seit 1949** eignen sich am besten gestapelte Säulen. Davon gibt es zwei Untertypen: Bei der abgebildeten Variante sieht man, dass sich die Größe des Bundestages im Laufe der Zeit änderte. Bei der 100%-Variante kommt das Gewicht der einzelnen Parteien besser heraus. Unter den *benutzerdefinierten Diagrammtypen* gibt es den wild kolorierten Typ *Farbenstapel*, der dir vielleicht zusätzliche Anregungen liefert.

Kapitel 3

So lügt man mit Statistik!

 Aufgaben

Erfolgreiche Manager schmücken ihre Arbeitszimmer gern mit Umsatzkurven. Auf den ersten Blick lässt die Kurve auf eine gute Geschäftsentwicklung schließen.

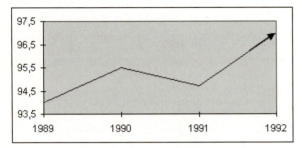

1. Gib die folgende Tabelle ein und erzeuge daraus die drei abgebildeten Umsatzdiagramme. 💾 *Flugzeug*

Flugzeugbewegungen (in 1000)		
	Hannover	Frankfurt
1985	62,9	235,2
1986	75,2	253,6
1987	85	281,3
1988	95,4	293,9
1989	94	311,8
1990	95,5	324,4
1991	94,7	319,8
1992	97	340,5

Um die X-Achse einzuschränken lässt du einfach beim Markieren der Tabelle die unerwünschten Zeilen weg. Um die Y-Achse umzugestalten, klickst du nach Beendigung des Diagrammassistenten mit rechts auf die Y-Achse und wählst *Achsen formatieren* und dann die Registerkarte *Skalierung*. Anschließend trägst du bei *Minimum* und *Maximum* selbst gewählte Werte ein.

Aber man kann Kurven durch die Wahl des Datenausschnitts fast beliebig frisieren. Wenn wir auf der Zeitachse etwas früher beginnen und die Hochachse mit 0 anfangen lassen, wirkt der oben gezeigte Ausschnitt gar nicht mehr dynamisch, sondern ziemlich trostlos.

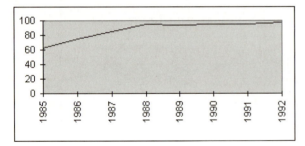

2. Wahlergebnisse sind ein beliebtes Feld für Schönfärberei. Aber auch an der Mitgliederentwicklung der Parteien lässt sich herumdeuteln. Versetze dich in die Rolle des Generalsekretärs einer Partei und versuche die Zahlen deiner Partei optisch aufzubessern. Fertige eine Grafik an, die für deine Partei günstig ist.

Beitragspflichtige Parteimitglieder					
	SPD	CDU	CSU	FDP	Grüne
1987	910063	705821	184293	64873	39479
1988	911916	676747	182738	64274	37879
1989	921430	662598	185853	66274	37879
1990	949550	777767	186198	168217	40316
1991	919871	751163	184513	140031	38054

Noch viel schlechter sieht es aus, wenn man die Umsatzzahlen unseres Unternehmens mit denen der Konkurrenz vergleicht. Diese (obere Kurve) macht nicht nur höhere Umsätze, sondern hat auch noch echte Steigerungsraten vorzuweisen. Bei uns dagegen (untere Kurve) herrscht Stagnation auf niedrigem Niveau.

Je nachdem, was günstiger ist, kann man
- in einem Diagramm entweder nur den aktuellen Mitgliederbestand oder aber die Entwicklung der Mitgliederzahlen darstellen,
- kurz- oder langfristige Tendenzen herausstellen,
- nur große oder nur kleine Parteien betrachten,
- Parteien einzeln betrachten oder zu Lagern zusammenfassen.

3. Alternativ kannst du für deine Interpretationsversuche auch die Ergebnisse der Bundestagswahlen seit 1949 verwenden. 💾 *Bundestagswahl*

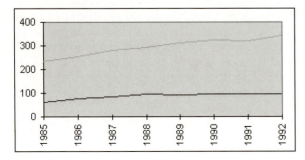

Excel

Eine Klasse auf dem Röntgenschirm

Annika hat sich mit Excel eine Adress- und Telefonliste ihrer Klasse angelegt. Sie findet Excel zur Verwaltung solcher Listen viel praktischer als Word. Dass es bei Klassenlisten naturgemäß nicht viel zu rechnen gibt, stört sie dabei wenig.
- Listen sind tabellarische Aufstellungen von gleich aufgebauten Datensätzen.
- Jede Zeile einer Liste enthält einen Datensatz.
- Alle Datensätze besitzen dieselben Felder. Diese stehen in derselben Spalte der Liste.

Name	Vorname	Geburtstag	Ort	Adresse	Telefon
Jurkat	Sabine	21.11.84	Huppert	Birkenweg 5	25138
Faust	Svenja	02.02.85	Kemel	Goethestr. 4	82523
Neumann	Gesche	18.02.85	Kemel	Langgasse 2	4831
Zahn	Annika	07.06.85	Huppert	Birkenweg 3	15656
Atzbach	Simon	11.07.85	Born	Wiesenpfad 4	12217
Brömsel	Andreas	19.08.85	Kemel	Wilhelmstr. 11	5518
Klee	René	19.09.85	Huppert	Birkenweg 5	43433

Anhand von 🗐 *Klasse* wollen wir uns nun ansehen, wie Excel Listen verwaltet. Die passenden Befehle stehen im Menü *Daten*. Damit sie funktionieren, muss der Zellzeiger innerhalb der Liste stehen. Außerdem muss zwischen der jeweiligen Liste und anderen Tabellen auf dem gleichen Blatt mindestens eine leere Zeile und Spalte liegen.

Daten – Maske

Mit dem Befehl *Maske* kann ich Excel mitteilen, dass ich die Liste in Form einzelner Karten ansehen möchte. (Das Wort *Maske* ist gleichbedeutend mit *Bildschirmformular*. Es entspricht einer Karteikarte.)
- Eine Bildlaufleiste erlaubt die Kartei durchzublättern.
- Mit dem Knopf *Löschen* kann man die angezeigte Karte aus der Liste entfernen.
- Der Knopf *Neu* stellt eine leere Karteikarte zur Verfügung, die am Ende der Liste angefügt wird.
- Der Knopf *Kriterien* dient dazu, bestimmte Datensätze schnell zu finden. Er zeigt eine leere Karteikarte, in die man z. B. den Ortsnamen einträgt. Nach einem Klick auf *Weitersuchen* oder *Vorherigen suchen* blättert Excel vorwärts oder rückwärts durch die Liste und hält beim nächsten passenden Datensatz an.

Daten – Sortieren

Bevor wir eine Liste ausdrucken, sollten wir die Einträge sortieren. Aber wie? Manchmal benötigt man eine alphabetische Namensliste, mitunter wäre eine Sortierung nach Orten bequem. Das macht Excel ganz nach Wunsch. Klicke *Daten – Sortieren…* Excel macht einen Vorschlag. Wenn dir dieser nicht passt, kannst du ein anderes Feld auswählen.

Vielleicht wollen wir die Schüler zwar alphabetisch auflisten, das aber nach Orten getrennt. Auch das ist kein Problem: Wir nehmen den Ort als erstes und den Namen als zweites Sortierkriterium.

Kapitel 3

Daten – Filter – AutoFilter

Auch bei der Listenanzeige kann man filtern. Wenn wir den Befehl *AutoFilter* anklicken, tauchen neben den Spaltenköpfen der Tabelle kleine Listenpfeile auf. Klickt man sie an, so erhält man eine Zusammenstellung aller Inhalte dieser Spalte. Klickt man nun z. B. den Ort *Huppert* an, so werden aus der Liste nur die Datensätze derjenigen Schüler herausgefiltert, die in Huppert wohnen. Mit der Auswahl *Alle* kann man wieder die ganze Liste auf den Bildschirm holen.

Interessant ist die Auswahl *Benutzerdefiniert*. Damit lassen sich zwei Bedingungen mit *und* oder *oder* kombinieren. Klickt man *und* an, so werden nur Datensätze herausgefiltert, die beide Bedingungen erfüllen. Klickt man *oder* an, so werden auch die Datensätze herausgesucht, die nur einer der beiden Bedingungen gerecht werden.

- Sucht Annika die Mitschüler des Jahrgangs 1985, so definiert sie im Feld „Geburtstag" die Auswahl *ist größer oder gleich 01.01.1985 und kleiner oder gleich 31.12.1986*.
- Um die Mitschüler aus Born und Huppert anzuzeigen, so gibt sie im Feld „Ort" den Filter *entspricht Born oder entspricht Huppert* an.

Ganz raffiniert wird es, wenn man zum Suchen Sternchen und Fragezeichen verwendet. Dabei ersetzt das Sternchen eine beliebig lange Zeichenkette, das Fragezeichen nur genau einen Buchstaben.

- Mit der Eingabe *entspricht F*t* findet Annika alle Namen, die mit F beginnen und mit t enden.
- Weiß Annika nicht mehr, ob sich Carolin Sygusch mit ü oder mit y schreibt, so durchsucht sie die Nachnamen mit *entspricht S?gusch*.

Mit Sternchen und Fragezeichen kann man nur Zeichen in Wörtern, nicht aber Ziffern in Zahlen suchen. Dagegen kann man *kleiner* und *größer* auch auf Wörter anwenden. Das Suchkriterium *kleiner* bedeutet dann *kommt alphabetisch vor*.

Man kann AutoFilter in mehreren Feldern gleichzeitig setzen. Die Kriterien werden mit *und* verknüpft. Angezeigt werden dann nur die Datensätze, die alle Kriterien erfüllen. Damit man den Überblick nicht verliert, werden die Listenpfeile der Felder, bei denen ein Filter wirksam ist, blau dargestellt.

Daten – Teilergebnisse

Mit einer weiteren Funktion kann man Teillisten auch zahlenmäßig auswerten lassen. Versäumnislisten lassen sich mit ihm schüler- und monatsweise aufsummieren, bei Noten kann man Durchschnitte verschiedener Schülergruppen bilden. Nehmen wir an, wir wollen wissen, wie viele Schülerinnen und Schüler aus jedem der drei Orte kommen. Dann sortieren wir die Liste zunächst einmal nach dem Feld „Ort". Nun rufen wir den Befehl *Teilergebnisse* auf und geben Folgendes ein:

Wenn die Liste wieder auftaucht, ist sie nach Orten gruppiert. Unter jeder Gruppe steht die Anzahl der Schülerinnen und Schüler aus diesem Ort. Links neben der Tabelle erscheinen Gliederungssymbole. Mit Klick auf die kleinen Zahlen am oberen Rand kann man Einzelheiten der Liste aus- und wieder einblenden.
Ist die Liste nicht so geworden wie beabsichtigt, so ruft man den Befehl *Teilergebnisse* einfach erneut auf und klickt *Alle entfernen* an.

Excel

Stadt - Land - Fluss

Unter *Länderdaten* findest du im Arbeitsverzeichnis eine Liste mit wichtigen Daten zu allen Ländern der Welt. Sieh dich zunächst einmal etwas in der Liste um. Da sie ziemlich lang und breit ist, musst du dir auf folgende Weise den Überblick erleichtern:
- Setze den Zellcursor in Zelle B1.
- Klicke auf *Fenster – Fenster fixieren*.
- Verschiebe die Tabelle mit den Bildlaufleisten unter dem Bildschirmfenster.

	A	B	C
1	Land	Hauptstadt	Kontinent
2	Afghanistan	Kabul	Asien
3	Ägypten	Kairo	Afrika
4	Albanien	Tirana	Europa

Die Kopfzeilen der Tabelle, genauer: alle Zeilen oberhalb des Cursors und alle Spalten links von der markierten Zelle B1, bleiben beim Rollen auf dem Bildschirm stehen. So bleiben die Ländernamen in Spalte A und die Überschriften in Zeile 1 auch beim Rollen durch den Bildschirm dauerhaft sichtbar.

Aufgaben

1. Ordne die Liste alphabetisch nach Ländern. Beantworte die folgenden Fragen:
   - Wie heißt die Hauptstadt von Burkina Faso?
   - Zu welchem Erdteil gehört Westsamoa?
   - Wie viele Einwohner hat die Slowakische Republik (1996)?
   - Wie hoch ist das Bruttosozialprodukt je Einwohner und Jahr in Bangladesh (1996)?
   - Wie viel Prozent der Bevölkerung in Togo können lesen und schreiben?
   - Welche Güter exportiert Argentinien?

2. Ermittle durch Sortieren der Liste die drei ersten und die drei letzten Länder bezogen auf
   - die Fläche,
   - die Einwohnerzahl (1996),
   - das Bruttosozialprodukt (1996),
   - die Alphabetisierungsrate.

   Suche außerdem durch eine geeignete Sortierung
   - die drei flächenmäßig kleinsten Länder Afrikas und
   - die drei bevölkerungsreichsten Länder Europas.

3. Klicke in *Daten – Maske* auf *Kriterien*. Finde je ein Land zu folgenden Angaben:
   - Die Hauptstadt heißt N'Djamena.
   - Die Fläche ist 587 041 km^2.
   - Land in Afrika mit 3,698 Mio. Einwohnern.
   - Land liegt in Ozeanien, exportiert Kokosöl.
   - Die Hauptstadt war irgendwas mit Video.

4. Schalte den *AutoFilter* ein. Suche alle Länder
   - in Ozeanien,
   - mit einer Alphabetisierungsrate <30%,
   - mit einem BSP unter 200 Dollar pro Jahr,
   - die Erdnüsse exportieren,
   - in Asien mit einem BSP >10 000 Dollar/E,
   - die Erdöl und Erdgas exportieren,
   - die Erdgas exportieren, aber kein Erdöl.

5. Lege eine neue Spalte (K) für die Bevölkerungsdichte (Einwohner je km^2) an.
   - Nimm als Formel für das Feld K2: =E2/D2.
   - Kopiere sie für alle Länder nach unten.
   - Sortiere nach Bevölkerungsdichte. Suche die drei Länder mit der größten und die drei mit der geringsten Bevölkerungsdichte.

6. In Spalte E findest du Einwohnerzahlen aus dem Jahr 1996, in Spalte I die Daten von 1981. Errechne in Spalte L das prozentuale Bevölkerungswachstum der letzten 15 Jahre:
   - Schreibe folgende Formel in L2: =(E2/I2-1)*100.
   - Kopiere die Formel wieder nach unten.
   - Welche drei Länder hatten in den letzten 15 Jahren das höchste, welche das geringste Bevölkerungswachstum?
   - Ermittle auf ähnliche Art die Länder mit der höchsten Steigerung des Bruttosozialprodukts zwischen 1981 und 1996.

7. Lasse Excel die Länderanzahl, Einwohnerzahl und Fläche der Kontinente addieren:
   - Sortiere die Liste nach Kontinenten.
   - Ermittle die Teilergebnisse, *gruppiert nach* Kontinent *unter Verwendung von* Anzahl *addieren zu* Land.
   - Wie viele Länder zählt jeder Kontinent?
   - Ermittle die Teilergebnisse, *gruppiert nach* Kontinent, *unter Verwendung von* Summe, *addieren zu* Einwohnerzahl und Fläche.
   - Wie viel km^2 groß ist jeder Kontinent? Wie viele Einwohner hat jeder Kontinent?
   - Entferne alle Teilergebnisse.

Kapitel 3

Dateneingabe mit Aufpasser

Damit die Auswertung von Listen funktionieren kann, ist es wichtig, dass die Einträge konsistent sind. Wenn Annika sich in ihrer Klassenliste vertippt und Kemmel statt Kemel schreibt, können all die schönen Such-, Filter- und Sortiervorgänge nicht funktionieren. Deshalb verfügt Excel über eine eingebaute Gültigkeitsprüfung. Sie hilft dem Benutzer Fehleingaben zu vermeiden.

Lade noch einmal 💾 *Klasse*. Gib am Ende der Liste einen neuen Datensatz ein: *Braun, Wolfgang, 21.02.1970, Kemmel, Goethestr. 3, 80103*. Spätestens beim Geburtstag wird Excel dir in den Arm fallen:

Das liegt daran, dass Annika die möglichen Werte für die Spalte C begrenzt hat. Klicke *Daten – Gültigkeit – Einstellungen*. Du siehst: Wer vor 1980 und nach 1999 geboren ist, hat in Annikas Liste nichts zu suchen. Das Kriterium gilt für alle Zellen der Spalte.

Auf der Karte *Fehlermeldung* findest du die oben abgebildete Meldung. Annika hätte natürlich auch gleich unter *Eingabemeldung* mitteilen können: „Grufties und Säuglinge sind hier unerwünscht!" Aber das kannst du ja auch selbst ausprobieren. Markiere vorher die ganze Geburtstagsspalte.

Auch in der Spalte *Ort* gibt es ein Gültigkeitskriterium. Willst du einen Ort eingeben, so klappt aus der Zelle eine Liste mit den möglichen Einträgen herunter. Excel holt sich die Ortsnamen aus Spalte J, wo alle erlaubten Einträge aufgelistet sind:

 Aufgaben

1. Warum ist es so wichtig, dass Datenverwaltungsprogramme die Benutzereingaben überprüfen?

2. Erstelle einen Stundenplan, in dem man die Felder durch Auswahl aus einer Liste ausfüllt.

3. Erstelle eine eigene kleine Datenbank. Vorschlag: Katalogisiere deine CDs.

   • Die Felder deiner Liste sollten sein: Titel, Interpret, Kategorie, Spieldauer, Preis.
   • Überlege dir eine beschränkte Zahl passender Kategorien, z. B. Techno, Rap, Hiphop, Softrock, Hörbücher, Klassik, Disco, Schlager und trage sie in eine Kontrollliste ein.
   • Markiere deine Liste Spalte für Spalte und gib folgende Gültigkeitskriterien ein:
   – Titel: Text mit maximal 50 Zeichen,
   – Interpret: Text mit maximal 30 Zeichen,
   – Kategorie: Liste, beschränkt auf die Elemente deiner Kategorienliste,
   – Spielzeit: Zeit zwischen 0:01:00 und 3:00:00,
   – Preis: Dezimalzahl, maximal 100 Euro.
   • Versieh deine Gültigkeitskriterien mit Eingabe- und Fehlermeldungen.

Excel

Klicken statt Tippen

Manchen Leuten ist es zu lästig immer Zahlen in Zellen einzutippen. Sie haben sich so an die schönen **Windows-Objekte** gewöhnt, dass sie diese auch in ihren Arbeitsblättern nicht mehr missen möchten. Das geht – und es ist gar nicht so schwer. In der Tabelle 🖫 *Telefon* findest du ein Beispiel:

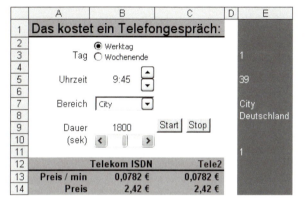

Über die Symbolleiste *Formular* (Einblenden mit *Ansicht – Symbolleisten*) kann man Excel-Blätter mit Windows-Steuerelementen verschönern. Klicke ein Steuerelement unseres Blattes mit der rechten Maustaste an und wähle den Kontextmenübefehl *Steuerelement formatieren*. Ein Dialog erscheint. Sieh dir darin die Karte *Steuerung* an. Du erkennst, dass die Dialogelemente in Excel ihre Eingaben aus den Zellen des Tabellenblattes beziehen und ihre Informationen dorthin ausgeben. Normalerweise macht man solche Zellen unsichtbar, in Spalte E unseres Blattes sind sie jedoch schwach sichtbar gemacht.

Untersuche zunächst, wie sich die Zellen der Spalte E beim Bedienen der Schalter verändern:

Die beiden **Optionsschalter** bei „Tag" liefern an Zelle E3 die Ausgabe 1, falls „Werktag" und 2, falls „Wochenende" ausgewählt ist.

Das **Drehfeld** neben der Uhrzeit kann nur ganzzahlige Ausgaben liefern. Es schreibt eine Zahl zwischen 0 und 96 in E5. Diese wird durch 96 geteilt und so auf den Bereich zwischen 0 und 1 skaliert: Anschließend wird sie im Uhrzeit-Format in Zelle B5 übernommen.

Die *Liste* zur Bereichswahl übernimmt ihre beiden Optionen aus den Zellen E7 bis E8 und schreibt die Auswahl des Benutzers in Form der laufenden Nummer in E11.

Die **Bildlaufleiste** schreibt ihre Einstellung in Form einer Zahl zwischen 0 und 3600 in die Zelle B9. Man kann die Dauer des Gesprächs mit dem Schieber, den beiden Pfeilen oder dem Bereich zwischen Pfeil und Schieber einstellen.

Alternativ kann man die Zeit eines Gesprächs auch stoppen. Die beiden **Schaltflächen** starten jeweils ein BASIC-Programm. Klicke den Rand der Schaltfläche *Start* mit rechts an, wähle *Makro zuweisen*, wähle *Start* aus und klicke auf *Bearbeiten*. Dort kannst du den Programmcode ansehen.

Das Tabellenblatt zeigt nicht nur an, was ein Telefongespräch bei der Telekom kostet, sondern auch den Preis von Tele2. Bei so viel Komfort kannst du gleich mal eine kleine Untersuchung starten.

 Aufgaben

1. Vergleiche Preise:
   - Was kostet bei der Telekom / der Mobilcom ein dreiminütiges Telefonat samstags um 13:15 Uhr (Fernbereich)?
   - Wie teuer ist bei den beiden Gesellschaften ein halbstündiges Ortsgespräch Freitagnachmittag um 13:30?
   - Von welchen Telefongesprächen kann man allgemein sagen, dass sie bei der einen oder der anderen Gesellschaft billiger sind?

2. Schätze die Auswirkungen des Telefonierens mit der einen oder anderen Gesellschaft auf eine typische Monats-Telefonrechnung ab. Überprüfe dann deine Vermutungen an einer realen Telefonrechnung mit Verbindungsnachweis oder einer Rechnung mit ausgedachten Gesprächsdaten.

3. Informiere dich im Schnellkurs 🖫 *ExcelPro* über die Verwendung von Steuerelementen.

4. Erstelle ein Formular, in dem Geschlecht, Alter und die drei Einzelergebnisse der Bundesjugendspiele über Steuerelemente eingegeben werden. Ausgegeben wird eine Meldung, welche Urkunde erreicht ist. 🖫 *BJS-Form*

Kapitel 3

Tante Emmas Supermarkt

Wenn du im Supermarkt einen Schokoriegel kaufst, wird er heute meist über einen Scanner geschoben. Die Kasse liest den Strichcode ein und druckt auf dem Kassenzettel den Namen und den Preis des Artikels aus. Was hinter den Kulissen passiert, wissen nur wenige. Die Kasse ist nämlich nur ein Terminal eines großen Computersystems, das praktisch alle Verwaltungsvorgänge des Marktes übernimmt. Das Programm, das hier abläuft, nennt man ein **Warenwirtschaftssystem**. Einige Funktionen eines solchen Systems könnte auch Excel übernehmen. Lade 🖫 *Emma*. Damit alles programmgemäß funktioniert, musst du auf Anfrage die *Makros aktivieren*.

Kaufen

Unser Katalog		
Warengru	Code	Artikel
Gemüse	161075	Zwiebeln
Lebensmittel	518313	Zucker
Gemüse	188096	Zucchini
Lebensmittel	543221	Zitronentee
Gemüse	188029	Zitronen

Auf dem Blatt *Kaufen* siehst du, was es in Tante Emmas Laden alles zu kaufen gibt. Das ist nicht viel, nur 150 verschiedene Artikel. Du kannst die Liste durchblättern oder dir mit der AutoFilter-Liste der Spalte *Warengruppe* nur einen bestimmten Teilbestand anzeigen lassen. Wenn du willst, kannst du dir die Liste auch alphabetisch oder nach Verkaufspreisen sortieren lassen. Sieh dir zunächst die Liste an.
- Notiere den ersten Artikel im Alphabet.
- Notiere alle Artikel der Gruppe Tabakwaren.
- Notiere den billigsten und den teuersten Artikel in jeder Warengruppe.
- Bestelle maximal fünf Artikel, indem du Anzahl und Codenummer des gewünschten Artikels in die gelben Felder einträgst. Die Daten werden dann automatisch ergänzt.

Sieh dir die Formeln in der dritten bis fünften Spalte des Bestellformulars einmal an. Außen ist da eine Wenn-Klammer zu finden: =WENN(B3=““;““…). Sie stellt sicher, dass auf dem Kassenzettel keine Fehlermeldungen eingetragen werden, wenn die Codezelle der Zeile leer ist.

Ist ein Code vorhanden, so tritt die innere Formel in Kraft: SVERWEIS(B3;Kaufen!$B$13:$F$162;2)). Der Befehl SVERWEIS (Spaltenverweis) sucht den Inhalt der Zelle B3 (den Code des Artikels) in der Spalte B der Liste, die auf dem Blatt Kaufen von Zelle B13 bis Zelle F162 reicht. Hat er die Codenummer dort gefunden, geht er in die zweite Spalte dieses Bereichs und holt sich dort den Namen des Artikels. Ebenso werden die Verpackungseinheit und der Verkaufspreis gesucht und im Kassenzettel notiert.

Verwalten

Warenwirtschaft				
Lager	Min	Bestellen	E-Preis	Umsatz
5	0		0,25 €	163,80 €
3	5	Bestellen!	1,47 €	30,90 €
9	5		4,94 €	104,94 €
40	8		0,39 €	29,25 €

Geh zum nächsten Blatt der Mappe: *Verwalten*. Du befindest dich jetzt im Büro der Marktleitung. Auf dem Bildschirm siehst du wieder die Warenliste, allerdings diesmal mit mehr Spalten.

In Spalte G steht zunächst einmal, wie viel Stück von jedem Artikel auf Lager sind. In Spalte H dagegen steht, wie viel Verpackungseinheiten mindestens vorrätig sein sollten. Wird diese Zahl unterschritten, so leuchtet in Spalte I in roter Schrift das Wort „Bestellen" auf. Dies ist einfach zu realisieren: In Spalte I steht nichts anderes als ein Wenn-Befehl.

Natürlich kannst du im Auto-Filter dieser Spalte das Wort „Bestellen!" wählen und bekommst alle Artikel, die nachbestellt werden müssen, zusammengestellt. In der Realität wird die Bestellung natürlich vom Computer ausgedruckt oder gleich online zum Computer des Lieferanten geschickt.

- Erhöhe bei einigen Artikeln den Lagerbestand so, dass er den Mindestbestand übersteigt.

In den nächsten drei Spalten stehen Informationen, die die Marktleitung für erfolgreiche Geschäfte braucht: Außer dem Einkaufspreis jedes Artikels steht hier, wie viel € damit umgesetzt worden sind. Hier ist das nur der Monatsumsatz. In einem richtigen Warenwirtschaftssystem wären natürlich auch der Tagesumsatz und der Jahresumsatz des Artikels vorhanden.

- Sortiere die Artikel nach dem Umsatz. Stelle fest, welches die drei umsatzstärksten Artikel sind und welche Artikel wie Blei in den Regalen liegen.
- In der Ertrag-Spalte erfährst du, mit welchen Artikeln unser Laden die besten Geschäfte macht. Das müssen nicht unbedingt die Umsatzrenner sein, denn die Gewinnspanne ist nicht bei jedem Artikel gleich hoch.
- Stelle fest, welche drei Artikel den höchsten und welche den geringsten Ertrag gebracht haben.
- Wichtig: Ordne anschließend die Artikel wieder nach der Codenummer.

Umsatzanalyse

Umsatz und Ertrag		
Lieferant	(Alle)	
	Daten	
Warengruppe	Anzahl - Artikel	Summe - Umsatz
Drogerie	21	4.089,61 €
Gemüse	17	1.811,32 €
Getränke	21	5.005,45 €

Natürlich möchte unsere Marktleiterin wissen, welche Artikelgruppe ihr das beste Geschäft verspricht. Dafür könnte sie sich Teilergebnisse in ihre Warentabelle einfügen lassen. Stattdessen hat sie sich eine so genannte **Pivot-Tabelle** erstellt. Diese gruppiert die Gesamtliste unter beliebigen Gesichtspunkten und berechnet Teilergebnisse. Stelle fest:
- In welcher Warengruppe führt Tante Emma die meisten Artikel?
- Von welcher Warengruppe hat sie derzeit stückzahlmäßig die größten Vorräte?
- Mit welchen Artikeln macht sie insgesamt den höchsten Umsatz?
- In welcher Warengruppe ist ihr durchschnittlicher Ertrag pro Artikel am größten?
- Welche Warengruppe sollte sie wegen Unwirtschaftlichkeit besser aufgeben?

Tausche die Schaltflächen *Lieferant* und *Warengruppe* mit der Maus aus. Der Umsatz wird jetzt nach Lieferanten aufgeschlüsselt, einzelne Warengruppen kannst du bei Bedarf herausgreifen. Ermittle:
- Von welchem Lieferanten stammen die meisten Artikel im Sortiment?
- Wer liefert die teuersten Artikel?

- Mit wessen Produkten macht unsere Tante Emma die höchsten Umsätze?
- Bei wessen Artikeln verdient sie am besten?
- Beantworte alle Fragen auch speziell im Hinblick auf die Warengruppe Getränke.

Was beim Einkauf passiert

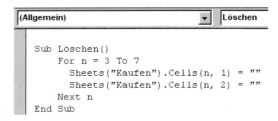

Mit diesem Wissen versehen gehen wir zurück zum Blatt *Kaufen*. Wenn du auf die Schaltfläche *Bestellung absenden* klickst, wird bei jedem gekauften Artikel die entsprechende Anzahl vom Lagerbestand abgezogen. Außerdem werden Umsatz- und Ertragszahlen entsprechend angepasst. Das ist dasselbe, was passiert, wenn die Kassiererin im Supermarkt deinen Schokoriegel über den Scanner schiebt.
- Lösche das Bestellformular. Notiere jeweils Lagerbestand, Umsatz und Ertrag eines beliebigen Artikels, seiner Warengruppe (Blatt *Verwalten*) und des gesamten Ladens (Blatt *Umsatzanalyse*).
- Kaufe zehn Stück des Artikels und sieh dir dieselben Daten noch einmal an. Dazu musst du nach dem Einkauf zunächst mit dem Menübefehl *Daten – Daten aktualisieren* die Pivot-Tabellen auf den neuesten Stand bringen.

Solche Manipulationen von Zellinhalten kann man nicht mit normalen Excel-Funktionen vornehmen. Dahinter steht ein **Visual-Basic-Modul**, dessen Prozeduren aufgerufen werden, sobald du auf eine Schaltfläche drückst. Um sie dir anzusehen, wählst du *Extras – Makro – Visual-Basic-Editor* und öffnest in der Liste links unter *Module* das VBA-Modul. Solche Prozeduren kann man selbst schreiben oder als **Makro** bei der Ausführung aufzeichnen.

 Aufgaben

1. Informiere dich in 📖 *ExcelPro* über verschiedene Aspekte des Programmierens mit Excel.

Kapitel 4

Kapitel 4

PowerPoint® – Zeig's ihnen!

PowerPoint

Eines Tages bringt Simon eine Rechenmaschine mit in die Schule. Etwas kleiner als eine Kondensmilchdose ist sie, mit kleinen Schiebern ringsherum und einer Kurbel auf dem Deckel. Auf dem Speicher hat er sie gefunden, ganz hinten in einer Ecke, wo ziemlich lange niemand aufgeräumt hat.

„Sieh an", sagt Herr Braun, „eine Curta. Ja, die kenne ich noch." Er erklärt, wie man mit der Kiste umgeht. Seitlich muss man eine Zahl einstellen, dann einmal an der Kurbel drehen, um die Zahl in die Anzeigefensterchen im Deckel zu übertragen. Wenn man danach eine zweite Zahl einkurbelt, erscheint oben die Summe. Mit dem kleinen Ring kann man die Anzeige wieder löschen.

Jeder rechnet eine Aufgabe aus, und Simon prüft mit dem Taschenrechner die Ergebnisse. Mittlerweile ist er überzeugt eine echte Antiquität zu besitzen. Auch Herr Braun kann nicht genau sagen, wann diese Maschine nun gebaut worden ist. „Ich könnte dir dazu ein paar Bücher mitbringen. Aber nur, wenn du versprichst, uns ein kleines Referat zu halten."

Spontan sagt Simon zu. Als er Herrn Braun zwei Wochen später das Ergebnis vorlegt, zieht der die Augenbraue hoch. Er sagt: „Du hast da ja fleißig Fakten zusammengetragen – aber meinst du nicht, du solltest deine Aussagen noch etwas stärker visualisieren?" „Visu... ja, kann ich machen", antwortet Simon. „Wenn Sie mir sagen, wie das geht."

Herr Braun erklärt ihm, dass es für die meisten Leute schwierig ist, solche Informationen zu verarbeiten und zu behalten, die sie nur übers Ohr aufnehmen. „Besser ist es, du gibst ihnen etwas zu tun oder wenigstens etwas zu sehen. Hier sind ein paar Folien. Schreib die Kernsätze deines Referats darauf. Vielleicht kannst du auch noch ein paar Abbildungen dazu kopieren." Dann verabschiedet er sich. Er muss zur Konferenz.

Andi, der alles mit angehört hat, gibt Simon den Tipp, sich PowerPoint anzusehen. „Das gehört zu Office. Es ist ein Programm, mit dem man Bildschirmpräsentationen zusammenstellen kann. Für dein Referat wäre das genau das Richtige." Simon nimmt sich die Zeit und probiert PowerPoint aus. Zuerst fragt er sich ein bisschen, ob man zur Gestaltung von Folien wirklich ein spezielles Programm braucht. Geht das nicht genauso gut mit Word? Dann aber merkt er, wie leicht PowerPoint es macht, allen Folien ein einprägsames Gesicht zu geben. Und schließlich stellt er fest, dass ihn die PowerPoint-Arbeitsweise zwingt, seine Gedanken zu verdichten und zu gliedern. Das wirkt sich auch auf den Textaufbau seines Referats gut aus. So arbeitet er sich langsam ein und gewinnt zunehmend Spaß an der Sache.

Zum Schluss hat er eine ganz attraktive Präsentation beisammen, die man sowohl auf dem Computer vorführen als auch mit ausgedruckten Folien auf dem Tageslichtprojektor projizieren kann. Vor allem aber hat er gemerkt, dass man viel freier redet, wenn Referent und Publikum während des Vortrags die Gliederung und die wichtigsten Stichpunkte ständig vor Augen haben.

Aufgaben

1. PowerPoint wird mit einer Reihe von allgemeinen Präsentationsvorlagen ausgeliefert. Natürlich sind sie stark auf Unternehmensführung, Werbung und Verkauf abgestellt. Das heißt aber nicht, dass sie für Schüler uninteressant sind:
    - Wähle *Datei – Neu*. Rechts erscheint der Arbeitsbereich *Neue Präsentation*.
    - Wähle unter *Vorlagen* die Option *Auf meinem Computer*. Es erscheint der Dialog *Neue Präsentation*.
    - Die Karte *Präsentationen* enthält fertige Beispiele. Dort wählst du *Brainstormingsitzung* und klickst OK.
    - Im Hauptfenster siehst du die erste Folie der Serie, links davon kannst du entweder alle *Folien* oder die *Gliederung*, d. h. den Text aller Folien anzeigen lassen. Sieh dir auch die zweite Folie an.
    - Mit *Bildschirmpräsentation – Bildschirmpräsentation vorführen* kannst du die Serie ablaufen lassen. Ein Mausklick bringt dich jeweils zur nächsten Folie.

2. Mit der Präsentationsvorlage *Urkunde* kannst du ausprobieren, wie man solche Vorlagen für eigene Zwecke abwandelt. Passe sie so an, dass sie auf deine eigenen Zwecke passt (Urkunde für die besten Ideen fürs Schulfest), speichere sie unter *Urkunde* in deinem Arbeitsverzeichnis und drucke sie aus.

3. Sicher hast du im Deutschunterricht schon Erörterungen geschrieben. (Alt und weise oder Alt und engstirnig? // Führerschein mit 17 – aber nur in Begleitung fahren? ...) Die PowerPoint-Vorlage *Generisch* eignet sich dazu, solche Erörterungen für den freien Vortrag aufzubereiten.

4. Vielleicht möchtest du aber auch gleich ins Geschäft. Öffne die Vorlage *Produkt- und Serviceübersicht* und verwandle sie in einen Werbevortrag für ein neuartiges Gerät, z. B. einen Pocket-Computer speziell für Schüler mit GPS, Handy und MP3-Player.

Kapitel 4

 Bring's auf den Punkt!

Simon zieht es vor, PowerPoint erst einmal auszuprobieren, bevor er sich an sein Referat macht. Er versucht, die Kernsätze von Herrn Brauns Ausführungen in eine Folienserie zu kleiden. Wir begleiten ihn bei seinen ersten Gehversuchen.

Starte PowerPoint. Wenn es dich nicht schon mit einer leeren Präsentation begrüßt, dann klicke auf das Symbol *Neu*. PowerPoint fordert dich auf, das Layout deiner ersten Folie festzulegen. Im Aufgabenbereich rechts werden bereits einige *Folienlayouts* eingeblendet.

Zunächst richten wir die Titelfolie ein. Sie enthält nicht viel Text. Ein flockiger Aufmacher und ein sachlicher Untertitel, das genügt. Gleich oben bei den *Textlayouts* findest du eine passende Folienvorlage. Beschrifte sie:

Jeder kennt das:
- Langweilige Reden
- Verworrener Inhalt
- Monotoner Vortrag
- Abgelesener Text
- Zu wenig zu sehen
- Gedanken schweifen ab

> Bring's auf den Punkt...
>
> So präsentiert man Referate

Die dritte Folie soll wieder ein reines *Textlayout* werden. Du konzipierst sie als Gegenüberstellung der positiven Folgen ordentlicher Präsentationstechnik für den Referenten und sein Publikum.

In der ersten Zeile jedes Kastens musst du die Aufzählung entfernen und die Fettschrift manuell festlegen.

Nicht referieren, sondern präsentieren!

Vorteile für den Redner:
- Erziehung zur prägnanten Formulierung und zur Strukturierung des Inhalts
- Gedächtnisstütze während des Vortrags
- Zwang, beim Thema zu bleiben
- Folien sind als Handouts weiter zu verwenden

Vorteile für den Zuhörer:
- Blickrichtung auf Inhalt statt auf Redner
- Verbindung von Text und Anschauungsmaterial
- Einblick in die gedankliche Struktur
- Nach Unaufmerksamkeit wird Rückkehr erleichtert

Neue Folie Die nächste Folie soll die Langeweile der Zuhörer bei einem schlechten Referat zeigen. Und damit jeder sich wieder erkennt, illustrieren wir die Stichpunkte mit einem Bild. Eine entsprechende Folienvorlage mit Überschrift, Aufzählung und Grafik findet sich in der Abteilung *Text- und Inhaltslayouts*. Tippe den abgebildeten Text ein – du darfst ihn ruhig durch eigene Erfahrungen ergänzen.

Anschließend klickst du auf der rechten Seite auf das Symbol *Clipart einfügen* und suchst ein Bild zum Thema Langeweile. Falls du nicht fündig wirst, kannst du auch mit *Grafik einfügen* das Bild *Langeweile.gif* aus dem Arbeitsverzeichnis verwenden.

Design Zum Schluss gibst du der ganzen Folienserie ein freundliches Aussehen. Durch einen Klick auf *Design* wird ein Arbeitsbereich mit einer Reihe einheitlicher Designvorlagen eingeblendet. Jedes *Foliendesign* lässt sich mit verschiedenen *Farbschemas* kombinieren.

? Aufgabe

1. Erstelle eine Präsentation über *Werbung und Verbraucherschutz*. In *Werbung.doc* findest du passende Stichworte.

PowerPoint

Alle Werkzeuge schnell zur Hand

In der **Mitte** des PowerPoint-Bildschirms ist eine Vorschau der aktuellen Folie zu sehen. **Links** davon wird wahlweise die Textgliederung oder die Foliensortierung angezeigt. Hier können Folien oder Textteile beliebig umgruppiert werden. Für den allgemeinen Aufbau, für das Folienlayout, für das Design, für die Farbgestaltung und für Animationen steht **rechts** jeweils ein spezieller **Arbeitsbereich** zur Verfügung.

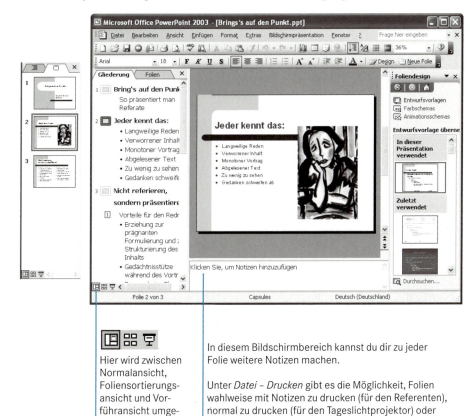

Hier wird zwischen Normalansicht, Foliensortierungs-ansicht und Vorführansicht umgeschaltet.

In diesem Bildschirmbereich kannst du dir zu jeder Folie weitere Notizen machen.

Unter *Datei – Drucken* gibt es die Möglichkeit, Folien wahlweise mit Notizen zu drucken (für den Referenten), normal zu drucken (für den Tageslichtprojektor) oder als verkleinerte Handzettel (für die Zuhörer).

Was du sonst noch wissen solltest:

Ein normaler Absatz auf einer PowerPoint-Folie beginnt mit einem *Aufzählungszeichen*. Hier lässt sich das abschalten.

Mit *Einzug verkleinern / Einzug vergrößern* kannst du einen Absatz in die nächste Gliederungsebene hinauf- oder herunterstufen.

Wenn der Text nicht mehr in den Rahmen geht, passt PowerPoint automatisch die *Schriftgröße* an. Hier kannst du das rückgängig machen.

109

Kapitel 4

Ich möchte euch einen Beruf vorstellen ...

Kathrin, die Simon beim Arbeiten zuschaut, ist ganz begeistert von den schönen Foliendesigns. Für das Fach Arbeitslehre hat sie ein Referat über den Beruf der Schauwerbegestalterin übernommen. Vielleicht wäre das auch etwas für dich. Du kannst ja einen etwas exotischeren Beruf wählen. Wie wäre es zum Beispiel mit Bergmechaniker oder Binnenschifferin?

 Aufgabe

1. Gestalte eine Präsentation zu einem selbst gewählten Berufsbild. Deine Präsentation sollte fünf bis zehn Folien umfassen. Der Vortrag sollte etwa 10 Minuten dauern. 💾 *Berufsvorstellung*

Suche zunächst Material und mache dir Notizen. Du kannst auch einzelne Seiten aus dem Internet oder von CD ausdrucken und die wichtigsten Informationen mit dem Leuchtstift markieren.

Mögliche Informationsquellen:
- Printmaterial (beruf aktuell, Mach's richtig, ...)
- CD-ROMs: (Mach's richtig, Joblab, ...)
- Internetseiten: http://machs-richtig.de oder http://www.arbeitsamt.de → Berufenet und → ASIS http://www.bmwi.de → Ausbildungsberufe
- Eigene Materialien

Auf folgende Gesichtspunkte des gewählten Berufs sollte deine Präsentation eingehen:
- Typische Tätigkeiten
- Geforderte Fähigkeiten
- Arbeitsplatzbeschreibung
- Typische Arbeitsmaterialien, Geräte und Werkzeuge
- Spezielle Anforderungen und Vorschriften
- Arbeitszeit und Bezahlung
- Eingangsvoraussetzungen (z. B. Schulabschluss)
- Ausbildungsorte, -phasen und -dauer (Berufsschule, Blockunterricht, ...)
- Aufstiegsmöglichkeiten
- Stellensituation insgesamt
- Offene Stelle in deiner Umgebung

Der Text deiner Präsentation sollte von dir selbst formuliert sein. Vermeide den Gebrauch von Fachausdrücken, die du nicht erklären kannst, und die Übernahme von Redewendungen, die nicht zu deiner Sprache passen. Achte darauf, dass die Überschriften aller Folien und die Stichpunkte jeder einzelnen Folie sinnvoll angeordnet, einheitlich formuliert und nicht zu ausführlich sind. Vergleiche dazu die Beispiele auf der nächsten Seite.

Kürze den Text der Folie auf das unbedingt Notwendige. Mache dir stattdessen im Entwurfsbereich unter den Folien Notizen zu Einzelheiten und Beispielen. Beim Vortrag sollst du nicht Folien vorlesen, sondern Stichpunkte erläutern. Es schadet nicht, wenn du drei bis zehn Mal so viel erzählst, wie auf der Folie steht.

Experimentiere nicht gleich mit Schriften herum. Erst wenn der Inhalt deines Vortrags steht, wählst du aus den Foliendesigns von PowerPoint ein ansprechendes und einheitliches Design für alle Folien. Illustrationen kannst du schon vorher sammeln. Einfügen solltest du Grafiken erst, wenn du dich für ein Layout entschieden hast. Du darfst Clipart verwenden, Fotos aus Broschüren einscannen oder vom Bildschirm kopieren. So kopierst du z. B. eine Grafik aus der Mach's-richtig-CD:
- Starte *Mach's richtig*.
- Bringe das Bild zur Anzeige.
- Drücke die *Druck*-Taste.
- Wechsle mit der Tastenkombination <Alt>+<Tab> zum Desktop.
- Starte *Paint*. Klicke *Bearbeiten – Einfügen*.
- Markiere den gewünschten Bildausschnitt und kopiere ihn in die Zwischenablage.
- Wechsle zu PowerPoint.
- Füge das Bild ein.
- Rahme das zu kopierende Bild ein.

Wenn die Folienserie steht, kannst du im Arbeitsbereich **Folienübergang** zum Schluss noch festlegen, wie von einer Folie zur nächsten übergeblendet wird. Kompliziertere Ton- und Bewegungseffekte solltest du vorläufig lieber vermeiden. Sie lenken eher vom eigentlichen Inhalt des Vortrags ab, verunsichern dich in deiner Rolle und kosten sehr viel Arbeitszeit. PowerPoint bietet die Möglichkeit, während deines Vortrags mit Textmarker oder Filzstift in die Folien hineinzumalen. Solche Möglichkeiten sollte man nur nutzen, nachdem man sie vorher zu Hause erprobt hat.

Präge dir vor dem Vortrag alle relevanten Informationen nochmals ein, damit du möglichst frei reden kannst. Überlege dir Erläuterungen und Beispiele zu schwer verständlichen Stichworten. Achte beim Vortrag darauf, dass du deine Zuhörer ansiehst. Rede nicht zu schnell, sondern gib den Zuhörern Gelegenheit zum Mitdenken.

PowerPoint

Wie man es nicht machen sollte:

Auf dem ersten Entwurf hat Kathrin in der Überschrift eine Frage gestellt. Das Fragezeichen hat sie vergessen.

Im ersten Aufzählungspunkt nennt sie einige Materialien, die zu der Frage aus der Überschrift passen. Dann folgen drei Stichpunkte, die mit verschiedenen Verben beginnen. Allerdings passen diese Stichwörter nicht zur Überschrift. Das Subjekt „Schauwerbegestalter" steht in der Überschrift in der Einzahl, bei den Stichpunkten müsste es in der Mehrzahl stehen.
In den letzten beiden Punkten hat Kathrin diese Schwäche erkannt. Sie setzt das Wort „Sie" davor, schreibt es allerdings klein.

[**Womit arbeitet ein Schauwerbegestalter**]

- z.B. Kleidung, Schuhe, Möbel, Lebensmittel
- zeichnen mit Stiften Entwürfe
- fertigen Modelle aus Pappe und Papier
- verwenden z.B. Textilien, Holz, Folie
- sie schneiden, kleben, bemalen, besprühen
- sie befestigen mit Tackern, Nadeln, Schrauben, Nägeln und dekorieren mit Schaufensterpuppen, Accessoires, Attrappen oder Requisiten

---

So geht es besser:

Beschränke dich bei jeder Folie auf einen Gesichtspunkt. Wenn der Folientext zu lang wird und sich nicht mehr kürzen lässt, verteile ihn auf zwei Folien.

Überlege bei jeder Folie neu, ob sich der Inhalt am besten als einfache Aufzählung, als Reihe von Satzenden oder als Folge ganzer Sätze darstellen lässt. Der Einleitungssatz muss nicht immer in der Überschrift stehen.

Auch die Folienüberschriften sollten in der Länge und im Sprachstil einheitlich wirken.

Überlade die Präsentation nicht mit Grafik und kümmere dich erst zum Schluss um das Design.

[**Wie sieht's mit Geld aus?**]

Azubis werden nach Tarif bezahlt.
- 1. Ausbildungsjahr: 497 Euro
- 2. Ausbildungsjahr: 558 Euro
- 3. Ausbildungsjahr: 643 Euro

[**Klasse Job?**]

Schauwerbegestalter arbeiten häufig
- auf Gerüsten, kniend oder gebückt.
- mit schweren Gegenständen.
- in Zugluft oder Hitze.
- vor den Augen von Passanten.
- unter Zeitdruck.

[**Und später?**]

- Schauwerbegestalter können sich auf bestimmte Arbeitsgebiete spezialisieren wie z.B. Textilien oder Lebensmittel.
- Innerbetrieblich können sie zum Teamleiter, zum Abteilungsleiter oder Werbeleiter aufsteigen.
- Nach Lehre und FOS ist auch ein Fachhochschulstudium (z.B. Grafik-Design) möglich.

111

Kapitel 4

Kurze Geschichte der Rechenmaschine

Simon hat mittlerweile aus Büchern und aus dem Web Bild- und Textmaterial für sein Rechenmaschinen-Referat gesammelt. Die Folientexte stehen schon. Aber er findet für seine Rechenmaschinenfolien bei den PowerPoint-Vorlagen kein passendes Design. Deshalb beschließt er, ein eigenes Schema zu entwickeln.

 Aufgabe

1. Erstelle nach der folgenden Anleitung eine Folienserie mit speziellem Layout. Orientiere dich dabei an der Abbildung auf der nächsten Doppelseite. Die Texte und Bilder dazu findest du im Ordner *Abakus*. Speichere deine Präsentation unter *Abakus.ppt*.

Der Text heißt *Abakus.txt*. Öffne ihn durch Doppelklick im Editor. Du kannst ihn abschnittsweise über die Zwischenablage in die Folien einfügen.

Starte PowerPoint. Wähle im Aufgabenbereich *Neue Präsentation* die Option *Leere Präsentation* und im Aufgabenbereich *Folienlayout* die *Titelfolie*. Klicke ins Titelfeld und gib den Titel „Mein Rechner tut's auch ohne Strom" ein. Der Untertitel heißt „Mechanische Rechenhilfen von der Antike bis heute". Schon ist die Titelfolie fertig. Die Hintergrundfarbe und die Titelgrafik werden wir später hinzufügen.

Das Symbol *Neue Folie* öffnet wieder den Aufgabenbereich *Folienlayout*. Diesmal entscheidest du dich aus der Rubrik *Text- und Inhaltslayouts* für das Layout *Titel, Text und Inhalt*. Den Titel ersetzt du durch „Brett und Steine". Dann gibst du im linken Fenster den Text ein. Doppelklicke dann auf das Symbol im rechten Rahmen. Wähle *Grafik einfügen* und lade die Grafik *Rechenbrett.gif*. Deine Seite sieht jetzt hoffentlich so aus wie in der Abbildung. Vielleicht speicherst du schon einmal das Zwischenergebnis deiner Arbeit.

Füge nun die nächste Folie „Aufgereihte Perlen" hinzu. Verwende die Vorlage *Titel und Text über Inhalt*. Da die Vorlage nur eine Grafik enthält, auf der Folie aber drei Abbildungen enthalten sein sollen (*Abakus1.gif*, *Abakus2.gif*, *Abakus3.gif*), musst du die zweite und dritte Abakus-Bitmap über das Symbol *Grafik einfügen* in der *Zeichnen*-Leiste hinzufügen. Anschließend kannst du die Grafiken in der Größe anpassen und eventuell die Größe des Textrahmens nachkorrigieren.

Mehr Zusammenhalt!

Sicher bist du jetzt fit für den Aufstieg zur nächsten Abstraktionsstufe. Bevor du weitere Folien gestaltest, wollen wir deshalb einige Festlegungen treffen, die für die ganze Folienserie *Abakus* gelten. Präsentationen wirken besser, wenn alle Folien ein gemeinsames Layout aufweisen. Beim Betrachten der fertigen Serie ist dir sicher das Abakus-Logo aufgefallen. Auch der Hintergrund und die Linie unter dem Folientitel fehlen bei dir bis jetzt.

Mit solchen gemeinsamen grafischen Elementen kannst du der Folienserie ein einheitliches Gesicht geben. Es ist aber mühselig, sie immer wieder neu einzukopieren. Deshalb gibt es für alle Folien deiner Serie ein **Masterformat**. Hier kannst du generelle Einstellungen (z. B. Schriftarten und -größen) nach deinen Wünschen abändern oder gemeinsame Layoutelemente einfügen. Schalte mit *Ansicht – Master – Folienmaster* zur Masterformat-Anzeige um. Was du hier änderst, wirkt sich auf alle Folien deiner Serie aus.

Verkleinere das Textfeld des Folientitels, indem du den linken Rand nach rechts ziehst. Zeichne daneben aus Rechtecken, Linien und Kreisen einen symbolischen

Abakus mit bunten Kugeln. Denke daran, dass man vorhandene Kreise und Linien kopieren kann, indem man sie mit gedrückter <Strg>-Taste an eine andere Stelle zieht. Füge dann unter deine Zeichnung und den Titelrahmen noch eine 2 Pt breite horizontale Linie über die gesamte Folienbreite ein.

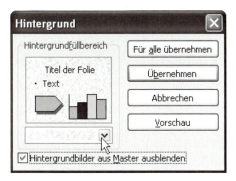

Zum Schluss gibst du allen Folien einen einheitlich strukturierten Hintergrund. Wähle *Format – Hintergrund*. Klappe die Auswahlliste auf, wähle *Fülleffekte*, dann *Struktur* und klicke die erste Struktur – *Zeitungspapier* – an. Dann betätigst du die Knöpfe *OK* und *Für alle übernehmen*. Schließlich änderst du noch die Schriftart im Folientitel zu *Times New Roman*.

Ein attraktives Titelbild

Die Titelfolie sieht anders aus, deshalb braucht sie auch eine eigene Masterfolie. Klicke in der kleinen Symbolleiste auf *Neuen Titelmaster einfügen*. Lösche aus dem Titelmaster den kleinen Abakus und die eben eingefügte Linie unter dem Titel.

Zeichne statt dessen einen großen Abakus mit 10 Linien à 10 Perlen in hellen Pastellfarben. Wenn du fertig bist, solltest du alle Elemente der Figur gruppieren und die Grafik mit *Zeichnen – Reihenfolge – In den Hintergrund* hinter die Textfelder setzen.

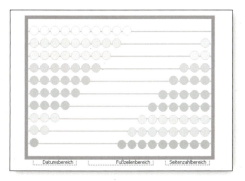

Klicke dann in der kleinen Symbolleiste auf *Masteransicht schließen*. Nach erneutem Abspeichern kannst du dir wieder in der Foliensortierungs-Ansicht dein Werk betrachten. Gönne dir eine kleine Atempause und gib dann die anderen Folien ein. Wie die Grafik für die *Klassifikation nach Typen* erstellt wird, erfährst du auf der nächsten Seite.

Wenn du willst, kannst du weitere Folien hinzufügen. Im Ordner 📁 *Abakus* ist eine kleine Website mit verschiedenen Bildern und Infos enthalten Öffne 💾 *Rechenmaschinen.htm* mit dem Internet Explorer.

Hier noch ein paar Tipps:

 Falls auf der ausgedruckten Folie der Hintergrund stört, kannst du sie auch schwarzweiß ausdrucken. Wie die Folie dann aussieht, verrät dir ein Klick auf das Symbol *Schwarzweißansicht*.

In der Foliensortierungs-Ansicht hast du die Möglichkeit, dir automatisch eine Folie mit einem Inhaltsverzeichnis erstellen zu lassen. Du musst dazu vorher die Folien markieren, die in dieses Verzeichnis aufgenommen werden sollen.

❓ Aufgaben

1. Vielleicht findest du es kreativer, deine Texte selbst zu schreiben. Bitte sehr: Im Verzeichnis 📁 *Rechenstab* und im Abschnitt Analogrechner der Website 💾 *Rechenstab.htm* findest du Materialien zum Umgang mit dem Rechenstab. Verarbeite sie zu einer kleinen Präsentation.

2. Halte ein Referat zum Thema Müll. Informationsmaterial bekommst du vom Umweltministerium, vom Dualen System, vom BUND oder von der Verpackungsindustrie. Auch in statistischen Jahrbüchern wie etwa „Harenberg aktuell" findest du passende Daten und Diagramme.

3. Im Excel-Kapitel gibt es eine Seite, auf der Erträge einer Photovoltaikanlage ausgewertet werden. Die Tabelle und die Fotos dieser Seite könnten dir als Startpunkt einer Internetrecherche dienen zum Thema: „Rentieren sich alternative Energien?" Speziell zum Thema Photovoltaik gibt es eine Menge Informationen im Internet. 💾 *Photovoltaik*

Kapitel 4

Mein Rechner tut's auch ohne Strom
Mechanische Rechenhilfen von der Antike bis heute

Brett und Steine

- Rechenbretter kannte man schon vor 3000 Jahren bei den Persern.
- Adam Riese lehrte um 1500 neben den schriftlichen Verfahren das Rechnen auf dem Rechenbrett.
- Die Lage der Steine bestimmte ihren Wert: Auf den Linien 1, 10, 100…, zwischen den Linien 5, 50, 500….
- Gerechnet wird gerade 1241 + 82.

Aufgereihte Perlen

- Ein Abakus ist ein Rahmen mit verschiebbaren Perlen. Jeder Stab markiert eine Dezimalstelle, beim geteilten Abakus haben die unteren Perlen den Wert 1, die oberen den Wert 5.
- In manchen Ländern rechnet man noch heute mit dem Abakus. Römischer Abakus / Russischer Stschoty / Suan Pan aus China

Vielfachenstäbchen

- Der Schotte Napier (1550-1617) benutzte Holzstäbe als Hilfsmittel für die Multiplikation.
- Man legt aus den passenden Stäben eine Zahl und liest die Vielfachen ab.
- Die beiden Ziffern, die auf zwei benachbarten Stäbchen in derselben Diagonalen stehen, müssen jeweils addiert werden. Hinzu kommt der Übertrag der vorhergehenden Stelle.
- Aufgabe: 739 * 6 = 4 |2+1|8+5|4 = 4434.
- Bei mehrstelligen Multiplikationen werden die einzelnen Positionen wie beim schriftlichen Rechnen auf dem Papier versetzt addiert.

PowerPoint

Die Rechenuhr

- Die Rechenmaschine von Wilhelm Schickard (1623) setzte für die Multiplikation Walzen mit aufgedruckten Napiertabellen ein.
- An den Walzen (Knöpfe oben) wurde der erste Faktor eingestellt, mit den Fensterstäben der Blick auf die Vielfachen freigegeben.
- Die abgelesenen Zahlen wurden unten stellengerecht auf die Knöpfe des Additionsteils übertragen.
- Der Zehnerübertrag erfolgte dabei nach Art von Kilometerzählern.

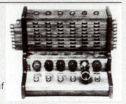

Schieben und kurbeln

Gottfried Wilhelm Leibniz konstruiert 1673 die erste Maschine, bei der das Eingabewerk gegenüber dem Resultatwerk verschiebbar war. Wollte man 1709 * 365 rechnen, so stellte man 1709 auf dem Eingabewerk ein und kurbelte die Zahl mit der „Magna Rota" fünfmal auf die Einerstelle, sechsmal auf die Zehnerstelle und dreimal auf die Hunderterstelle. Zwischendurch drehte man den Eingabewagen jeweils mit der Kurbel K um eine Stelle nach links.

Sprossenradmaschine 1911

Einstellwerk
Verstellbarer Wagen
Umdrehungszählwerk   Resultatwerk

Die letzte ihrer Art

- Eine der letzten grundlegenden Neukonstruktionen kam 1948 auf den Markt und wurde bis 1970 gebaut.
- Die Curta paßte in eine hohle Hand. Sie beherrschte alle vier Grundrechenarten und kostete etwa 200 €.
- Heute sind Elektronenrechner viel billiger herzustellen, außerdem schneller und vielseitiger als die besten mechanischen Rechenmaschinen.

Kapitel 4

 Zeichne, was du sagen willst

Was Simon für sein Rechenmaschinen-Referat noch fehlt, ist eine Art Übersicht über die verschiedenen Typen mechanischer Rechenmaschinen, die im Laufe der Jahrhunderte gebaut wurden. Auf einer leeren Folie experimentiert er herum.

 In der Zeichenleiste gibt es ein Werkzeug, mit dem man verschiedene Standard-Diagrammtypen erstellen und gestalterisch abwandeln kann. Als Simon aber versucht, die Skizze, die er im Kopf hat, am Bildschirm umzusetzen, richtet er ein Chaos verschiedener Blockformate und Schriftgrößen an. Schließlich kehrt er zu den Standardwerkzeugen der Symbolleiste *Zeichnen* zurück.

Aufgabe

1. Erstelle nach der folgenden Anleitung das unten abgebildete Schema. Speichere es als einzelne Folie unter *Rechengeräte.ppt*.

Als Überschrift nimmt Simon den Rahmen aus dem Menü *AutoFormen - Standardformen*. Er klickt den Rahmen mit rechts an, wählt *Text hinzufügen* und beschriftet die Form mit *Rechengeräte*.

Mit der Ellipse aus der Leiste bezeichnet er die einzelnen „Maschinengattungen". Um von Anfang an gleich große Formen zu erhalten, zeichnet er nur eine Ellipse und kopiert sie anschließend, indem er sie anklickt und mit gedrückter <Strg>-Taste zur Seite zieht.

Um die Ellipsen gleichmäßig zu verteilen, zieht er einen Rahmen um alle drei Formen. Dann klickt er *Zeichnen - Ausrichten oder verteilen - Vertikal zentrieren* und anschließend im gleichen Menü *Horizontal verteilen*.

Auch die Rechtecke vervielfältigt Simon über die <Strg>-Taste, nachdem er zwei unterschiedlich große Exemplare gezeichnet hat. Als sich nach dem Beschriften herausstellt, dass einige Wörter nicht in ihr Rechteck passen, markiert er die ganze Formengruppe und vergrößert ein Rechteck. Die anderen Formen wachsen automatisch mit.

 Schließlich blendet er das Menü *AutoFormen - Verbindungen* ein. Als Verbindung der Überschrift mit den Gattungen reichen einfache Pfeile. Für die übrigen Verbindungen benötigt er abgewinkelte Typen. Der Vorteil dieser Art von Verbindungen ist, dass sie ganz exakt an den jeweiligen Formen andocken und beim Verschieben der Formen mitwandern.

Aufgaben

2. In Sozialkundebüchern findest du viele Schemazeichnungen, etwa das Verhältnis von Exekutive, Legislative und Gerichtsbarkeit oder die Wahl des Bundespräsidenten. Stelle sie nach: *Politschema*.

3. Stelle die Organisationsstruktur deiner *Schule* grafisch dar.

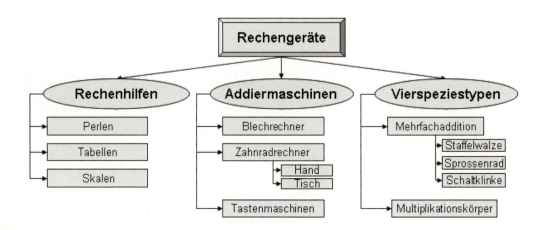

PowerPoint

Jetzt kommt Leben auf die Bühne

Irgendwann konnte es Simons Aufmerksamkeit nicht länger entgehen, dass während der Bildschirmpräsentation links unten eine kleine Werkzeugsammlung eingeblendet wird.

Am interessantesten ist die zweite Schaltfläche mit dem Cursorpfeil. Sie verwandelt eben diesen Pfeil ganz nach deinen Wünschen in einen Kugelschreiber, einen Filzstift, einen Textmarker mit einstellbarer Farbe oder auch in ein Radiergummi, mit dem du die Erzeugnisse deiner Schreibkünste wieder vom Bildschirm löschen kannst.

Mit der Maus auf den Bildschirm schreiben – das sollte man nur dann tun, wenn man es vorher ausgiebig geübt hat. Aber vielleicht gehörst du ja auch zu den Leuten, die bei ihren Vorträgen statt der Maus ein Grafiktablett an den Computer angeschlossen haben.

Auch mit Pfeilen und Kringeln und mit dem Textmarker kann man eine ganze Menge machen: bestimmte Aussagen einer Folie hervorheben, Gebiete in Landkarten abgrenzen oder zwei Elemente der Folie verbinden.

Simon beginnt seine Vorführung der alten Sprossenradmaschine damit, dass er die Multiplikationsaufgabe 14,86 * 1,16 = 17,2376 mit „Kugelschreiber" neben das Bild schreibt. Dann verknüpft er die Rechnung mit dem Bild und den Fachausdrücken:

- Er erklärt, dass der erste Faktor 14,86 ins Einstellwerk gegeben werden muss. Gleichzeitig kringelt er das Einstellwerk ein und stellt durch einen Pfeil eine Verbindung zwischen Zahl und Einstellwerk her.
- Dann erklärt er, dass bei jeder Umdrehung der Kurbel die Zahl im Resultatwerk um 14,86 erhöht wird. Dabei zieht er einen Pfeil vom Begriff „Resultatwerk" zur rechten Hälfte des Wagens.
- Nun lenkt er mit einem Pfeil die Aufmerksamkeit auf das Umdrehungszählwerk und erzählt, dass es bei jeder Drehung der Kurbel um 1 erhöht wird. Eigentlich müsste man also die Kurbel 116 mal drehen. – Er verbindet den Begriff mit der linken Seite des Wagens und der Zahl 1,16 in der Rechnung.
- Aber da der Wagen „verstellbar" ist – er hebt das Wort mit Textmarker hervor – braucht man die Kurbel nur acht Mal zu drehen (6 mal – 1 mal – 1 mal) und zwischendurch zweimal den Wagen zu verstellen.
- Danach findet sich das Ergebnis 17,2376 im Resultatwerk (Zahl und Begriff doppelt unterstreichen).

So kommt Leben in deinen Vortrag. Aber das kann man nicht improvisieren, das muss man planen.

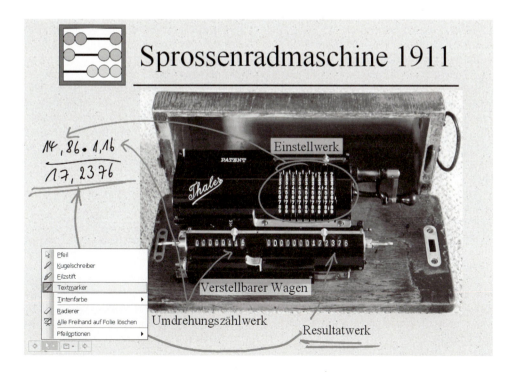

Kapitel 4

 Mehr Action, bitte!

Nachdem das Referat über alte Rechenmaschinen so gut geklappt hat, möchte Simon auch einmal ein Loblied auf das moderne Office anstimmen. Natürlich soll die Show diesmal auf dem Bildschirm stattfinden.

Von einem Inhaltsverzeichnis ausgehend sollen Links zu den einzelnen Detailfolien führen und von dort wieder zurück. Simon möchte also statt des normalen Folienablaufs eine Möglichkeit zu beliebigen Streifzügen durch die Folienserie finden.

 Aufgaben

1. Mache wieder mit, Material für die Präsentation findest du im Ordner 📁 *Office*. Speichere dein Ergebnis unter 💾 *Office.ppt*.

Ausgangspunkt ist ein Bild von Opas Büro mit Rechenmaschine, Tintenfass und Akten. Neben jedem historischen Bürobestandteil befindet sich ein anklickbares Symbol. Wer es anklickt, wird über die Vorzüge von Office informiert: Der Smiley
- beim **Federhalter** blendet eine Folie zu **Word** ein,
- bei der **Rechenmaschine** ruft die **Excel**-Folie auf,
- bei den **Akten** führt zur **Access**-Folie,
- bei der **Umsatzkurve** blendet **PowerPoint** ein und
- beim **Kalender** zeigt die **Outlook**-Folie.

Die Folie zu Excel ist auf der nächsten Seite abgebildet. Den Text der anderen Folien darfst du dir selbst ausdenken. Schildere in der Überschrift jeweils, wie Opa bestimmte Büro-Aufgaben löste. Bilde links das Logo des Office-Programms ab und lobe in der Aufzählung auf der rechten Seite die Vorzüge des betreffenden Programms. Dein Text sollte nicht tierisch ernst klingen.

Beginne damit, dass du auf einer Masterfolie eine einheitliche Schriftart und Schriftfarbe für die Texte wählst. Unter *Format – Nummerierungs- und Aufzählungszeichen* kannst du die Maus aus dem *Wingdings*-Zeichensatz als benutzerdefiniertes Aufzählungszeichen einsetzen.

Auch der Hintergrund der einzelnen Office-Folien sollte in der jeweiligen Farbe erscheinen: Blau für Word, grün für Excel, dunkelviolett für Access, orange für PowerPoint, beige für Outlook.

So werden die Folien miteinander verknüpft:
- Unter den *AutoFormen* der Zeichenleiste findest du bei PowerPoint eine Gruppe mit *Interaktiven Schaltflächen*. Öffne den Folien-Master und füge dort die Schaltfläche mit dem Häuschen ein. Bei den *Aktionseinstellungen* dieser Schaltfläche sollte schon ein Link zur ersten Folie voreingestellt sein. Ein Anklicken dieser Schaltfläche bringt dich dann später von jeder Folie aus zur Titelfolie zurück.
- Auch normale AutoFormen können als Link fungieren. Um die Office-Programme als freundliche Helfer kenntlich zu machen, wählst du aus *AutoFormen – Standardformen* den Smiley und fügst ihn an den beschriebenen Stellen ein. Färbe jeden Smiley mit dem Farbcode seines Programms: Der Füllhalter-Smiley ruft Word-Folien auf, also wird er blau. Der Rechenmaschinen-Smiley startet Excel, also wird er grün usw.
- Klicke den Excel-Smiley auf der Rechenmaschine mit rechts an. Im Kontextmenü erscheint der Befehl *Aktionseinstellungen*. Auf der Karte *Bei Mausklick* klickst du dann auf *Hyperlink zu …* und wählst in der Auswahlliste den Punkt *Folie …* aus. Ein Fenster wird eingeblendet, in dem alle Folien aufgezählt sind. Wähle die Excel-Folie aus und klicke auf *OK*. Ordne auch den anderen Smileys die richtigen Hyperlinks zu.
- Den Computer auf dem Schreibtisch kannst du aus zwei oder drei AutoFormen aufbauen. Diese musst du anschließend gruppieren, damit PowerPoint den Computer als ein Objekt betrachtet. Ordne auch ihm einen Hyperlink zu. Wenn man ihn anklickt, soll eine Folie eingeblendet werden, die allgemeine Informationen über die Veränderung der Arbeitsbedingungen durch Computer enthält.
- Wenn du alle Folien fertig verlinkt hast, musst du noch den normalen Ablauf der Serie aufheben. Blende mit *Ansicht – Aufgabenbereich* den Aufgabenbereich *Folienübergang* ein. Entferne die beiden Haken im Abschnitt *Nächste Folie*. Klicke dann auf die Schaltfläche *Für alle Folien übernehmen*.

Nächste Folie
☐ Bei Mausklick
☐ Automatisch nach
[Für alle Folien übernehmen]

- Wenn du willst, kannst du die Folienübergänge jetzt noch durch ein paar akustische Effekte untermalen. Im Arbeitsbereich *Folienübergang* kannst du Geschwindigkeit und Sound variieren. Näheres dazu auf der übernächsten Seite.

PowerPoint

AutoFormen lösen Aktionen aus

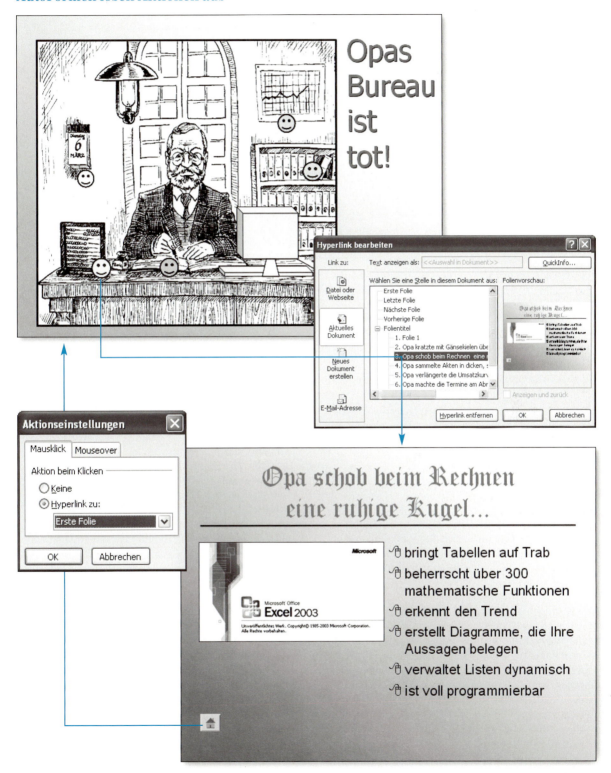

Kapitel 4

Am Bildschirm geht die Post ab

Bei Referaten ist es meist am bequemsten, Folien auf den Tageslichtprojektor zu legen. Hörsäle und Konferenzzimmer werden aber neuerdings unaufhaltsam von Video-Projektoren erobert. Und wo die Show direkt vom Computer auf die Leinwand projiziert wird, da sind eine ganze Menge netter Effekte möglich.

Szenenübergänge

Normalerweise beginnt PowerPoint eine Präsentation mit der ersten Folie und wechselt auf Mausklick zur nächsten. In der Foliensortierungs-Ansicht kannst du aber für jede Folie eine spezielle Art der Einblendung festlegen: Automatischer Folienwechsel nach einer einstellbaren Zeit, grafische Überblendeffekte und begleitende Klänge können allen Folien gesammelt oder jeder Folie einzeln zugewiesen werden.

Wenn du zu faul bist, dich selbst um jeden Folienübergang zu kümmern, kannst du auch alle Folien markieren, die Liste bis zum Ende durchblättern und *Automatisch (Zufall)* auswählen.

Weiter unten im Aufgabenbereich kannst du die Übergänge auch mit Geräuscheffekten unterlegen. Während man beim Folienübergang durchaus die Zufallsvariante wählen kann, sollte man sich gut überlegen, ob ein Trommelwirbel oder ein Klatschen bei jedem Folienübergang den Zuhörern nicht sehr schnell auf die Nerven geht. Ideal für Folienübergänge sind eher unauffällige Geräusche, etwa der Effekt Kamera, den man durchaus auch einem Diaprojektor zuordnen könnte.

Animation

Vielleicht möchtest du es noch spannender machen und die Elemente der Folie einzeln erscheinen lassen? Kein Problem. Im Aufgabenbereich *Benutzerdefinierte Animation* sind alle Elemente deiner Folie aufgelistet. Zu jedem kannst du festlegen, wie schnell *(Anzeigedauer)* und mit welchem Effekt *(Effektoptionen)* er erscheinen soll.

Bei unserer Titelfolie könnte man beispielsweise
- zunächst die leere Folie zeigen,
- dann mit einer Sekunde Verzögerung das Bild von Opa einschweben lassen, begleitet von einem Kamerageräusch,
- als Nächstes die Schrift „Opas Bureau ist tot" von unten auftauchen lassen, begleitet von einem Trommelwirbel,
- dann mit jeweils etwa einer Sekunde Verzögerung die fünf Smileys an ihren Platz schweben lassen, begleitet von Glockengeklingel,
- schließlich den Computer, begleitet von Applaus, auf einer spiralförmigen Flugbahn einschweben lassen.

Auch die Vorzüge der Office-Programme auf den einzelnen Folien könntest du animieren. Dabei solltest du auf Einheitlichkeit achten und des Guten nicht zu viel tun:
- Die Überschrift wird sanft eingeblendet.
- Die einzelnen Aufzählungspunkte können zufällig animiert werden, aber ohne Ton.
- Beim Auftauchen des Office-Symbols ertönt ein Trommelwirbel.

PowerPoint

Der Griff in die Trickkiste

Mit benutzerdefinierter Animation sind Werbefilme wie im Kino-Vorprogramm möglich:
- Beginne die Präsentation mit einer leeren Folie.
- Setze die Hintergrundfarbe auf schwarz.
- Zeichne eine Windschutzscheibe und ein Lenkrad, gruppiere beides zu einem Objekt.
- Zeichne eine Reihe von Rissen in die Scheibe, gruppiere alle zu einem Objekt.
- Füge in die Mitte der Risse sehr klein die *AutoForm - Sterne und Banner - Explosion2* hinzu.
- Importiere die Grafik *Geier.gif* aus dem Arbeitsverzeichnis.
- Füge drei Textfelder hinzu und beschrifte sie wie oben abgebildet.

Öffne den Aufgabenbereich *Bildschirmpräsentation – Benutzerdefinierte Animation*. Wähle ein Objekt nach dem anderen aus und klicke auf *Effekt hinzufügen*. Ordne den einzelnen Objekten Animationen zu:
- **Gruppe 1 (Scheibe):**

Effekt hinzufügen: Eingang – Zoom
Starten: Mit Vorheriger
Zoom: In
Geschwindigkeit: Sehr langsam

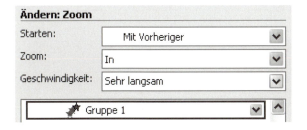

- **Geier:**

Effekt hinzufügen: Eingang – Einfliegen
Starten: Nach Vorheriger
Richtung: Von oben rechts
Geschwindigkeit: Schnell

Klickst du das animierte Element im Aufgabenbereich an, öffnet sich ein Dialog in dem du *Effektoptionen* findest. Hier wählst du aus: *Nach der Animation: Nach Animation ausblenden*, damit der Vogel nicht an der Scheibe kleben bleibt.
- **Explosion:**

Effekt hinzufügen: Eingang – Erscheinen
Starten: Nach Vorheriger
Effektoptionen: Sound – Explosion
- **Gruppe 2 (Risse):**

Effekt hinzufügen: Eingang – Auflösen
Starten: Nach Vorheriger
Geschwindigkeit: Schnell
- **Textfeld 1:**

Effekt hinzufügen: Eingang – Erscheinen
Starten: Nach Vorheriger
Effektoptionen: Sound – Schreibmaschine
Text animieren – Zeichenweise – 0,1 Sek
Anzeigedauer – 1 sek Verzögerung.
- **Textfeld 2:**

Effekt hinzufügen: Eingang – Erscheinen
Starten: Nach Vorheriger
Effektoptionen: Sound – Schreibmaschine
Text animieren – Zeichenweise – 0,1 Sek
Anzeigedauer – 1 sek Verzögerung.
- **Textfeld 3:**

Effekt hinzufügen: Eingang – Auflösen
Effektoptionen: Sound – Glocken
Nach der Animation – Nicht abblenden
Text animieren – Alle gleichzeitig.

Als letztes kannst du nun noch den ganzen Film mit einem Soundtrack unterlegen. Dazu lädst du die Datei *STREET.WAV*. Den Sound schiebst du als erstes Element an den Anfang der Liste. Damit die Fenstergruppe nicht wartet, bis der Song fertig ist, stellst du bei ihr die Eigenschaft *Starten* auf *Mit vorheriger*.

Aufgabe

1. Wie wär's mit einem Werbespot für deine Fahrschule? Wenn du willst, kannst du auch einen eigenen Text dazu sprechen. Der Befehl dazu steht im Menü *Bildschirmpräsentation* und heißt *Kommentar aufzeichnen*.

Kapitel 5

Kapitel 5

ACCESS –
Ich schau dir in die Daten, Kleiner!

Kathrin trifft man in den Pausen meist in der Schülerbücherei. Früher war sie dort eine der besten Kundinnen, heute hat sie fast jedes interessante Buch gelesen und ist selbst für die Ausleihe verantwortlich. Sie leiht Bücher aus und sortiert sie nach der Rückgabe wieder ein. Außerdem gibt sie Lesetipps und hilft unerfahrenen Neulingen bei der Benutzung des Bücherkatalogs.

Die Organisation der Bücherei stützt sich auf drei Karteikästen: Der **Bücherkatalog** enthält alphabetisch sortiert für jedes Buch eine **Bücherkarte**. Diese gibt an, welche Nummer das betreffende Buch hat und in welchem Regal es zu finden ist.

Pausewang, Gudrun

Auf einem langen Weg
Ravensburg 1978 (Maier)

Buch-Nr. 916   Jugendbücher

In der **Leserkartei** steckt ein Duplikat des **Leserausweises**, den jeder beim Ausleihen vorzeigen muss.

Leserausweis Nr. 128
ausgestellt am 12.12.2002

Michael Motzmeier
Steckenrother Weg 23
65307 Huppert

Außerdem gibt es eine **Ausleihkartei**. Sie enthält Karten als Stellvertreter für alle momentan ausgegebenen Bücher. Bei jedem Buch, das in den Regalen steht, steckt in einer Tasche vor dem hinteren Einbanddeckel eine **Leihkarte**. Wird das Buch ausgeliehen, bleibt die Leihkarte in der Bücherei.

Buch-Nr. 916   Jugendbücher
Pausewang, Gudrun
Auf einem langen Weg

Lesernummer	Rückgabedatum
178	05.03.98
104	08.07.00
69	21.09.01
…	…

Beim Ausleihen stempelt Kathrin das Rückgabedatum in das Buch und auf die die Leihkarte und vermerkt auf dieser auch die Leserausweisnummer des Entleihers. Dann kommt die Karte in die Ausleihkartei. Bei der Rückgabe wird sie wieder ins Buch gesteckt. Einmal in der Woche wird die Ausleihkartei darauf überprüft, ob Leihfristen überzogen sind und Leser gemahnt werden müssen.

Meistens macht die Ausleihe ja Spaß, aber an manchen Tagen findet Kathrin die Arbeit mit den Karteien doch recht mühselig. Zusammen mit Simon macht sie sich jetzt Gedanken darüber, wie man den Bücherkatalog und die Ausleihkartei auf Computerverwaltung umstellen könnte.

 Aufgaben

1. Der Bücherkatalog ist nach Autoren geordnet. Ist das für alle Zwecke ideal?

2. Wie würdest du die Ausleihkartei ordnen?

3. Das Buch „Fünf Freunde im Burgverlies" ist gerade unterwegs. Meike möchte wissen, wann es wieder zurückkommt. Wie kann Kathrin ihr helfen?

4. Wie kann man bei diesem System erfahren, welche Bücher am häufigsten ausgeliehen werden? Kann man auch die eifrigsten Leser ermitteln?

5. Besuche eine Bücherei und erforsche die Organisation. Nach welchem Ordnungsprinzip sind die Regale geordnet? Welche Kataloge gibt es?

   Welche Daten werden von den Lesern erfasst? Was wird bei einem Ausleihvorgang aufgeschrieben? Welche Auswertungen der Listen und Karteien werden wie oft vorgenommen?

   Läuft der Ausleihbetrieb mit Computerunterstützung? Werden Entscheidungen, z. B. über Mahngebühren vom Computer getroffen oder vom Büchereipersonal?

6. Welche Vor- und Nachteile könnten sich für Kathrin und ihre Kunden durch einen computergestützten Betrieb der Schülerbücherei ergeben?

Kapitel 5

 ## Was bringt man auf die Datenbank?

Bevor der Zahnarzt den Bohrer ansetzt, notiert er sich erst die **Daten** seines Patienten: die Adresse, die Krankenversicherung und den Zustand jedes Zahns. Bevor Herr Braun ein Auto kauft, vergleicht er erst die **Daten** einiger Modelle: Außen- und Innenmaße, Leistungsangaben, Ausstattung und Preise. Bevor Kathrin ein Buch aus der Hand gibt, schreibt sie sich die **Daten** des Verleihvorgangs auf: das Datum, den Buchtitel und den Entleiher.

Man kann also kurz gefasst definieren: **Daten sind Angaben über Personen, Dinge oder Vorgänge**.

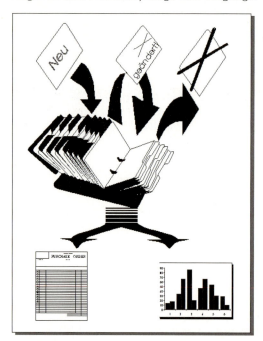

Wer Daten sammelt, muss sie gut organisieren, damit er rationell mit ihnen arbeiten kann.
- Gesuchte Informationen müssen schnell gefunden werden.
- Die Daten müssen leicht zu pflegen sein. Häufig ändern sich Angaben, neue Daten kommen hinzu, alte werden gelöscht.
- Aus der gesamten Datensammlung müssen leicht Auszüge und Statistiken zu erstellen sein.

Diese Arbeiten sind schwierig, wenn die Daten nur auf Schmierzetteln oder in Schuhkartons vorliegen. Einen schnelleren **Zugriff** auf Daten hat man dann, wenn sie **strukturiert** abgelegt wurden.

Die Daten sind dann in Form von **Datensätzen** organisiert, die sich jeweils auf eine bestimmte Person, eine Sache oder einen Vorgang beziehen. Jeder Datensatz besteht aus mehreren kurzen Angaben, den **Feldern**. Jedes Feld hat einen eindeutigen **Feldnamen**. Gleiche Felder stehen immer an derselben Stelle.

```
Schülerbücherei der Comeniusschule
    Buch-Nr 1                Sachgebiet Belletristik
    Autor/in Kempowski, Walter
       Titel Uns geht's ja noch gold
Erscheinungsjahr             Verlag dtv
```

Vom Umfang der einzelnen Datensätze hängt es ab, in welcher Form die Daten aufbewahrt werden:
- Wenige Datensätze mit wenigen, kurzen Feldern lassen sich gut als **Liste** aufschreiben. Listen gehen mit Platz ökonomisch um, denn hier stehen die Feldnamen nicht bei jedem Datensatz, sondern nur als Überschriften über den einzelnen Spalten.
- Umfangreichere Datensätze lassen sich übersichtlicher auf einer **Karteikarte** wiedergeben. Vor allem aber lässt sich eine Kartei leichter pflegen als eine Liste. Änderungen, Löschungen und Einfügungen sind kein Problem.
- Wenn die Datensätze für eine Kartei zu umfangreich werden, wenn sie teilweise unstrukturiert sind oder wenn Dokumente im Original aufbewahrt werden müssen, dann legt man eine **Akte** an.
- Manchmal hilft auch eine Kombination der Verfahren: Akten werden chronologisch abgeheftet und in einer parallel geführten alphabetischen Kartei werden Verweise auf die vollständige Akte abgelegt.

Als Oberbegriff für Listen, Karteien und Akten in Computern verwendet man den Begriff **Datei**. Ein computergestütztes Informationssystem aus mehreren Datensammlungen, deren Daten aufeinander bezogen sind, bezeichnet man auch als **Datenbank**. So kann ein Geschäftsmann Artikeldaten, Verkaufsdaten, Lieferantendaten und Kundendaten in einer großen Datenbank verknüpfen.

Access

Ein Datenbanksystem wie Microsoft Access kann lokale Datenbanken anlegen oder auf externe Datensammlungen zugreifen, die von zentralen Computersystemen verwaltet werden. Die Werkzeuge zur Datenverwaltung und -präsentation zeigt dir Access in der Objektliste des **Datenbankfensters**.

Alle Datenbanken sind als **Tabellen** organisiert, die Wörter, Zahlen und Datumsangaben enthalten. Was nicht in Tabellen passt, z. B. Bilder oder lange Texte, wird in der Tabelle nur als Verweis abgelegt.

Die gesamte Tabelle sieht meist sehr unübersichtlich aus. Um schnell die benötigten Informationen herauszufiltern, verwendet man eine **Abfrage**. Damit kann man
- Gruppen von Datensätzen aus einer Tabelle herausziehen,
- den Datensätzen einer Tabelle die zugehörigen Angaben einer anderen Tabelle zuordnen,
- Gruppen auszählen, Durchschnittswerte oder Spaltensummen ermitteln,
- gleichartige Änderungen an mehreren Datensätzen durchführen,
- Gruppen von Datensätzen löschen.

Als softwaremäßiges Gegenstück zur Karteikarte gibt es bei Access das **Formular**. Es dient zur übersichtlichen Anzeige einzelner Datensätze.

Daneben gibt es auch die Möglichkeit, Abfrageergebnisse in einem schön gestalteten **Bericht** auszudrucken. Berichte haben häufig die Form von Tabellen oder Gliederungen, sie können aber auch alle Datensätze als Folge von Karteikarten ausdrucken.

Für Fortgeschrittene gibt es drei weitere Werkzeuge: **Seiten** ermöglichen den Datenzugriff über Internet-Browser. **Makros** lassen eine kurze Folge von Bedienungsschritten automatisch ablaufen; mit **Modulen** kann man richtige Programme schreiben.

Eine Sache musst du dir gleich zu Anfang klar machen: Während Texte und Tabellen in der Regel nur von einem Benutzer zur selben Zeit bearbeitet werden, stehen Datenbanken vielen Benutzern gleichzeitig offen. Deshalb öffnet Access dem einzelnen Anwender immer nur einzelne Datensätze zur Bearbeitung und schreibt Änderungen sofort wieder auf die Platte. Den Befehl *Speichern* gibt es bei Datenbanksystemen nicht, auch mehrstufige *Rückgängig*-Funktionen suchst du vergeblich.

Kapitel 5

 Bücher, Bücher, haufenweise Bücher ...

Die Schülerbücherei der Comeniusschule enthält mehr als 1600 Bände. Deren bibliographische Angaben (Autor, Titel, Erscheinungsjahr, Ort und Verlag) hat Kathrin mit einigen Mitschülerinnen mittlerweile erfasst und im Computer gespeichert. Das Ergebnis befindet sich in deinem Arbeitsverzeichnis. Du kannst die Bücher auf einem **Formular** der Reihe nach ansehen oder sie in einer **Tabelle** auflisten lassen. Lade die Datenbank 🗎 *Biblio*. Im linken Rand des Datenbankfensters kann man verschiedene Objektlisten auswählen und nach vorn holen. Sowohl unter *Tabellen* als auch unter *Formulare* findet sich der Eintrag *Bücher*.

 Eins nach dem andern

Wähle die Liste der *Formulare* und öffne das Formular 🗎 *Bücher*. Das geht am einfachsten mit Doppelklick. Der untere Rand des Formularfensters bildet eine Navigationsleiste. Mit den Pfeilen kannst du durch die Bücherkarten blättern oder zum ersten oder letzten Datensatz springen. In das Anzeigefeld mit der Datensatznummer kannst du auch direkt eine Zahl eingeben und zu einem Datensatz springen. Beachte aber: Die Buchnummer und die Datensatznummer sind nicht identisch. Sobald du eine Tabelle umsortierst, Datensätze löschst oder eine Auswahl triffst, nummeriert Access die Datensätze neu durch. Die Buchnummer dagegen wurde von Kathrin vergeben und bleibt beim Umsortieren selbstverständlich erhalten.

Für Änderungen gilt: Solange du das Feld, das du ändern willst, nicht verlassen hast, kannst du mit der <Esc>-Taste die Bearbeitung abbrechen und den alten Zustand wiederherstellen. Wenn du aber zu einem anderen Datensatz wechselst, wird die Änderung unwiderruflich auf die Festplatte geschrieben.

 Aufgaben

1. Der Titel von Buch Nr. 7 enthält einen Rechtschreibfehler. Verbessere ihn.

2. Auch mit Tasten kann man durch die Datensätze blättern. Beschreibe: Was bewirken die Tasten <Bild↑>, <Bild↓>, <Ende>, <Pos1>, <Strg>+<Ende>, <Strg>+<Pos1>?

3. Gehe zu Datensatz Nr. 22. Er enthält Buch Nr. 22, „Detektiv Flanagan". Klicke am linken Rand die Leiste mit dem kleinen Dreieck an. Sie wird schwarz, der ganze Datensatz ist markiert. Lösche den Datensatz mit der <Entf>-Taste und beantworte die Rückfrage mit ja. Die Buchnummer 22 gibt es nicht mehr. Die Datensatznummer 22 gehört jetzt zum Buch mit der Buchnummer 23.

4. Der Symbolknopf ganz rechts auf der Symbolleiste (Pfeil mit Sternchen) erzeugt ein leeres Feld hinter dem letzten Datensatz. Gib einen neuen Datensatz ein: Sachgebiet: *Belletristik*, Autor: *Wells, H.G.* Titel: *Die Zeitmaschine*, Ort: *Zürich*, Jahr: *1951*, Verlag: *Diogenes*.

 Alle zusammen

Schließe nun das Formularfenster, gehe im Datenbankfenster zu den Tabellen. Öffne die Tabelle *Bücher*. Bringe das Access-Fenster auf volle Bildschirmgröße und das Tabellenfenster auf die volle Größe des Access-Fensters. Die Spaltengrenzen kann man in der Titelzeile mit der Maus verschieben. Stelle die Spalte *Buch-Nr.* schmaler und die Spalte *Titel* breiter ein. Wenn du später das Tabellenfenster schließt, wird Access dich fragen, ob du die neuen Einstellungen speichern willst.

 Aufgaben

5. Wie heißt der vollständige Titel von Buch Nr. 17? Wie heißt der Autor von Buch Nr. 29?

6. Ziehe die Bildlaufleiste zu Datensatz 108 / derzeit Buch Nr. 109. Sein Titel enthält einen Rechtschreibfehler. Klicke das Feld an, korrigiere den Fehler.

7. Buch Nr. 130 (Josef Endisch, Wir entdecken die Natur) ist sehr vergammelt und kommt in den Papierkorb. Wenn du das kleine graue Feld vor der Buchnummer anklickst, wird der ganze Datensatz markiert. Lösche den Titel, indem du den Datensatz markierst und die <Entf>-Taste drückst und die Rückfrage mit ja beantwortest.

8. Dafür geben wir noch einen anderen Titel neu in die Tabelle ein. Ein Klick auf das Sternchensymbol bringt dich hinter den letzten Datensatz. Gib ein: Sachgebiet: *Belletristik*, Autor: *Schnurre, Wolfdietrich* Titel: *Ich frag ja bloß*, Ort: *Frankfurt/Main*, Jahr: *1992*, Verlag: *Ullstein*.

Access

Ein Formularfenster:

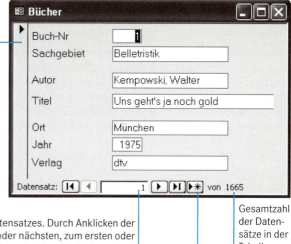

Beim Anklicken dieser Leiste wird der gesamte Datensatz zum Löschen oder Kopieren markiert.

Während man einen Datensatz ändert, wechselt der Datensatzzeiger vom Pfeil zum Stift. Damit ist der betreffende Datensatz normalerweise auf anderen Computern für Bearbeitungsoperationen gesperrt.

Die Nummer des angezeigten Datensatzes. Durch Anklicken der Pfeile kommt man zum vorigen oder nächsten, zum ersten oder letzten Datensatz. Um zu einem bestimmten Datensatz zu springen, kann man in dieses Feld die gewünschte Nummer eingeben und die Eingabetaste drücken.

Gesamtzahl der Datensätze in der Tabelle

hier klicken zur Eingabe neuer Datensätze

Ein Tabellenfenster:

Spaltengrenzen lassen sich mit der Maus anklicken und verschieben. Durch Doppelklick auf die Spaltengrenze wird die linke Spalte an ihren breitesten Eintrag angepasst.

Buch-Nr	Sachgebiet	Autor	Titel	Ort	Jahr
351	Jugend	Cleve, Evelyn	Helen Keller	Berlin	1947
352	Kinder	Funke, Cornelia	Igraine ohne Furcht	Hamburg	1998
353	Kinder	Travers, P.L.	Mary Poppins kommt wieder	Berlin	1943
354	Kinder	Barrie, James M.	Peter Pan	Hamburg	1988
355	Kinder	Kästner, Erich	Pünktchen und Anton	Hamburg	1989
356	Kinder	Groszer, Franziska	Rotz und Wasser	Hamburg	1987
357	Geschichte	Beyerlein, Gabriele	Wie ein Falke im Wind	Hamburg	1993
358	Kinder	Spyri, Johanna	Gritlis Kinder	München	1958
359	Erdkunde	Delpal, Jacques-Lou	Knaurs Kulturführer: Frankreich	München	1979
360	Erdkunde	Mehling, Franz N.	Knaurs Kulturführer: Großbritannien	München	1953
361	Belletristik	Planner-Petelin, Ros	Rübezahl	München	1953
362	Belletristik	Straub, Maria Elisab	Wer weiß, was im Oktober ist?	München	1979
363	Sozialkunde	Schwarz, Annelies	Akuabo - sei willkommen!	München	1994
364	Jugend	Lee, Laurie	An einem hellen Morgen ging ich	München	1978

Kicke in das graue Quadrat am Rand, wenn du einen Datensatz löschen willst.

Wenn du ein Feld bearbeiten willst, klicke einfach hinein.

Bildlaufleisten verschieben den Bildausschnitt:
Klick auf Pfeil: eine Zeile / Spalte;
Klick auf graues Feld: ein ganzer Bildschirm;
Kästchen ziehen: freie Positionierung.

127

Kapitel 5

Ein Klick – und die Sucherei geht los!

In Kathrins Bücherkatalog sind die Karteikarten alphabetisch nach Autoren geordnet. Die Computertabelle dagegen führt die Bücher nach der Buchnummer auf. Das ist nicht gerade die beste Voraussetzung, um auf die Schnelle ein bestimmtes Buch zu finden. Für den Computer gehören aber stumpfsinnige Suchvorgänge zu den leichtesten Übungen.

 Nehmen wir also einmal an, du suchst den *Ölprinz* von Karl May. Du öffnest also das Bücherformular und klickst in der Symbolleiste auf das Fernglas. Nun erscheint das bekannte Dialogfeld *Suchen und Ersetzen*.

Du tippst das Wort *Ölprinz* ein und startest die Suche. Vergeblich. Der Ölprinz wird nicht gefunden. Wenn du dir das Dialogfeld genau ansiehst, kommst du selber auf den Grund: Access sucht normalerweise nur in dem Feld, wo der Cursor steht, und das war die *Buch-Nr*. Also: Spalte *Titel* anklicken und die Suche erneut starten. Wieder kein Ergebnis.

Dritter Anlauf: In der Liste *Suchen in* gibt es auch die Möglichkeit die ganze Tabelle zu durchsuchen (*Bücher: Tabelle*). Du durchkämmst alle Felder. Aber auch das nützt nichts. Nur dauert die Suche jetzt noch länger.

Des Rätsels Lösung liegt in der nächsten Auswahlliste: Im Gegensatz zur entsprechenden Funktion einer Textverarbeitung vergleicht Access deine Eingabe mit dem *Ganzen Feld*. Das gesuchte Buch heißt aber nicht *Ölprinz*, sondern *Der Ölprinz*, und das ist nicht dasselbe.

Eine Möglichkeit, trotzdem zum Ziel zu kommen, ist: Du wählst in der Liste bei *Vergleichen* statt des Eintrags *Ganzes Feld* den Eintrag *Teil des Feldinhaltes*. Diesmal klappt es endlich.

Was nicht passt, wird passend gemacht

Auch durch die Eingabe der Platzhalterzeichen ? und * kann man Access signalisieren, dass man nur einen Teil eines Feldes kennt. Gibst du als Suchbegriff die Zeichenfolge **Ölprinz** ein, so teilst du damit Access mit, dass vor oder nach dem Wort Ölprinz noch andere Zeichen stehen dürfen. Hier einige Beispiele:

Suchbegriff	gefundene Einträge (Verlag)
*	beliebig viele (auch null) Zeichen
?	genau ein beliebiges Zeichen
#	genau eine Ziffer
Br*	Breitschopf, Brockhaus
*mann	Westermann, Goldmann
L*t	Limpert, List, Löwitt
P*l*	Pelikan, Ploetz
?p*	zweiter Buchstabe= p (Spectrum)
????	Verlage mit vier Buchstaben (Boje)
#	Name mit Zahlen (Verlag 2000)

Aufgaben

1. Wie heißt das Buch der Autorin *Haupt, Thea*?

2. Wer schrieb ein Buch über einen *Indio*?

3. Suche einen Verlag, der mit *Pat* anfängt, und einen anderen, der auf die Buchstaben *kh* endet.

4. Suche ein Buch über jemanden aus *Monte Christo*.

5. Wer oder was meldet sich bei der Suche nach dem Wort *Salesia* (über alle Felder)?

6. Suche einen Autor, dessen Vorname mit *Q* anfängt. (Der Nachname ist beliebig, dann folgt ein Komma und ein Leerzeichen, dann das Q des Vornamens, danach wieder eine Reihe beliebiger Zeichen.)

7. Suche einen Autor mit *x* als drittem Buchstaben des Nachnamens.

8. Welche Autorin meldet sich unter *P????w???,** (großes P, dann vier beliebige Buchstaben, dann ein kleines w, dann drei beliebige Buchstaben, danach das Komma, Vorname ist beliebig)?

9. Welche Autoren werden außer Karl May bei dem Muster *M*y,** gefunden?

Access

So sucht man einzelne Einträge:

 öffnet das *Suchen*-Feld

Neben der einfachen Suche ist auch das Ersetzen von Zeichenfolgen durch andere möglich. Dies ist aber eine sehr gefährliche Operation. Anders als in Word oder Excel greift sie direkt auf die Festplatte zu und kann nicht rückgängig gemacht werden.

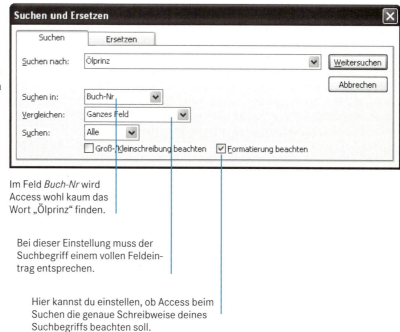

Im Feld *Buch-Nr* wird Access wohl kaum das Wort „Ölprinz" finden.

Bei dieser Einstellung muss der Suchbegriff einem vollen Feldeintrag entsprechen.

Hier kannst du einstellen, ob Access beim Suchen die genaue Schreibweise deines Suchbegriffs beachten soll.

Sortieren von Tabellen nach dem Inhalt bestimmter Felder:

Ein Klick auf eins der Symbole sortiert die Tabelle nach der Spalte, in der die Schreibmarke steht.

Das geht auch hierarchisch nach zwei Sortierkriterien (z. B. innerhalb der Sachgebiete nach Autoren):
Die beiden Spalten müssen nebeneinander stehen, links das übergeordnete, rechts das innere Sortierkriterium. Wenn dies nicht der Fall ist, kann man Spalten im Spaltenkopf anklicken (Mauspfeil ↓) und dann noch einmal anklicken (Mauspfeil ↘) und verschieben. Dann die Markierung löschen (Mausklick).
Nun werden beide Spalten markiert (Mauspfeil ↓ über beide Spalten ziehen) und dann sortiert.

Buch-Nr	Sachgebiet	Autor	
1	Belletristik	Kempowski, Walter	Uns geht's ja noch gold
2	Erdkunde	Cesco, Federica de	Fern von Tibet
3	Kinder	Kaufmann, Herbert	Der verlorene Karawaner
4	Kinder	Springenschmid, Karl	Engel in Lederhosen
5	Erdkunde	Ipsen, Gunther	Wir Ostpreußen
6	Jugend	Schlüter, Andreas	Geisterspinne
7	Kinder	O'Dell, Scott	Black Star und Leuchter
8	Kinder	Adler, Ernst	Die Legende vom Bumer
9	Jugend	Orgad, Dorit	Der Junge aus Sevilla
10	Geschichte	Harris, Geraldine	Das Buch vom alten Ägy

Buch-Nr	Sachgebiet	Autor	
944	Allgemein	Ahlheim, Karl-Heinz	Die Arzeneimittel
657	Allgemein	Becker, Udo	Wissen im Überb
658	Allgemein	Becker, Udo	Wissen im Überb
655	Allgemein	Becker, Udo	Wissen im Überb
656	Allgemein	Becker, Udo	Wissen im Überb
1330	Allgemein	Blumenthal, Alfred	Welt und Leben
603	Allgemein	Blumenthal, Alfred	Welt und Leben
659	Allgemein	Böing, Günther	Wissen im Überb
266	Allgemein	Brockhaus	Der kleine Brockh
267	Allgemein	Brockhaus	Der Volksbrockha

Kapitel 5

Ein Filter trennt die Spreu vom Weizen

Eine gängige Frage in Buchhandlungen und Bibliotheken lautet: „Was haben Sie denn von Hitchcock?" Du gehst zur Autorenkartei, blätterst sie durch, bis du den Autor *Hitchcock* findest und schreibst aus den Karten die Titel heraus. Die Erstellung von Auszügen aus Karteien und Listen ist eine alltägliche Aufgabe im Umgang mit Datenbanken. Bisher war jeweils nur ein Datensatz gesucht, jetzt sind es eben mehrere. Schreiben wir also eine kleine Liste.

Bei Datenbanken nennt man diesen Vorgang **Filtern**. Du teilst dem Computer ein **Auswahlkriterium** mit, und er sucht aus der Fülle der Datensätze in Windeseile diejenigen heraus, die deine Bedingung erfüllen und erstellt einen **Auszug** aus der gesamten Datenbank.

Die Technik, wie man Access seine Auswahlkriterien mitteilt, nennt man **QBE** (engl: *Query by Example*): Man zeigt Access ein Beispiel dafür, was bei den gesuchten Datensätzen in einem bestimmten Feld enthalten sein soll. Access sucht dann die Datensätze, bei denen die Bedingung erfüllt ist. Das geht auf zwei unterschiedliche Arten:

Falls der Name *Hitchcock* gerade im Autor-Feld der Tabelle markiert ist, brauchst du nur das Feld *Auswahlbasierter Filter* anzuklicken. Dann stellt dir Access eine Liste aller Hitchcock-Titel zusammen.

Wenn aber kein Hitchcock-Titel in Sicht ist, klicke auf das Symbol *Formularbasierter Filter*. Es erscheint eine Tabelle mit einer einzigen leeren Zeile. Dort gibst du in der Spalte *Autor* das Kriterium *Hitchcock** ein und klickst anschließend das Trichtersymbol an. Und schon erhältst du auch hier den gewünschten Auszug. In der Fußzeile des Tabellenfensters liest du, dass deine Abfrage im Ganzen 11 Datensätze aus dem Gesamtbestand herausgefiltert hat.

Gleichzeitig weist in der Statuszeile von Access das Kürzel FLTR darauf hin, dass nicht der gesamte Datenbestand sichtbar ist. Durch Anklicken des Symbols *Filter anwenden / Filter entfernen* kannst du zwischen der gefilterten Liste und der ganzen Tabelle hin- und herschalten.

 Aufgaben

1. Wie gehst du mit deinem bisherigen Wissen vor, um in unserer Datenbank alle Bücher von *Hitchcock* zu finden? Beschreibe mehrere Methoden.

2. Welche Titel haben wir von *David Macaulay*?

3. Wie viele Bücher umfasst das Sachgebiet *Kinder*?

4. Welche Autoren heißen mit Vornamen *Klaus*?

5. Wie oft findest du das Erscheinungsjahr *1954*?

6. Welche Bücher führen das Wort *Frau* im Titel?

7. Filtere alle Buchtitel mit dem Kriterium **####**. Was haben die angezeigten Titel gemeinsam?

Wenn Datenbanken wachsen

Die Anzahl der Benutzer unserer Bücher-Datenbank ist überschaubar. Das ist bei Datenbanken allerdings nicht die Regel.

In Firmen- oder Behördennetzen sind Datenbanken oft riesig groß. Einerseits möchte man die Daten der Einwohner von Berlin heutzutage nicht mehr auf Hunderte von Bezirksämter verteilen, andererseits kann aber auch nicht jeder PC in jedem kleinen Amt den gesamten Datenbestand speichern und ständig über alle Änderungen auf dem Laufenden gehalten werden. Also werden die Daten auf einem Server zentral gepflegt, und die Clients erhalten auf Anfrage immer nur die Auszüge, die sie für ihre jeweilige Aufgabe brauchen.

Access ist auch in solchen Umgebungen einsetzbar. Es greift bei diesem Modell nicht unmittelbar auf die Daten zu, sondern es dient nur als Abfrageprogramm für den großen Server. Access übersetzt die QBE-Abfrage seines Benutzers in eine SQL-Abfrage und sendet diese an den Server. Dieser filtert seinen Datenbestand selbst und schickt nur eine handliche Ergebnistabelle zurück.

SQL (*Structured Query Language*) ist eine Computersprache, die spezielle Befehle für die Abfrage von Datenbanken bietet. Die SQL-Abfrage nach allen Büchern von Hitchcock würde lauten:
SELECT Bücher.Autor
FROM Bücher
WHERE (((Bücher.Autor)="Hitchcock"))

Access

So kann man einen Teil der Datensätze herausfiltern:

a) mit auswahlbasiertem Filter

Markiere ein Kriterium `Hitchcock, Alf` und klicke auf ▽.
Access sucht die Datensätze heraus, in denen die Zeichenfolge Hitchcock im gleichen Feld enthalten ist.

b) mit formularbasiertem Filter

Anklicken von ▽ öffnet ein Fenster, in das man sein Kriterium eintragen kann.
Falls das Kriterium keinem vollständigen Feldinhalt entspricht, benötigt man Platzhalterzeichen.

Bücher: Formularbasierter Filter

Buch-Nr	Sachgebiet	Autor	Titel	Ort	Jahr	Verlag
		Hitchcock*				

Suchen nach / Oder

Und hier das Ergebnis:

Die Gesamtzahl der Hitchcock-Bücher wird in der Statuszeile neben den Navigationsschaltflächen angezeigt.

Bücher : Tabelle

Buch-Nr	Sachgebiet	Autor	Titel	Ort	Jahr	Verlag
571	Jugend	Hitchcock, Alfre	Die ??? und das Gespensterhaus	Stuttgart	1978	Franckh
572	Jugend	Hitchcock, Alfre	Die ??? und das Narbengesicht	Stuttgart	1983	Franckh
573	Jugend	Hitchcock, Alfre	Die ??? und der Ameisenmensch	Stuttgart	1983	Franckh
574	Jugend	Hitchcock, Alfre	Die ??? und der magische Kreis	Stuttgart	1981	Franckh
575	Jugend	Hitchcock, Alfre	Die ??? und der rote Pirat	Stuttgart	1982	Franckh
576	Jugend	Hitchcock, Alfre	Die ??? und der Schlangenmensch	Stuttgart	1983	Franckh
577	Jugend	Hitchcock, Alfre	Die ??? und der verschwundene Schatz	Stuttgart	1973	Franckh
578	Jugend	Hitchcock, Alfre	Die ??? und die bedrohte Ranch	Stuttgart	1983	Franckh
579	Jugend	Hitchcock, Alfre	Die ??? und die silberne Schlange	Stuttgart	1981	Franckh
580	Jugend	Hitchcock, Alfre	Die ??? und die silberne Spinne	Stuttgart	1981	Franckh
589	Jugend	Hitchcock, Alfre	Grünes Feuer	Stuttgart	1983	Franckh

Datensatz 1 von 11 (Gefiltert)

▽ wechselt zwischen der gesamten Tabelle und dem Auszug.

Kapitel 5

Sieben mal sieben gibt ganz feinen Sand

Im vorigen Abschnitt haben wir Feldeinträge oder Teile von Feldeinträgen auf Vorkommen einer bestimmten Zeichenfolge geprüft. Natürlich können Filter aber noch mehr. Nehmen wir an, wir wollen unsere Bestände ausmisten. Access soll uns dazu alle Bücher auflisten, die vor dem Jahr 1970 erschienen sind. Diese Liste gehen wir dann Titel für Titel durch um zu entscheiden, welche Bücher noch aktuell sind, welche aufgehoben werden sollten, weil sie von historischem Interesse sind, und welche bedenkenlos ausgemustert werden können.

Größer oder kleiner oder was?

Dazu rufen wir den *formularbasierten Filter* auf und geben in der Spalte *Jahr* das Kriterium < *1970* ein.

Ort	Jahr	Verlag
	<1970	

Dann filtern wir. Ein rascher Blick auf den Datensatzzähler verrät, dass uns einige Arbeit bevorsteht. Offenbar stammt ein Großteil der Bestände unserer Bücherei aus den fünfziger und sechziger Jahren.

Natürlich ist < nicht der einzige Vergleichsoperator. Access kennt auch
- \> (größer als)
- \>= (größer oder gleich)
- <= (kleiner oder gleich) und
- <> (ungleich)
- Zwischen ... und ...

 Aufgaben

1. Wie viele Bücher der Bibliothek erschienen
   a) vor 1930, b) vor 1940, c) vor 1950, d) vor 1960,
   e) vor 1970, f) vor 1980, g) vor 1990?

2. Wie viele Bücher haben Autoren, deren Nachname mit A-M beginnt? Wie viele beginnen mit N-Z?

3. Wie viele Bücher sind in den dreißiger, vierziger, fünfziger, ... Jahren herausgekommen?

4. Wie viele Bücher gehören zu anderen Sachgebieten als *Belletristik*?

Was heißt hier Null?

Ein Blick in die Jahr-Spalte zeigt, dass bei weitem nicht zu jedem Buch ein Erscheinungsjahr angegeben ist. Um herauszufinden, wo das Jahr fehlt, benötigen wir einen Filter, der gezielt nach leeren Feldern sucht. Access bezeichnet den Inhalt leerer Felder mit *Null*. Wir filtern:

Den Operator *Null* sollte man nicht mit der Zahl 0 verwechseln. Der Filter *Jahr Ist Null* sucht nach leeren Feldern, der Filter *Jahr =0* sucht dagegen nach Feldern mit dem Eintrag 0. Die Komplementärmenge, nämlich diejenigen Bücher, bei denen ordnungsgemäß ein Erscheinungsdatum angegeben ist, erhält man mit dem Kriterium *Ist Nicht Null*.

Genau im Gegenteil!

Den Operator *Nicht* kann man auch in Verbindung mit anderen Operatoren verwenden. Beim Sachgebiet könnte man den Filter *Nicht Belletristik* eingeben, beim Jahr *Nicht > 1980* oder *Nicht zwischen 1980 und 1990*. Du findest sicher noch andere Beispiele.

Besonders effektiv ist *Nicht* in Verbindung mit Jokerzeichen. So sucht der Filter *Nicht *s** im Autorenfeld nach allen Autoren, deren Name kein s enthält.

 Aufgaben

5. Bei wie vielen Büchern ist das Erscheinungsjahr
   a) angegeben b) nicht angegeben?

6. Finde heraus, ob es Bücher gibt, bei denen
   a) kein Autor,
   b) kein Verlag oder
   c) kein Erscheinungsort angegeben ist.

7. Formuliere den Filter von Aufgabe 4 mit Hilfe des Nicht-Operators.

8. Wie viele Titel bestehen aus einem Wort (enthalten kein Leerzeichen)? Wie viele Autorennamen enthalten keinen Vornamen?

Bitte beides!

Auf Wunsch kann Access mehrere Kriterien verknüpfen. Dazu kennt es den Operator *Und*. Wenn wir alle Bücher suchen, in denen sowohl das Wort „Ritter" als auch das Wort „Burg" vorkommt, können wir unseren Filter so formulieren:

Suchen wir alle Kunstbücher, die nach 1980 erschienen sind, so füllen wir einfach zwei Felder der Kriterientabelle aus. Die anderen Felder bleiben leer.

Es wird dir schon aufgefallen sein, dass Access deine Begriffe nach der Eingabe in Anführungszeichen einschließt und bei der Verwendung von Jokern das Wort „Wie" hinzufügt. Das ist die offizielle Access-Schreibweise für deine Wünsche.

Eins von beiden reicht ...

Auch das Wort *Oder* gehört zum Wortschatz von Access. Vielleicht suchen wir ja eines Tages einmal alle Bücher, die einem der beiden Sachgebiete Kunst *oder* Musik angehören. Wir filtern mit

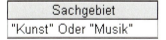

Als Ergebnis erhalten wir einen ganzen Stapel Bücher. Klar: Kunst oder Musik. Eins von beiden reicht.

Das gleiche Ziel könnten wir erreichen, indem wir erst den einen Filter eingeben, dann das Oder-Feld am unteren Rand des Fensters anklicken und dann das andere Kriterium eingeben. Aber da das ziemlich umständlich ist, macht man das nur, wenn man Kriterien in verschiedenen Feldern verknüpfen will.

Nehmen wir den folgenden Fall: Welche Bücher wurden entweder *von* Brecht oder *über* ihn geschrieben? Im einen Fall ist Brecht der Autor, im anderen Fall taucht er im Titel auf.

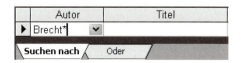

Wie du siehst, taucht gleich ein neues *Oder* auf, sobald du die zweite Kriterienzeile eingegeben hast. Es ist also möglich, mehr als zwei Bedingungen zu verknüpfen. „Ich wünsche mir ein Jugendbuch von Astrid Lindgren oder Gudrun Pausewang."

Merke:
- Filter, die in der gleichen Kriterienzeile stehen, werden mit *und* verknüpft. Filter, die in verschiedenen Kriterienzeilen stehen, werden dagegen mit *oder* verknüpft.
- Bei der *Und*-Verknüpfung müssen alle angegebenen Kriterien gleichzeitig erfüllt sein, damit ein Buch den Filter passiert. Bei der *Oder*-Verknüpfung reicht es, wenn eins der Kriterien erfüllt ist.

❓ Aufgaben

1. Wie viele Bücher werden als Ergebnis der genannten Kriterienverknüpfungen jeweils angezeigt?

2. Wie viele Bücher tragen ein Erscheinungsdatum zwischen 1975 und 1980 (einschließlich)?

3. Welche Bücher erschienen vor 1955 bei *rororo*?

4. In welchen Titeln kommen die Begriffe *Bundesrepublik* oder *DDR* vor?

5. In wie vielen Titeln kommen die Wörter *alt* oder *neu* vor? (Stelle im Filter ein Leerzeichen voran, damit nicht auch *kalt* gefunden wird.)

6. Welche Bücher tragen das Wort *Kunst* im Titel, ohne zum Sachgebiet *Kunst* zu gehören?

7. Welche Bücher erschienen zwischen 1960 und 1970 (einschließlich) bei *dtv*?

8. Welche Bücher von *Astrid Lindgren* gehören nicht zum Sachgebiet *Kinder*?

Kapitel 5

Muss ich das denn immer wieder sagen?

Filter sind dazu bestimmt, schnell einen oder mehrere Datensätze zu finden. Wenn man immer wieder den gleichen Ausschnitt aus der Datenbank benötigt, sollte man stattdessen lieber eine **Abfrage** erstellen.

Abfragen sind vielseitiger verwendbar als Filter:
- In einer Abfrage muss man sich nicht alle Felder eines Datensatzes anzeigen lassen, sondern kann die Reihenfolge der Felder umstellen oder einzelne Felder ausblenden.
- Mit einer Abfrage kann man Daten aus verschiedenen Tabellen kombinieren.
- Abfragen können Datensätze nach Wunsch ordnen oder gruppieren.
- Abfragen lassen sich abspeichern und später auf geänderte Daten erneut anwenden.
- Abfragen können Datensätze auszählen, können Summen oder Mittelwerte bilden.
- Mit Hilfe von Abfragen kann man Datensätze auch verändern oder löschen.

Abfrageergebnisse sehen aus wie Tabellen und sie werden von Access in vielerlei Hinsicht behandelt wie die Tabellen, auf denen sie basieren. Alles, was man mit der ganzen Tabelle anstellen kann, geht auch mit einer Abfrage. Man kann Formulare und Berichte auf der Grundlage von Abfrageergebnissen erstellen und sogar neue Abfragen auf vorhandenen aufbauen.

 So definierst du eine Abfrage:
- Wähle im Datenbankfenster die *Abfragen-Liste*, klicke auf die Schaltfläche *Entwurf*. Ein Verzeichnis der vorhandenen Tabellen erscheint. Es enthält momentan nur die Tabelle *Bücher*.
- Klicke auf *Hinzufügen*, um die Büchertabelle in die Abfrage aufzunehmen.
- Klicke auf *Schließen*. Du siehst jetzt den Abfrageentwurf. Gleichzeitig ändert sich die Symbolleiste.

Während du die Abfrage entwirfst, kannst du zur Kontrolle nach jeder Aktion in der Symbolleiste zwischen den beiden *Abfrageansichten Datenblatt* und *Entwurf* hin- und herschalten. Vergleiche dazu die Abbildungen auf der nächsten Seite.

Wir fragen nun ab, welche neueren Kinderbücher im Katalog vorhanden sind. Angezeigt werden sollen Autor, Titel und Erscheinungsjahr:
- Nimm die Felder *Sachgebiet*, *Autor*, *Titel* und *Jahr* in die Abfrage auf. Du kannst sie aus der Liste auswählen, die in jedem Tabellenfeld verborgen ist, oder auch einfach von der Feldliste der Tabelle in die Feldzeile der Abfrage ziehen.
- Klicke in der *Autor*-Spalte das Feld *Sortierung* an und wähle *Aufsteigend*.
- Gib die beiden Kriterien ein: Herausgefiltert werden sollen alle Bücher aus dem Sachgebiet *Kinder*, das *Jahr* soll größer als 1980 sein.
- Zur Information: Wie bei Filtern gilt für die Kriterienzeilen: Kriterien, die in einer Zeile nebeneinander stehen, gelten gleichzeitig (*Und*-Verknüpfung). Stehen die Kriterien in verschiedenen Zeilen, braucht dagegen nur eine erfüllt zu sein (*Oder*-Verknüpfung).
- Da es sinnlos ist, zu jedem Buch das Wort *Kinder* dazuzuschreiben, schaltest du beim Sachgebiet das Häkchen in der Spalte *Anzeigen* aus.

Die fertige Abfrage speicherst du unter *Kinderbücher nach 1980*. Abgespeichert wird nur der Entwurf der Abfrage, nicht die Ergebnistabelle. Wenn du später die Abfrage wieder öffnest, wird sie neu ausgeführt. Alle zwischenzeitlich neu hinzugekommenen Kinderbücher sind berücksichtigt, inzwischen gelöschte Datensätze sind verschwunden.

 Aufgaben

1. Erstelle eine Abfrage für die Bücher des Sachgebiets Technik. Angezeigt werden sollen die Felder *Autor*, *Titel* und *Verlag*. Sortiert werden soll nach Autoren. Name der Abfrage: *Technik-Bücher*.

2. Erfrage alle *Autoren mit Vorname Otto*. Denke daran, dass du mit Platzhalterzeichen arbeiten musst.

3. Erstelle Abfragen für drei Aufgaben der vorigen Seite. Wähle geeignete Felder und eine passende Sortierfolge aus. Gib jeder Abfrage einen Namen.

4. Welche Autoren veröffentlichen im *Arena-Verlag*? Sortiere alphabetisch. Zeige den Verlagsnamen nicht bei jedem Autorennamen an. Ist das Ergebnis so, wie du es dir vorgestellt hast? Wenn nicht, was stört dich?

Access

So entwirfst du eine Abfrage:

- Wähle aus, welche **Felder** in der Abfrage erscheinen sollen.
- Lege die **Sortierung** der ausgegebenen Datensätze fest.
- Gib **Kriterien** an, nach denen die Datensätze ausgewählt werden.

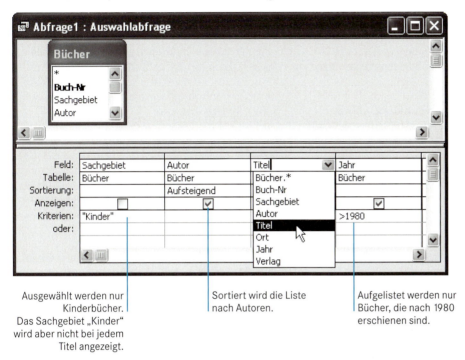

Ausgewählt werden nur Kinderbücher. Das Sachgebiet „Kinder" wird aber nicht bei jedem Titel angezeigt.

Sortiert wird die Liste nach Autoren.

Aufgelistet werden nur Bücher, die nach 1980 erschienen sind.

- Ein Klick auf ![] oder ![] liefert das Abfrageergebnis, mit ![] kommst du zurück zum Entwurf.

![] Abfragen werden unter einem eigenen Namen gespeichert:

Kapitel 5

Zählen und rechnen kann er auch ...

Wie viele Bücher gehören eigentlich zu jedem Sachgebiet unserer Bibliothek? Um diese Frage zu beantworten, könnten wir natürlich ein Sachgebiet nach dem anderen herausfiltern und die jeweils gefundene Anzahl von Datensätzen aus der Fußzeile des Tabellenfensters ablesen und aufschreiben.

Bequemer geht es mit einer **Funktionsabfrage**. In der Abfrageentwurfsansicht kannst du mit dem Menübefehl *Ansicht – Funktionen* oder mit einem Klick auf das Summensymbol jeder Abfrage eine Zeile hinzufügen, die angibt, was mit den herausgefilterten Datensätzen geschehen soll. Die voreingestellte Funktion heißt *Gruppierung*. Gruppiere die Bücher nach Sachgebiet:

Feld:	Sachgebiet
Tabelle:	Bücher
Funktion:	Gruppierung

Führe die Abfrage aus. Jedes Sachgebiet wird nur einmal aufgezählt. In der Fußzeile erfahren wir die Anzahl der Sachgebiete, nämlich 23.

Kehre zum Abfrageentwurf zurück. Füge das Feld *Buch-Nr* zur Abfrage hinzu und wähle die Funktion *Anzahl*:

Feld:	Sachgebiet	Buch-Nr
Tabelle:	Bücher	Bücher
Funktion:	Gruppierung	Anzahl
Sortierung:		Absteigend
Anzeigen:	✓	✓
Kriterien:		

Jetzt zeigt dir Access die gewünschten Zahlen an. Anstelle der *Buch-Nr* hättest du auch das Feld *Titel* zum Auszählen verwenden können. Das zum Auszählen verwendete Feld darf aber in keinem Datensatz leer sein. Leere Felder werden nämlich bei der Auszählung nicht berücksichtigt. Das Feld *Jahr* wäre also zur Auszählung der Datensätze nicht geeignet.

Aufgaben

1. Notiere die fünf Sachgebiete mit den meisten Büchern. Du kannst die Zeile *Sortierung* verwenden um die Sachgebiete gleich nach der Anzahl der Bücher zu ordnen.

2. Gruppiere die Bücher nach Verlagen. Aus wie vielen Verlagen kommen unsere Bücher? Ermittle die Anzahl der Titel jedes Verlages. Notiere die fünf Verlage mit den meisten Titeln. Speichere die Abfrage unter *große Verlage*.

3. Ermittle ebenso die Anzahl der Autoren und schreibe die fünf Autoren mit den meisten Titeln heraus. *fleißige Autoren*

4. Zählabfragen lassen sich mit Filtern kombinieren. Ermittle die *Autoren des Oetinger-Verlages*, geordnet nach der Anzahl ihrer Werke.

5. Teste die Funktion *Max*. Wie heißt die *letzte vergebene Buchnummer*?

6. Ermittle mit *Max* und *Min* die *erste / letzte Buchnummer* nach Sachgebiet.

Aus der Jahreszahl wird das Alter

In jeder Abfrage (nicht nur in Funktionsabfragen) kann man **berechnete Feldinhalte** definieren. Man trägt dazu in die Zeile *Feld* eine Formel für den Inhalt des Feldes ein. Die folgende Abfrage zeigt das Erscheinungsjahr und das Alter jedes Buches an:

Feld:	Buch-Nr	Titel	Alter: 2004-[Jahr]
Tabelle:	Bücher	Bücher	
Sortierung:			
Anzeigen:	✓	✓	✓
Kriterien:			Ist Nicht Null

Die Werte dieser Spalte berechnet Access, indem es das Erscheinungsjahr des jeweiligen Buches vom aktuellen Jahr 2004 subtrahiert.

Das Wort *Alter*: (beachte den Doppelpunkt) dient dabei als Bezeichnung, die über die entsprechende Spalte der Ergebnistabelle geschrieben wird.

Speichere die Abfrage unter *Alter der Bücher*.

Access

Das folgende Beispiel ermittelt das früheste Erscheinungsjahr, das späteste Erscheinungsjahr und das mittlere Alter der Bücher jedes Sachgebiets:

Feld:	Sachgebiet	Jahr	Jahr	Alter: 2004-[Jahr]
Tabelle:	Bücher	Bücher	Bücher	
Funktion:	Gruppierung	Min	Max	Mittelwert
Sortierung:				Absteigend
Anzeigen:	✓	✓	✓	✓
Kriterien:				Ist Nicht Null

Falls es dich stört, dass der Mittelwert auf etliche Kommastellen genau berechnet wird, so setze den Cursor in das Feld mit dem Ausdruck *2004-Jahr* und klicke auf das *Eigenschaften*-Symbol. Im Dialog *Feldeigenschaften* stellst du *Format* auf *Festkommazahl* und *Dezimalstellen* auf 1. Und so sollte dein Ergebnis aussehen: *Durchschnittsalter nach Sachgebiet*.

Sachgebiet	MinvonJahr	MaxvonJahr	Alter
Polytechnik	1857	1987	44,1
Sport	1964	1964	40,0
Chemie	1963	1978	36,0
Mathematik	1960	1981	35,7
Heimatkunde	1950	1985	34,4
Deutsch	1912	1988	34,4

Aufgaben

1. Lass die erste Spalte weg. Du erhältst das erste und letzte Erscheinungsjahr und das *Durchschnittsalter aller Bücher* der Bücherei.

2. Beim Abfrageentwurf kannst du in der Symbolleiste neben dem Summenzeichen festlegen, dass nicht *alle* Sachgebiete angezeigt werden, sondern nur die *25 %* am Anfang der Liste. *Durchschnittsalter erste 25 %*

Nur action bringt satisfaction

Neben der einfachen Auswahlabfrage, die nur einen Filter, ein Sortierkriterium und eine Liste der Felder enthalten kann, gibt es so genannte **Aktionsabfragen**, mit denen man sehr vorsichtig umgehen sollte:

- **Löschabfragen** gestatten es, eine Reihe von Datensätzen, die einem angegebenen Kriterium entsprechen, zu löschen.
- Mit **Aktualisierungsabfragen** kann man in den von der Abfrage ausgewählten Datensätzen gezielt den Inhalt einzelner Felder ändern.

Aus jeder normalen Abfrage kann man durch Anklicken des entsprechenden Symbolknopfes beim *Abfragetyp* eine Lösch- oder Aktualisierungsabfrage machen. Im Tabellenentwurf erscheint eine zusätzliche Zeile *Löschen* bzw. *Aktualisieren*.

Da solche Abfragen unwiderrufliche Änderungen an vielen Datensätzen vornehmen, sollte man sich das Ergebnis der Abfrage unbedingt erst in der *Datenblattansicht* ansehen, bevor man endgültig den Befehl *Ausführen* anklickt.

Mehr Fähigkeiten entfalten Aktualisierungsabfragen in Datenbanken mit vielen Zahlenfeldern. So ist es beispielsweise möglich, mit einer einzigen Abfrage alle Preise eines Kataloges zu erhöhen.

Aufgaben

3. Lösche die *Geschichtliche Weltkunde*-Bücher.

Feld:	Titel
Tabelle:	Bücher
Löschen:	Bedingung
Kriterien:	Geschichtliche*

4. Auch die Serie *Physik* von Adolf Walz ist völlig veraltet. Ab in den Container. *Physik löschen*

5. Die folgende Aktualisierungsabfrage verbindet die beiden kleinen Sachgebiete *Sport* und *Spiele* zu einem größeren namens *Freizeit*.

Tabelle:	Bücher
Aktualisieren:	"Freizeit"
Kriterien:	"Sport" Oder "Spiele"

6. Der Verlagsname *Meyers* hat im Autorenfeld nichts zu suchen. Ersetze den falschen Autorennamen durch ein leeres Feld (*Null*). Speichere die Abfrage unter *Meyers*.

7. Manche Verlage tauchen unter zwei Namen auf. Das könnte zu Problemen führen. Wir sollten also die Verlagsbezeichnungen vereinheitlichen: Ersetze den Verlag *Wilhelm Heyne* durch *Heyne* und *Cecilie Dressler* durch *Dressler*.

8. Das Fach *Polytechnik* heißt in den meisten Bundesländern jetzt *Arbeitslehre*. Ändere den Namen des entsprechenden Sachgebiets. *Polytechnik*

Kapitel 5

Das hätten wir gern schriftlich

Damit man Daten veröffentlichen kann, brauchen sie eine überzeugende Form. Kathrin möchte bei der Schulleitung eine Aufstockung des Bibliotheksetats durchsetzen. Also erstellt sie für die Schulleitung einen **Bericht** über das viel zu hohe Durchschnittsalter der Bücher. Ein Bericht ist meistens nichts anderes als der ordentliche Ausdruck eines Abfrageergebnisses.

Öffne im Datenbankfenster die Abteilung *Berichte* und klicke auf *Neu*. Für Kathrins Zwecke eignet sich am besten ein *tabellarischer AutoBericht* zur Abfrage *Durchschnittsalter erste 25 %*:

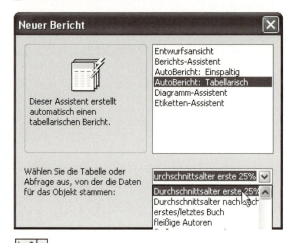

 Das Ergebnis sieht schon passabel aus, aber es kann vielleicht noch überzeugender gestaltet werden. Sehen wir uns den Entwurf des Berichts an:
- Der **Berichtskopf** wird nur einmal, ganz am Anfang des Berichts, ausgegeben.
- Der **Seitenkopf** mit Spaltentiteln steht bei mehrseitigen Berichten am Anfang jeder Seite.
- Der **Detailbereich**, der für jeden Datensatz der Tabelle oder Abfrage ausgedruckt wird, enthält die Feldnamen, anhand derer Access die auszudruckenden Daten identifiziert. Diese Feldnamen dürfen normalerweise nicht abgeändert werden.
- Der **Seitenfuß** am Ende jeder Seite enthält außer der Seitenzahl auch das aktuelle Datum.
- Der **Berichtsfuß** steht einmal ganz am Ende des Berichts. Bei uns ist er leer.

Im Berichtskopf und im Seitenkopf stehen hauptsächlich *Bezeichnungsfelder*. Das sind Überschriften die man bedenkenlos abändern kann. Klicke zum Beispiel die Spaltenüberschriften im Seitenkopf an (gehe dafür in die Entwurfsansicht). Ändere den Text folgendermaßen:
- aus *Durchschnittsalter erste 25 %* wird *Durchschnittsalter nach Sachgebiet*
- aus *Min von Jahr* wird: *ältestes Jahr*,
- aus *Max von Jahr* wird: *neuestes Jahr*,
- aus *Alter* wird *Durchschnittsalter*.

Access legt tabellarische Berichte standardmäßig im Querformat an. Der Brief, den wir erstellen wollen, hat aber Hochformat. Im Dialog *Datei – Seite einrichten – Seite* kannst du die *Orientierung* auf *Hochformat* ändern. Leider ist der Berichtsentwurf jetzt zu breit.
- Stelle die Überschrift *Sachgebiet* und das Feld *Sachgebiet* schmaler ein. Verschiebe die übrigen Felder und ihre Überschriften nach links.
- Suche mit den Bildlaufleisten den rechten Rand des Berichtsentwurfs.
- Lösche im Seitenfuß das Feld mit der Seitenzahl.
- Verkürze die Linie im Seitenfuß auf etwa 15 cm.
- Stelle die Breite des Berichtsentwurfs auf 16 cm ein. Du kannst dazu den rechten Rand verschieben.

Weitere Elemente, z. B. Adresse, Grafiken und Brieftext kannst du mit der *Toolbox* hinzufügen. Für Text ziehst du **Bezeichnungsfelder** auf. Beachte: Zeilenwechsel in Bezeichnungsfeldern müssen mit <Umschalt> + <Eingabe> eingegeben werden.

Vielleicht möchtest du auch den Bericht mithilfe von **Linien** oder **Rechtecken** gliedern. Oder ein Bild einfügen.

Aufgaben

1. Entwickle andere Abfragen zu Berichten weiter. Experimentiere auch mit anderen Berichtsassistenten.
2. Es muss nicht immer ein Access-Bericht sein. Wähle die Abfrage *Durchschnittsalter erste 25 %* in der Abfrageliste aus. Öffne sie nicht, sondern klicke auf die Schaltfläche *Veröffentlichen mit Word* (nicht „Serienbrief"!). Erstelle in Word das abgebildete *Memo* an die Schulleitung. Als Grafik wählst du eine passende Clipart.

Access

Wie man einen Berichtsentwurf verändern kann

An der rechten Kante des weißen Bereichs lässt sich die Breite des Berichts einstellen. Vorher müssen allerdings alle Elemente entfernt werden, die über den Rand hinausragen.

Die Höhe jedes Bereichs ist an der Oberkante der Namensleiste einstellbar.

Access fügt in jeden AutoBericht Felder für Seitenzahl und Datum ein.

Jedes einzelne Element befindet sich in einem Kasten, den man verschieben oder löschen kann.

Achtung: Während die Kästchen in Kopf und Fuß Texte enthalten, die man bedenkenlos löschen oder verändern kann, stehen im Detailbereich Feldnamen. Man darf dort zwar die Kästchen verschieben, aber nicht den Inhalt ändern.

Export nach Word

Schülerbücherei der Comeniusschule Meisenbach

An die Schulleitung
der Comeniusschule
im Hause

Das Ergebnis von Abfragen kann man auf einfache Weise nach Word exportieren und dort als Tabelle in einen Brief einbauen.

Sehr geehrte Damen und Herren,

wir haben den Computer gebeten, einmal das Durchschnittsalter der Bestände unserer Schülerbücherei zusammenzustellen:

Sachgebiet	Ältestes Buch	neuestes Buch	Durchschnittsalter
Polytechnik	1857	1987	41,1
Chemie	1963	1978	33,0
Mathematik	1960	1981	32,7
Heimatkunde	1950	1985	31,4
Deutsch	1912	1988	31,4
Erdkunde	1867	1996	30,3

Wie Sie aus der Tabelle leicht ersehen können, stammt der Großteil der Bestände noch aus den sechziger und siebziger Jahren. Während dies auf dem Gebiet der Belletristik nicht weiter besorgniserregend ist, sollte der Sachbuchbestand einer Bücherei doch auf einem einigermaßen aktuellen Stand gehalten werden.

Wenn die Bibliothek in Zukunft wieder mehr genutzt werden soll, ist es erforderlich, eine finanzielle Grundausstattung für regelmäßige Neuanschaffungen bereitzustellen.

Mit freundlichen Grüßen

Kapitel 5

 Sitzt, passt, wackelt und hat Luft!

Höchste Zeit, dass die Leser der Schülerbücherei ebenfalls ihren Platz am Computer bekommen. Bevor wir aber Kathrin zu einer Lesertabelle verhelfen können, machen wir uns am Beispiel der Büchertabelle zunächst einmal über den Entwurf von Access-Tabellen schlau.

Entwurf Wähle die Tabelle *Bücher* aus und klicke auf *Entwurf*. Das auf der nächsten Seite abgebildete Fenster wird sichtbar. In seinem oberen Teil wird für jedes Feld der Name und der **Datentyp** festgelegt. Die Büchertabelle besteht aus sieben Feldern, die aber nur drei Datentypen aufweisen:
- **Text** für die meisten Felder,
- **Zahl** für das Jahr und
- **AutoWert** für die Buch-Nr.

Die meisten Daten, die man einem Computer zur Aufbewahrung anvertraut, bestehen letzten Endes aus Text oder Zahlen. Je besser Access aber weiß, wozu die Inhalte eines bestimmten Feldes dienen, desto besser kann es seinen Benutzer unterstützen. AutoWerte sind Zahlen, die dazu dienen, Datensätze mit einer laufenden Nummer zu versehen. Access kann das automatisch erledigen. Dabei achtet es darauf, dass keine Nummer ausgelassen wird oder doppelt vorkommt. Weitere Datentypen für Spezialaufgaben sind:
- **Datum/Zeit** speichert z. B. das Anschaffungsdatum von Büchern oder die Uhrzeit der Ausleihe.
- **Währung** ist für Geldbeträge geeignet. Das spezielle Zahlenformat kann Geldbeträge ohne Rundungsfehler verarbeiten.
- **Ja/Nein**-Felder für Fragen wie *Schon bezahlt?* oder *Mitglied?* In Formularen treten Ja/Nein-Felder meist in Form von Ankreuzkästchen auf.
- **Memo**-Felder nehmen längere Texte auf, die bei den einzelnen Datensätzen sehr unterschiedlich lang sind. Für Memofelder gibt es keine Maximallänge.
- **OLE-Objekte** enthalten Töne oder Bilder.

 Aufgabe

1. Verlasse den Entwurf der Büchertabelle. Klicke auf *Neu*. Entwirf die Tabellenstruktur für einen Autokatalog. Versuche dabei jeden Datentyp zu verwenden. Speichere die Tabelle unter 📄 *Autos*.

Die Größe und andere Eigenschaften

Je nach ausgewähltem Datentyp tauchen unten im Entwurfsfenster verschiedene **Feldeigenschaften** auf. Die wichtigste ist die **Feldgröße**. Stelle sie dir vor als Spaltenbreite: die Anzahl von Buchstaben, die ein Textfeld maximal aufnehmen kann. Aber auch Zahlen haben eine Feldgröße:
- **Byte:** Ganze Zahlen zwischen 0 und 255. Sie benötigen soviel Speicherplatz wie ein Zeichen.
- **Integer:** Ganze Zahlen zwischen -32 768 und +32 767 mit dem Speicherplatzbedarf 2 Byte
- **Long Integer:** -2 147 483 648 bis + 2 147 483 647, Speicherbedarf 4 Byte
- **Single:** Kommazahlen mit sechsstelliger Genauigkeit, Speicherbedarf 4 Byte
- **Double:** Kommazahlen mit 14stelliger Genauigkeit, Speicherbedarf 8 Byte

Neben der Feldgröße gibt es weitere Feldeigenschaften:
- Das **Format** legt fest, wie der Feldinhalt angezeigt wird. Bei Zahlen kann man etwa die Anzahl der angezeigten Nachkommastellen vereinheitlichen.
- Mit dem **Eingabeformat** kann man Eingaben vorstrukturieren, etwa bei Autokennzeichen.
- Unter **Standardwert** kann man einen Regelwert vorgeben, der in jeden Datensatz eingetragen wird und nur in Ausnahmefällen abgeändert werden muss.
- Die **Gültigkeitsregel** grenzt Eingaben auf einen bestimmten Bereich ein. Liegt die Eingabe außerhalb, so erscheint die **Gültigkeitsmeldung**.
- Ist eine **Eingabe erforderlich**, so weigert sich Access das Feld in einem neu eingegebenen **Felddatentyp** leer zu lassen. Jedes Buch braucht einen Titel.
- Wenn ein Feld **indiziert** ist, erstellt Access zu diesem Feld eine unsichtbare Zusatztabelle, in der die Sortierfolge dieses Feldes abgespeichert ist. Das Feld, nach dem eine Tabelle am häufigsten sortiert wird, heißt **Primärschlüssel**.

 Aufgaben

2. In welchen Feldgrößen lassen sich folgende Zahlen ohne Verlust an Genauigkeit speichern?
   a) -12 b) 47,32 c) 50 000
   d) 200 e) 87 654 321 f) -0,123456789

3. Wieso begrenzt man die Länge von Textfeldern? Welche Maximallängen würdest du für die Textfelder der Büchertabelle wählen? Was passiert, wenn man in ein Feld einen überlangen Text eingibt?

Access

Der Entwurf der Büchertabelle:

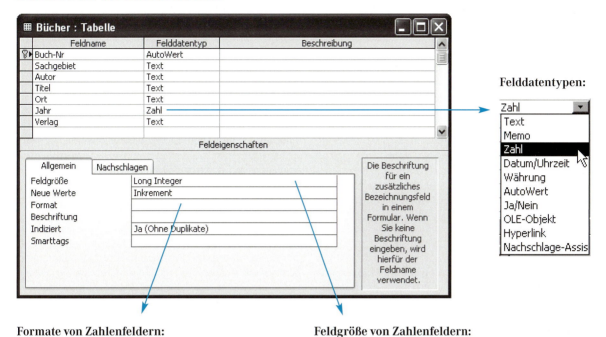

Felddatentypen:

Formate von Zahlenfeldern:

Feldgröße von Zahlenfeldern:

Formate von Datumsfeldern:

Unter **Nachschlagen** kann man Access anweisen, dass es bei Neueinträgen nur bestimmte Werte annimmt. So könnte man beim Feld *Sachgebiet* festlegen, dass der Benutzer nur solche Sachgebiete auswählen darf, die in einer speziell dafür angelegten Tabelle vorkommen.

Formate von Wahrheitswerten:

141

Kapitel 5

Neue Tabellen müssen her!

Wir werden nun die EDV-Bibliotheksverwaltung der Comeniusschule auf die Leser und die Ausleihvorgänge ausdehnen. Vielleicht denkst du dir, bevor du die folgende Doppelseite liest, zunächst selbst etwas aus.

 Aufgabe

1. Erarbeite einen eigenen Vorschlag, wie man Kathrins jetzige Leser- und Ausleihkartei (siehe Seite 124) in den Computer übertragen könnte.

Leser ...

Katrins Leserkartei lässt sich mit geringen Modifikationen als Tabelle in den Computer übernehmen. Hier eine kommentierte Schritt- für Schritt-Anleitung. Klicke in der Tabellenliste des Datenbankfensters auf *Neu* und lege die folgenden Felder an (verwende dafür wieder die Entwurfsansicht):

- Eine **Lesernummer** erleichtert die eindeutige Identifikation. Laufende Nummern können als *AutoWert* vom Computer vergeben werden.
- Zu jedem Verwaltungsvorgang gehört ein Datum. Also wird das **Ausstellungsdatum** des Leserausweises in der Datei dokumentiert.
- Selbstverständlich benötigen wir den **Namen** und den **Vornamen**, am besten in getrennten Feldern.
- Ein Computer kann aus dem Vornamen nur schlecht auf das **Geschlecht** des Lesers schließen. Also muss diese Angabe in den Datensatz. Du kannst hier durch Eingabe einer Gültigkeitsregel (*m oder w*) verhindern, dass der Computer unsinnige Werte annimmt.
- Aus Datenschutzgründen sollte man auf die Speicherung überflüssiger personenbezogener Daten verzichten. Dass in der Leserkartei einer Schülerbücherei etwa ein Hinweis auf die Nationalität eines Schülers enthalten sein muss, darf man bezweifeln.
- Daten, die sich ändern, wie das Alter oder die Klassenbezeichnung, sollte man nur dann speichern, wenn man sie auch regelmäßig auf den neuesten Stand bringen will. Zur eindeutigen Identifizierung eines Lesers sind **Geburtsdatum** und **Wohnort** besser geeignet.
- Kombinierte Angaben erschweren Sortier- und Filtervorgänge. Deshalb sollte man **Postleitzahl** und **Wohnort** lieber in jeweils eigene Felder schreiben.

Die Postleitzahl bekommt die Feldgröße *LongInteger*, das Format *00000* und die Gültigkeitsregel *>0* Und *<100 000*.

Wähle abschließend noch einmal das Feld mit der Lesernummer aus und klicke dann auf den kleinen Schlüssel in der Symbolleiste. Die Lesernummer wird so zum **Primärschlüssel** der Tabelle. Access benutzt die Lesernummer als Index und achtet darauf, dass keine Nummer doppelt vorkommt. Dies ist für eine Kombination mit anderen Tabellen wichtig.

Speichere deinen Entwurf unter *Meine Lesertabelle*.

... leihen Bücher

Nicht immer kann man Vorgänge, die sich im Umgang mit Karteien eingespielt haben, direkt auf den Computer übertragen. In Kathrins jetziger Schülerbücherei werden Ausleihvorgänge durch Eintragen von Lesernummer und Rückgabedatum auf der Karteikarte des jeweiligen Buches vermerkt. Bei einer Übernahme in Access-Tabellen würde dieses Verfahren bedeuten, dass man die Ausleihvorgänge in die Büchertabelle einträgt. Das ist aber ziemlich unpraktikabel:

- Würde man bei jedem Buch jeweils nur ein Feld für den letzten Ausleiher und das letzte Ausleihdatum vorsehen, so hätte das zur Folge, dass bei der Rückgabe des Buches der ganze Vorgang aus dem Computer getilgt würde. Spätere statistische Auswertungen wären dann nicht mehr möglich.
- Würde man aber bei jedem Bücherdatensatz mehrere Felder für Ausleihvorgänge vorsehen, so wäre der jeweils letzte Verleihvorgang bei jedem Buch in einem anderen Feld der Tabelle vermerkt. Abfragen, etwa nach einer Liste aller momentan ausgeliehenen Bücher, wären kaum möglich, weil sich Abfragekriterien immer auf eine bestimmte Spalte der Tabelle beziehen.

Genau dieselben Probleme würden sich ergeben, wenn man versuchte, Ausleihvorgänge in einer Lesertabelle zu speichern. Bleibt nur eins: Wir brauchen eine spezielle Tabelle, in der jeder *Ausleihvorgang* seinen eigenen Datensatz bekommt.

- Jedes Buch und jeder Leser kann in dieser Tabelle beliebig oft auftauchen.
- Vom verliehenen Buch und vom ausleihenden Leser werden in der Datei nur die Nummern gespeichert.
- Die Verknüpfung der Nummern mit den dazugehörigen Daten muss Access lösen.

Versuchen wir einen Entwurf der Ausleihtabelle, der diese Forderungen erfüllt. Lege die folgende Tabelle an:

Feldname	Felddatentyp
Ausleih-Nr	AutoWert
Buch-Nr	Zahl
Leser-Nr	Zahl
ausgeliehen	Datum/Uhrzeit
gemahnt	Datum/Uhrzeit
zurück	Ja/Nein

- Damit Access die Daten der Tabelle in eine eindeutige Reihenfolge bringen kann, legen wir **Ausleih-Nr** als *AutoWert* an und setzen den *Primärschlüssel*. Jeder Ausleihvorgang erhält von Access automatisch eine neue Nummer.
- **Buch-Nr** und **Leser-Nr** sind in den beiden korrespondierenden Tabellen als *AutoWert* angelegt. Hier in der Ausleihtabelle müssen wir sie als *Zahl* in der Feldgröße *LongInteger* formatieren.
- Neben Buchnummer und Lesernummer gehört in jeden Datensatz, wann das Buch **ausgeliehen** wurde. Weil es auch unzuverlässige Menschen gibt, lassen wir auch gleich Platz für ein Datum, wann eventuell **gemahnt** wurde. Das Feldformat setzen wir bei beiden Feldern auf *Datum, kurz*.
- Ein Rückgabedatum zu notieren ist überflüssig. Es reicht die Angabe, ob ein Buch **zurück** ist. Als *Standardwert* geben wir hier *Nein* ein. Bei der Rückgabe wird das *Nein* durch ein *Ja* ersetzt.
- Speichere den Entwurf: *Meine Ausleihtabelle*.

Kleiner Probelauf

Um ein einigermaßen realistisches Arbeiten mit unserer Leser- und Ausleihdatei zu ermöglichen, reichen fünf oder sechs Datensätze nicht aus. Deshalb sparen wir uns einen Haufen Tipparbeit und importieren aus einer anderen Datenbank eine vorbereitete Leser- und Ausleihdatei. Die Daten der vorbereiteten Ausleihdatei sind naturgemäß nicht mehr so ganz frisch, aber für Demonstrationszwecke können wir ja vorübergehend mal so tun, als sei gerade Juli 2003.
Auf geht's:
- Schließe alles außer dem Datenbankfenster,
- gehe zur Tabellenliste,
- klicke auf *Neu*,
- wähle *Tabelle Importieren*,
- wähle die Datei *Import* in deinem Arbeitsverzeichnis,
- importiere daraus die Tabellen *Ausleihe* und *Leser*. Die gleichfalls enthaltene Tabelle *Bücher* brauchst du nicht zu importieren.

 Aufgaben

1. Formuliere Abfragen zur Lesertabelle:
   - Wie viele Leserinnen, wie viele Leser gibt es?
   - Welche Leser kommen aus Dickschied? (Lesernummer und Name)
   - Wie verteilen sich die Leser auf die einzelnen Wohnorte? Woher kommen die meisten, woher die wenigsten Leser?
   - Wie alt sind die beiden ältesten Leser? Die Funktion *Int* unterdrückt Kommastellen.
   Alter: Int((Datum()-[geboren])/365)
   Ermittle mit einer Funktionsabfrage auch das Durchschnittsalter aller Leser.

2. Wähle die Tabelle *Leser*. Klicke auf das Symbol *Neues Objekt – AutoFormular*. Access erstellt dir ein Eingabeformular. Speichere es unter Leser.

3. Sicher möchtest du und möchten deine Freunde und Freundinnen ebenfalls Kunden von Kathrins Bücherei werden. Gib einige weitere Datensätze in die Lesertabelle ein.

4. Lass dir ein *AutoFormular* zur Ausleihtabelle erstellen. Gib ihm den Namen Ausleihe.

5. Simuliere durch Eingabe in die drei Tabellen die folgenden Vorgänge:
   - Leser Nr. 27 leiht Buch Nr. 99 aus.
   - Leser Nr. 76 gibt Buch Nr. 381 zurück.
   - Buch Nr. 1441 wird vor der Tür gefunden. Es soll als zurückgegeben vermerkt werden.
   - Michaela Haas (Leserausweis vergessen) möchte Buch Nr. 127 ausleihen.
   - Das Buch *Lederstrumpf* wird dringend gebraucht. Stelle fest, wer es ausgeliehen hat.
   - Welches Buch ist am längsten ausgeliehen?

Kapitel 5

relatio... dings

Weil wir zu faul sind, bei jedem Entleihvorgang die vollständigen Daten des Buches und des Entleihers zu notieren, beschränken wir uns auf die Eingabe von Buchnummer und Lesernummer. Das hat nun allerdings zur Folge, dass unsere Ausleihdatei allein wenig aussagekräftig ist. Wir können zwar feststellen, dass Leser 173 mit Buch 1284 die Ausleihfrist überzogen hat. Wenn wir aber eine Mahnung verschicken wollen, müssen wir zuerst in der Leserdatei und der Buchdatei nachschlagen, auf welchen Leser und welches Buch die beiden Nummern verweisen.

Natürlich gibt es einen Weg, diese Arbeit dem Computer zu übertragen. Programme wie Access nennt man eine **Relationale Datenbank**. Relation heißt Beziehung. In unserem Fall bedeutet das, dass Access in der Lage ist, verschiedene Tabellen einer Datenbank über ihre gemeinsamen Felder zu verknüpfen und Abfragen über Tabellengrenzen hinweg auszuführen. Wenn du Access also mitteilst, dass es zu den Feldern *Buch-Nr* und *Leser-Nr* der Ausleihtabelle entsprechende Felder in der Büchertabelle und der Lesertabelle gibt, dann kann Access dir zu den Nummern der Ausleihtabelle automatisch aus der Büchertabelle den Buchtitel und aus der Lesertabelle den Namen heraussuchen.

So verknüpfen wir unsere drei Tabellen:

- Ein Klick auf das Symbol *Beziehungen* öffnet das Beziehungsfenster. Falls dort die drei Tabellen noch nicht zu sehen sind, klickst du auf das Symbol *Tabelle anzeigen* und fügst die fehlenden Tabellen hinzu.
- Klicke das Feld *Leser-Nr* der Ausleihtabelle an und ziehe es auf das entsprechende Feld der Lesertabelle.
- Im folgenden Dialogfeld wählst du einfach *Erstellen*.
- Wenn du alles richtig gemacht hast, müssten beim Schließen des Dialogfelds die beiden Lesernummern durch eine Linie verbunden sein.
- Ziehe das Feld *Buch-Nr* der Ausleihtabelle auf das gleichnamige Feld der Büchertabelle.
- Wähle wieder *Erstellen*.
- Schließe das Beziehungsfenster und speichere das Layout.

Wenn du jetzt eine neue Abfrage erstellst und alle drei Tabellen in den Entwurf aufnimmst, werden dort auch die Verbindungslinien angezeigt und du kannst Felder aus allen drei Tabellen in der Abfrage verwenden. Willst du dir zum Beispiel ansehen, wer welche Bücher ausgeliehen hat, so nimmst du zu den Feldern der Ausleihdatei einfach den Buchtitel und den Namen des Entleihers dazu. Und schon verwandelt Access Nummern in lesbaren Klartext.

Weil die Verknüpfung von Tabellen so einfach geht, plädieren Datenbankexperten dafür, Tabellen so oft wie möglich aufzuteilen, um Wiederholungen zu vermeiden. So speichern viele Schulen nicht bei jedem Schüler die Postleitzahl und den Wohnort. Sie vermerken stattdessen in der Schülerdatei nur noch eine Kennzahl für den Ortsteil und ordnen dieser Zahl über eine kurze Zusatztabelle die Postleitzahl, den Ortsteilnamen und den Ortsnamen zu. Alle diese Angaben brauchen dann beim einzelnen Schüler nicht mehr eingegeben zu werden. Sie werden über die Ortskennzahl gesucht und eingefügt.

Aufgaben

1. Erstelle eine *Neue Abfrage*. Nimm alle drei Tabellen in den Abfrageentwurf auf. Die Beziehungslinien werden auch hier angezeigt. Baue die auf der nächsten Seite abgebildete Abfrage auf. Speichere sie unter *Ausleihvorgänge*.

2. Verändere die Abfrage so, dass nur solche Bücher angezeigt werden, die noch nicht zurückgegeben wurden. Speichere das Ergebnis unter *zur Zeit verliehen*.

3. Erstelle eine Funktionsabfrage der *fleißigsten Leser*, geordnet nach der Zahl entliehener Bücher. (Anleitung: Verwende *Nachname* zum Gruppieren und bestimme von *Ausleih-Nr* die Anzahl.)

4. Welche Bücher wurden *mehrmals entliehen*?

5. Welche Leser wurden *mehrmals gemahnt*?

6. Könnte man aus der Bücherdatei Teildaten in eine Zusatztabelle auslagern, um Speicherplatz zu sparen? Falls du experimentieren willst, dann kopiere die Datenbank *Biblio.mdb* nach *Biblio2* und arbeite mit der Kopie.

So werden Beziehungen definiert:

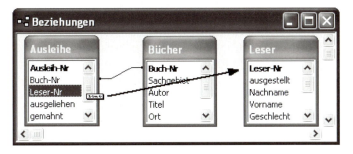

 zeigt das Beziehungsfenster an.

Klicke das *Buch-Nr*-Feld der Ausleihtabelle an und ziehe es auf das *Buch-Nr*-Feld der Büchertabelle. So zeigst du Access, dass die beiden Tabellen durch dieses Feld verbunden sind. Wiederhole das Ganze mit dem *Leser-Nr*-Feld und der Lesertabelle.

In der Büchertabelle und der Lesertabelle werden die Verknüpfungen sichtbar.

Sobald die Tabellen verknüpft sind, erscheint in der Büchertabelle und in der Lesertabelle vor jedem Datensatz ein Pluszeichen.

Klickst du es an, erfährst du bei der Büchertabelle, von wem die Bücher ausgeliehen waren bzw. sind und bei der Lesertabelle, welche Bücher der jeweilige Leser ausgeliehen hatte oder noch hat.

So nutzt man Verknüpfungen in Abfragen aus:

In Abfragen kann man jetzt beliebige Felderkombinationen aus allen Tabellen aufnehmen. Die Felder *Buch-Nr* und *Leser-Nr*, über die die Tabellen verbunden sind, brauchen selbst nicht in der Abfrage zu erscheinen.

Kapitel 5

referen... was?

„Stell dir vor", erzählt Kathrin: „Mein Bruder hat sich doch neulich eine gebrauchte Honda gekauft. Heute Morgen lag im Briefkasten ein Strafmandat. Er soll zu schnell gefahren sein. In Singhofen. Er weiß gar nicht, wo das liegt. Wahrscheinlich hat er den Knollen vom Vorbesitzer geerbt." „Gibt's doch gar nicht", zweifelt Simon. „Die müssen doch merken, dass die Kiste inzwischen umgemeldet ist."

Leider nein. Auch Access fallen solche **Inkonsistenzen** nur dann auf, wenn man es ausdrücklich dazu auffordert. Aber auf besonderen Wunsch überwacht Access die **referentielle Integrität** deiner Tabellen. Das heißt, es kümmert sich darum, dass Löschungen oder Änderungen von Datensätzen einer Tabelle in einer anderen Tabelle keine verwaisten Datensätze hinterlassen.

Wir veranlassen also, dass Access die referentielle Integrität unserer Datenbank überwacht:
- Öffne das Fenster *Beziehungen* und doppelklicke auf eine Beziehungslinie. Setze dann ein Häkchen bei *Mit referentieller Integrität*.
- Schließe das Dialogfeld und verfahre mit der anderen Beziehungslinie genauso.

Wenn es geklappt hat, weist eine 1 bei der Leserdatei und eine liegende 8 bei der Ausleihdatei darauf hin, dass ab sofort zu einem Eintrag in der Lesertabelle beliebig viele Ausleihvorgänge gehören dürfen, aber umgekehrt zu jedem Eintrag der Ausleihtabelle ein Bücher- und ein Leserdatensatz existieren müssen.

 Aufgaben

1. Versuche in die Ausleihdatei eine ungültige Buchnummer einzutragen. Was macht Access?

2. Versuche in der Lesertabelle einen Datensatz zu löschen, dessen Lesernummer in der Ausleihtabelle vorkommt. Welche Meldung bekommst du?

3. Doppelklicke auf die Beziehungslinie zwischen Ausleih- und Lesertabelle. Hake in der Dialogbox *Beziehungen* das Feld *Löschweitergabe...* ab. Wie reagiert Access jetzt auf den gleichen Versuch?

Nicht nur die Auserwählten

Für die Bibliotheksaufsicht wäre es praktisch, wenn sie im Bücherkatalog immer gleich angezeigt bekäme, ob Bücher gerade unterwegs sind und wann sie wieder abgegeben werden sollten.

Zu diesem Zweck erstellen wir zunächst eine Abfrage, die die Büchertabelle mit der Ausleihtabelle verknüpft (siehe Abbildung auf der nächsten Seite). In diese nehmen wir alle Felder der Büchertabelle auf. Außerdem definieren wir ein Feld:

verliehen bis: Wenn([zurück]=Nein;[ausgeliehen]+14).

Hier soll bei ausgeliehenen Büchern das späteste Rückgabedatum angezeigt werden, 14 Tage nach dem Ausleihtermin. Die fertige Abfrage speichern wir ab unter *Bücherkatalog*. Anschließend lassen wir uns zu der Abfrage ein gleichnamiges AutoFormular erstellen.

Leider klappt es nicht ganz wie es sollte. Wenn zwei Tabellen über ein Feld miteinander verknüpft sind, dann führt Access im Ergebnis von Abfragen normalerweise nur solche Datensätze auf, die in beiden Tabellen enthalten sind. Bei unserer Abfrage listet Access also nur die Bücher auf, die in der Ausleihtabelle mindestens einmal vorkommen. Unsere Benutzer möchten aber in der Regel alle Bücher der Bibliothek angezeigt bekommen. Das müssen wir ändern:
- Öffne den Entwurf der Abfrage *Bücherkatalog*.
- Doppelklicke auf die Beziehungslinie zwischen Bücher- und Ausleihtabelle.
- Wähle in *Verknüpfungseigenschaften* die Option: „Beinhaltet ALLE Datensätze aus Bücher..."

Jetzt sollte das Formular wie erwartet funktionieren.

Access

Referentielle Integrität

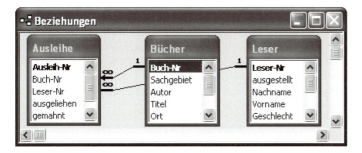

Nach Doppelklicken auf Beziehungslinien kann man im Fenster *Beziehungen* die Art der Verknüpfung zweier Tabellen genauer festlegen.

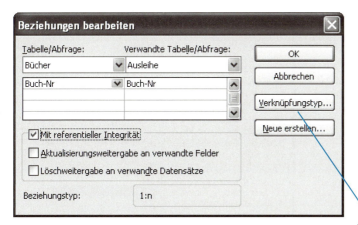

Durch Setzen eines Häkchens im Feld *Mit referentieller Integrität* wird Access beauftragt alle Eingaben zu überwachen. Diese Eigenschaft aktivieren wir bei den beiden Verknüpfungen unserer Tabellen.

Willst du Bücher- oder Leserdatensätze löschen, solange von diesen noch Ausleihvorgänge gespeichert sind, so wird Access entweder protestieren oder aber die zugehörigen Datensätze der Ausleihtabelle gleich mitlöschen (*Löschweitergabe*).

Verknüpfungseigenschaften

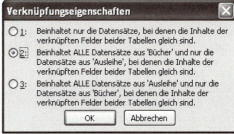

Bei einer Abfrage über zwei Tabellen werden im Allgemeinen nur solche Datensätze angezeigt, die in beiden Tabellen vorkommen. Will man aus der einen Tabelle alle vorhandenen Datensätze anzeigen, so muss man die **Verknüpfungseigenschaften** entsprechend ändern.

Du brauchst das jedoch nicht im Beziehungsfenster prinzipiell festzulegen, sondern kannst es im Entwurf der jeweiligen Abfrage auswählen. Dann gilt es nur für diese spezielle Abfrage.

Ein Beispiel:
Aufgelistet werden sollen alle Bücher. Nur bei den moemntan ausgeliehenen soll zusätzlich das Rückgabedatum angezeigt werden.

Durch den Pfeil im Beziehungsschema wird der Verknüpfungstyp „Beinhaltet ALLE Datensätze aus Bücher..." angezeigt.
Die Eintragung *Bücher.** nimmt alle Felder der Büchertabelle in die Abfrage auf.
Der Ausdruck *verliehen bis*: errechnet das voraussichtliche Rückgabedatum.

Kapitel 5

Formulare für den DAU

Noch machen Kathrin und Simon am Computer alles selbst. Früher oder später werden aber auch Helfer bei der Bibliotheksverwaltung mitarbeiten müssen, die das System nicht vollständig durchschauen. Außerdem kommen jetzt schon manche Leser und sagen „Lass mich auch mal!" Warum soll nur die Bibliotheksaufsicht Bücher im Katalog suchen dürfen, wenn die Leserinnen und Leser das gut allein könnten?

Andererseits kann man bei allem Vertrauen nicht jedem gestatten, die wertvollen Bücher- und Leserdaten zu verändern oder gar zu löschen. Wer ein Programm zur Benutzung durch andere einrichtet, muss also dafür sorgen, dass selbst der **d**ümmste **a**nzunehmende **U**ser keine Probleme bekommt und keinen Schaden anrichten kann. Das werden wir jetzt zumindest ansatzweise versuchen.

Sicherer Bücherkatalog

Zuerst beschränken wir die Möglichkeiten des Kunden, der im Katalog blättert. Er soll daran gehindert werden Bücher zu löschen oder Bücherdaten abzuändern. Dazu müssen wir am Formular *Bücherkatalog* aus dem letzten Abschnitt ein paar kleine, aber wirkungsvolle Verbesserungen vornehmen.

Öffne zunächst den Entwurf des Formulars. Klicke auf den **Formularmarkierer** (das kleine quadratische Feld links oben am Nullpunkt der weißen Lineale) um alle Markierungen aufzuheben. Dort erscheint jetzt ein schwarzes Klötzchen.

Doppelklicke auf das Quadrat oder klicke auf die Schaltfläche *Eigenschaften*. In der Liste, die sich jetzt öffnet, kannst du festlegen, wo das Formular auf dem Bildschirm erscheint, ob es Bildlaufleisten erhält und vieles andere. Verschaffe dir zunächst einen Überblick. Wenn du Näheres zu einer Einstellmöglichkeit erfahren möchtest, so setze den Cursor in die betreffende Zeile und drücke die Taste <F1>.

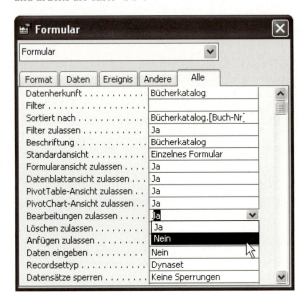

Uns interessieren momentan nur drei Einstellungen: Die Eigenschaften *Bearbeitungen zulassen*, *Löschen zulassen* und *Anfügen zulassen* sind derzeit auf *Ja* gesetzt. Klicke diese Felder an und wähle aus der Liste, die herunterklappt, jeweils die Option *Nein*. Danach kannst du das Eigenschaftsfenster schon wieder schließen und die Änderungen am Formular speichern. Wenn in Zukunft ein Leser mit diesem Formular im Katalog herumblättert, kann er zwar alles ansehen und mit dem Cursor durch die einzelnen Felder wandern. Access erlaubt ihm aber nicht Eintragungen zu ändern oder neue Bücher einzugeben.

Aber was macht nun der Büchereiverwalter, der genau diese Möglichkeiten täglich braucht? Ganz einfach: Er bekommt ein eigenes Formular, in dem die Bearbeitungsmöglichkeiten nicht gesperrt sind. Kopiere das Formular und füge es als *Bücherkatalog Aufsicht* wieder ein. Öffne den Entwurf und mache die beschriebenen Änderungen rückgängig. Die Eigenschaft *Beschriftung* änderst du in „Bücherkatalog Aufsicht".

Access

Eine universelle Abfrage

Nun nehmen wir uns den Ausleihbetrieb vor. Als gemeinsame Basis für ein Ausleih- und ein Rückgabeformular erstellen wir zunächst eine Abfrage, die aus den drei Tabellen die für Verwaltungsvorgänge benötigten Felder und Datensätze herauszieht.

- Lege eine neue Abfrage an.
- Nimm alle drei Tabellen in die Abfrage auf.
- Ziehe aus *Ausleihe* die Felder *Buch-Nr* und *Leser-Nr* und aus *Bücher* die Felder *Autor* und *Titel* in die Tabelle.
- Trage in die fünfte Spalte diesen Ausdruck ein: *Name*: *[Vorname]&" "&[Nachname]*
- Füge aus *Ausleihe* die Felder *ausgeliehen*, *gemahnt* und *zurück* hinzu.
- Ergänze in der Spalte *zurück* das Kriterium *Nein*.
- Führe die Abfrage zur Kontrolle einmal durch. Sie sollte etwa 60 Datensätze von ausgeliehenen Büchern und ihren Entleihern anzeigen.
- Speichere die Abfrage unter 🗎 *rein/raus*.

Das Ausleihformular

Suche die Abfrage 🗎 *rein/raus* im Abfragen-Fenster und lass dir von Access dazu ein AutoFormular erstellen. Wir werden dieses Formular nun etwas umbauen und an unsere Bedürfnisse anpassen:

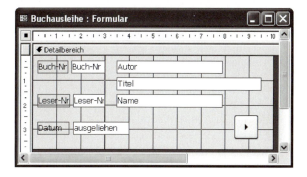

- Öffne das neue Formular *rein/raus* im Entwurf. Die weißen Flächen heißen **Textfelder**. Sie enthalten die Feldnamen aus den Tabellen und werden später die Felder des Datensatzes enthalten. Die grauen Rechtecke heißen **Bezeichnungsfelder**. Ihren Inhalt kannst du auch ändern.
- Klicke die Textfelder *gemahnt* und *zurück* an, so dass sie rundum mitsamt ihren Bezeichnungsfeldern markiert sind, und lösche sie dann mit einem Druck auf die <Entf>-Taste.
- Markiere und lösche bei den Textfeldern *Autor*, *Titel* und *Name* jeweils das Bezeichnungsfeld.
- Ziehe *Autor* und *Titel* neben die Buchnummer und *Name* neben die Lesernummer (siehe Bild).
- Doppelklicke auf das Formularmarkierer-Quadrat, um die *Eigenschaften* des Formulars anzuzeigen. Gib bei der Option *Beschriftung* den Formulartitel *Buchausleihe* ein.
- Die Option *Daten* eingeben stellst du auf *Ja*.
- Den *Datensatzmarkierer* und die *Navigationsschaltflächen* brauchen wir bei diesem Formular nicht. Ändere die Eigenschaft auf *Nein*.
- Klicke nacheinander die Felder *Autor*, *Titel* und *Name* an. Stelle bei allen dreien die Eigenschaft *Gesperrt* auf *Ja*.
- Klicke das Textfeld *ausgeliehen* an. Trage bei der Option *Standardwert* die Funktion =*Datum*() ein. Access wird dann bei der Buchausleihe automatisch immer diesen Wert eintragen.
- Wenn die Symbolleiste *Toolbox* nicht geöffnet ist, öffne sie mit Klick auf das Werkzeugsymbol.
- Der *Steuerelementassistent* (das Zauberstab-Symbol oben neben dem Pfeil) muss eingeschaltet sein.
- Klicke in der Toolbox auf das Symbol *Befehlsschaltfläche* und ziehe in der unteren rechten Ecke deines Formulars eine Schaltfläche auf.
- Wähle als Kategorie *Datensatznavigation* und als Befehl, den die Schaltfläche auslösen soll, die Aktion *Gehe zum nächsten Datensatz*.
- Danach kannst du *Fertig stellen* anklicken.
- Schließe das Formular und speichere es unter dem Namen 🗎 *Buchausleihe*.

Dein neues Ausleihformular hat einige Eigenschaften, die seine Verwendung nicht nur sicher, sondern auch angenehm machen:

- Beim Aufruf ist alles weiß, das Formular zeigt vorhandene Datensätze nicht an.
- Sobald du die Buchnummer eingibst, zeigt dir Access zur Kontrolle automatisch den Autor und den Titel des Buches. Sobald du die Lesernummer einträgst, erscheint der dazugehörige Lesername.
- Die drei von Access „nachgeschlagenen" Einträge können nicht versehentlich bearbeitet werden, weil du die entsprechenden Felder gesperrt hast.

Im Feld *ausgeliehen* ist schon das heutige Datum eingetragen. Du brauchst nur noch die Schaltfläche anzuklicken, schon ist die Ausleihe perfekt.

Kapitel 5

Das Rückgabeformular

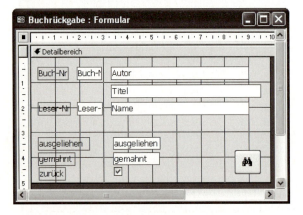

Um auch die Buchrückgabe sicher und rationell abzuwickeln, entwerfen wir ein zweites Formular:
- Lass dir zunächst wieder zur Abfrage 📄 *rein/raus* ein *AutoFormular* erstellen.
- Wechsle in den Entwurfsmodus und baue das Formular um, wie in der Abbildung dargestellt.
- Doppelklicke auf das Formularmarkierer-Quadrat. Die *Eigenschaften* des Formulars werden angezeigt.
- Ändere die Beschriftung auf „Buchrückgabe".
- Mit diesem Formular bearbeiten wir bereits vorhandene Datensätze der Ausleihdatei. Belasse also *Bearbeitungen zulassen* auf *Ja*. Dagegen änderst du *Löschen zulassen* und *Anfügen zulassen* auf *Nein*.
- Einen *Datensatzmarkierer* benötigt dieses Formular nicht. Ändere auf *Nein*. Dagegen brauchen wir diesmal *Navigationsschaltflächen*. Belasse auf *Ja*.
- Bei der Rückgabe eines Buches wird nur das Kästchen bei *zurück* abgehakt. Alle anderen Felder müssen gegen versehentliche Änderungen geschützt werden. Klicke sie nacheinander an und setze jeweils *Gesperrt* auf *Ja*.
- Um einen Datensatz der Ausleihtabelle zu ändern, müssen wir ihn zunächst finden. Zeichne eine *Befehlsschaltfläche* in das Formular, die den *Suchen*-Befehl aufruft. Wähle dafür als Kategorie: *Datensatznavigation* und als Aktion: *Datensatz suchen*.
- Speichere das Formular unter 📄 *Buchrückgabe*.

Wegen der zugrunde liegenden Abfrage *rein/raus* zeigt das Formular nicht alle Bücher an, sondern nur die etwa 60 momentan ausgeliehenen. Wenn jemand ein Buch zurückgeben will, kannst du also mithilfe der Navigationsschaltflächen die Datensätze durchblättern und, wenn du das Buch gefunden hast, das Häkchen bei *zurück* setzen. Schneller geht es, wenn du den Cursor in das Feld *Buch-Nr* setzt und das Fernglas anklickst.

In das Suchen-Formular trägst du nun die Nummer des zurückkommenden Buches ein und klickst auf *Weitersuchen*. Dann sucht Access dir den kompletten Verleihvorgang heraus. Dasselbe funktioniert auch mit der Lesernummer oder einem anderen Feld. Falls bei *gemahnt* ein Datum eingetragen ist, darfst du pro Woche einen Euro Mahngebühr kassieren.

Mit unseren Katalog-, Ausleih- und Rückgabeformularen haben wir bei den drei wichtigsten Vorgängen in einer Bibliothek die Wahrscheinlichkeit von Fehleingaben mit schlimmen Folgen für unsere Daten zwar nicht ausgeschlossen, aber doch stark vermindert. So können wir nun einen Ausleih-Probebetrieb aufnehmen.

 Aufgaben

1. Eine Leserin kann das Buch *Der tätowierte Hund* von *Paul Maar* nicht finden. Sieh nach, ob es ausgeliehen ist und wann es zurückkommt.

2. Leserin 66, *Gesche Hödlmoser*, leiht das Buch 2 *Fern von Tibet* aus.
   Leser 12, *Heiko Arnemann*, leiht Buch 49 *Auf der Spur des Roten Mannes* aus.
   Leser 44, *Cengiz Türker* leiht Buch 140 *Das war der Hirbel* aus.

3. *Matthias Witzko* kommt, um das Buch 66 *Die drei Musketiere* auszuleihen. Seine Lesernummer hat er vergessen. Baue in das Formular 📄 *Leser* für solche Fälle die Suchfunktion ein.

4. Von dem Buch *Indienfahrt* von *Waldemar Bonsels* hat sich das Schildchen mit der Signatur gelöst. Leser 85 möchte es trotzdem leihen. Stelle zunächst die Buchnummer fest und bearbeite dann den Ausleihvorgang.

5. Die Bücher 1233, 383, 1518 und 764 werden zurückgegeben. Verwende das Rückgabeformular.

6. *David Sarnowski* kommt um das Buch *Was ist was: So lebten sie zur Zeit der Maya, Azteken und Inka* zurückzugeben. Seine Lesernummer hat er vergessen.

7. Auf dem Sessel in der Leseecke wird das Buch *Emil und die Detektive* gefunden. Offenbar hat es jemand ausgeliehen und dann liegen lassen. Sieh nach, um wen es sich handelt, und trage es als zurückgegeben ein.

Alles streng geregelt

Irgendwie muss das Problem gelöst werden, dass unsere Leserinnen und Leser immer wieder ihre Lesernummern vergessen. Wir sollten unserer Kundschaft einen Ausweis ausstellen, als Gedächtnisstütze und natürlich auch als Werbung für die Bücherei. Das ist ein Fall für den Berichtsassistenten.

Um den abgebildeten Ausweis aufzubauen, müssen wir zunächst eine Abfrage an die Lesertabelle formulieren. Die Felder der Abfrage sind
- Leser-Nr
- Name: [Vorname]&" "&[Nachname]
- Straße
- Ort: [Postleitzahl]&" "&[Wohnort]
- ausgestellt

Die beiden Ausdrücke *Name* und *Wohnort* dienen dazu, Daten aus verschiedenen Tabellenfeldern in einem einzigen Abfragefeld zusammenzuführen. Der Operator *&* besorgt das Verketten von Texten. Die Anweisung bedeutet im Klartext: *Um den Ausdruck Name zu erzeugen, nimm den Inhalt des Feldes Vorname, füge ein Leerzeichen und den Inhalt des Feldes Nachname hinzu.*

Weiter geht es so:
- Trage unter dem Feld *Leser-Nr* als *Kriterium* die Angabe *[Lesernummer?]* ein. Die eckige Feldnamenklammer teilt Access mit, dass später beim Ausstellen eines Ausweises die Lesernummer erfragt werden soll.
- Speichere die Abfrage unter 🗐 *Leserausweis*.
- Wähle nun im Abfragefenster die neue Abfrage aus und lass dir dazu mit dem Befehl *Bericht – Neu* einen *AutoBericht* erstellen.
- Klicke auf das Schließfeld und speichere das Ergebnis unter dem Titel 🗐 *Leserausweis*.

Der *AutoBericht* ist nur der Ausgangspunkt. Öffne den Entwurf erneut und verbessere ihn wie folgt:
- Verkleinere mit der Maus die Höhe von *Seitenkopf* und *Seitenfuß* des Berichts auf Null. Lösche dafür deren Inhalte.
- Vergrößere den Detailbereich auf Scheckkartenformat. Ziehe den rechten Rand des weißen Feldes auf 8,5 cm und den Seitenfuß auf 5,3 cm.
- Ziehe mit der Maus einen Rahmen um alle Felder des Ausweises, so dass alle ausgewählt sind, und schiebe sie geschlossen 1 cm nach unten.
- Klicke die Bezeichnungsfelder (jeweils das linke Rechteck eines Paares) nacheinander an und lösche die Bezeichnungen *Name*, *Straße* und *Wohnort* mit der <Entf>-Taste.
- Ändere die Bezeichnung *Leser-Nr.* auf „Leserausweis Nr.". Vergrößere das Feld *Leser-Nr.* zum Quadrat. Solange das Quadrat markiert ist, kannst du in der Symbolleiste die Schriftart verändern. Stelle sie auf Arial 28 pt.
- Füge mit der Toolbox am oberen Rand ein Bezeichnungsfeld ein, beschrifte es mit „Schülerbücherei der Comeniusschule".
- Klicke dann seinen Rand an und ändere die Schriftart auf Arial 20 pt fett.
- Wähle in der Toolbox das *Rechteck*. Ziehe einen Rahmen um den Ausweis. In der Symbolleiste kannst du die Rahmenbreite und -farbe einstellen. Die Füllfarbe muss *transparent* sein, damit die anderen Elemente sichtbar bleiben. Ein Schatten sieht gut aus.
- Speichere die Änderungen und drucke einige Leserausweise. Access fragt dich nach der Lesernummer und druckt für diesen Leser einen Ausweis.

Kapitel 5

Schluss mit der Schlamperei!

Eine richtige Bibliothek muss von Zeit zu Zeit Mahnschreiben verschicken, weil sie ja nicht nur von ordentlichen und braven Leserinnen und Lesern besucht wird. Aber keine Bange: Ein gut dressierter Computer macht das Mahnwesen ohne großen Aufwand nebenbei. Man muss ihm nur sagen, wie es geht. In unserer Bücherei versenden wir dazu aus Access einen Word-Serienbrief.

Entwirf zunächst eine Abfrage nach Büchern, die am 1.7.2003 über einen Monat ausgeliehen waren, und den Daten ihrer Leser. Schließe die Abfrage und speichere sie unter 📄 mahnen.

Feld:	Leser.*	Autor	Titel	ausgeliehen	zurück
Tabelle:	Leser	Bücher	Bücher	Ausleihe	Ausleihe
Sortierung:					
Anzeigen:	✓	✓	✓	✓	✓
Kriterien:				<#01.07.2003#-30	Nein
oder:					

Serienbriefe mit Word

Um die Mahnungen mit Word zu versenden, wählst du im Datenbankfenster die Abfrage 📄 mahnen aus und rufst den Seriendruckassistenten auf. (Word-Symbol mit Brief oder Menübefehl *Extras – Office-Verknüpfungen – Seriendruck mit Microsoft Office Word*).

- Der Serienbrief-Assistent fragt dich, ob er ein neues Dokument erstellen oder die Daten mit einem vorhandenen Dokument verknüpfen soll. Wähle *Neues Dokument erstellen*. Word wird geöffnet.
- Öffne die Liste *Seriendruckfelder einfügen*. Schreibe den auf der nächsten Seite abgebildeten Brief. An Stellen, wo Daten eingefügt werden sollen, holst du dir das entsprechende Feld aus der Liste.
- Das Datum fügst du als Word-Feld ein. Menübefehl: *Einfügen – Feld – Datum*.
- Hinter der Anrede „Liebe" setzt du ein *Bedingungsfeld* Wenn *Geschlecht* gleich *m* dann diesen Text einfügen: *r*
- Mit dem Symbol *Seriendruck-Vorschau* kannst du die erzeugten Dokumente betrachten und einzeln ausdrucken. Du kannst aber auch mit *Seriendruck an Drucker* alle gesammelt ausdrucken.
- Speichere das 📄 *Mahnschreiben*, damit du es beim nächsten Mal nicht neu zu entwerfen brauchst.

Serienbriefe als Access-Bericht

Mit etwas mehr Detailarbeit lässt sich die Mahnung auch als Access-Bericht entwerfen.
- Wähle die neue Abfrage im Abfragefenster aus und klicke auf *Berichte – Neu – AutoBericht*: Einspaltig.
- Wähle die Entwurfsansicht.
- Verkleinere den Seitenkopf und -fuß auf Null und vergrößere den weißen Bereich auf 15 cm Breite und mindestens 12 cm Länge.

Um ein Element in den Bericht einzufügen, klickst du in der *Toolbox* das entsprechende Werkzeug an und ziehst im Berichtsentwurf ein Rechteck auf. Du brauchst zwei verschiedene Werkzeuge:
- Ein **Bezeichnungsfeld** enthält in jedem Brief den gleichen Text. Sobald das Rechteck aufgezogen ist, kannst du Text eingeben. Zeilenschaltungen kannst du mit <Strg>+<Eingabe> ausführen. Wenn du mit der Texteingabe fertig bist, drückst du die Eingabetaste. Das Rechteck ist dann markiert und du kannst z. B. die Schriftart verändern.
- Ein **Textfeld** gibt Feldinhalte aus Datensätzen wieder. Wenn du im Entwurf ein Textfeld aufziehst, erscheint gleichzeitig ein Bezeichnungsfeld (*Text1, Text2, ...*), das du einzeln löschen kannst. Das Wort *Ungebunden* im eigentlichen Textfeld ersetzt du durch Namen des Feldes, das hier ausgegeben werden soll, oder durch eine Formel.

Einige Hinweise zu einzelnen Elementen:
- Den Schulnamen gibst du in ein Bezeichnungsfeld ein. Anschließend änderst du die Schriftart. Der Rest des Absenders wird kleiner gedruckt, muss also in ein eigenes Bezeichnungsfeld.
- Der Name kommt in ein Textfeld und wird auf die bereits bekannte Weise zusammengesetzt:
  =[Vorname]&" "&[Nachname]
- Direkt auszugebende Texte müssen in Textfeldern in Anführungsstriche gesetzt werden:
  ="Meisenbach, den " &Datum()
- Die Anrede für Mädchen lautet „Liebe...", für Jungen „Lieber...". Das „r" wird also nur ausgegeben, wenn im Feld Geschlecht des Leserdatensatzes ein m für männlich steht: ="Liebe"&Wenn(Geschlecht="m";"r") ...
- Nach dem letzten Bezeichnungsfeld fügst du aus der Toolbox eine Seitenschaltung ein.
- Speichere den Bericht unter 📄 *Mahnung*.

Access

Serienbrief mit Word

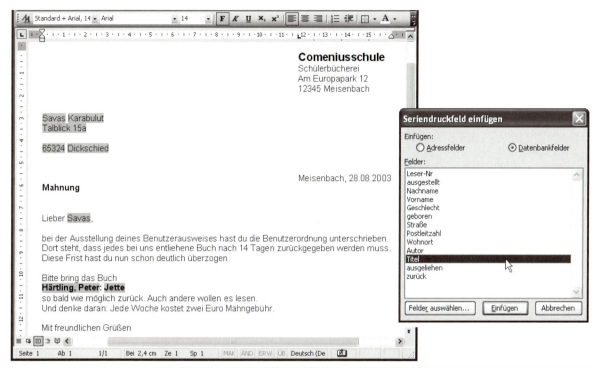

Serienbrief als Access-Bericht

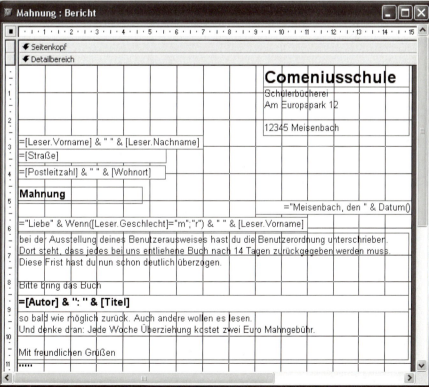

153

Kapitel 5

Vorsicht, Spion!

Gelegentlich überkommt Simon die Lust, den Ausleihbetrieb zu rein wissenschaftlichen Zwecken ein bisschen zu durchleuchten. Man könnte das einfach Neugier nennen, aber hier geht es ja nicht darum, den Lesern nachzuspionieren, sondern sich auf ihre Bedürfnisse einzustellen. Hier sind einige Formulare, die für den alltäglichen Ausleihbetrieb nicht notwendig sind, die aber der Chefetage helfen können, den Durchblick zu behalten.

Haupt- und Unterformulare

Vielleicht möchte Simon seine Mitschülerinnen und Mitschüler nach ihrer Meinung über bestimmte Bücher befragen, die sie in letzter Zeit gelesen haben. Um für jedes Buch festzustellen, wer es gelesen hat, kombiniert er ein Bücherformular mit einer kleinen Lesertabelle.

Access bietet schon im Autoformular zur Büchertabelle diese Kombination an. Allerdings sind darin die Leser nur nach Nummern erfasst. Es geht auch informativer:
- Wähle auf der Symbolleiste aus dem Symbolmenü *Neues Objekt* den Befehl *Formular*. Bitte den *Formularassistenten*, dir zu helfen.
- In einer kleinen aufklappbaren Liste kannst du die Tabellen, aus denen die Daten kommen sollen, auswählen. Wähle die Tabelle *Bücher*. Klicke *OK*.
- Nimm aus den verfügbaren Feldern der Büchertabelle die Felder *Buch-Nr*, *Autor* und *Titel* in die Liste der ausgewählten Felder auf.

- Wechsle nun die Tabelle, indem du oben in der Liste die Tabelle *Ausleihe* anklickst. Nimm aus dieser das Feld *ausgeliehen* in die Auswahl auf.
- Schließlich holst du aus der Tabelle *Leser* noch die Felder *Nachname* und *Vorname* dazu.
- Klicke auf *Weiter*. Der Formularassistent schlägt dir schon vor, dass die Daten *nach Bücher* sortiert werden und in einem *Formular mit Unterformular* angezeigt werden sollen. Klicke *Weiter*.
- Wähle als Layout Datenblatt und als Format *Standard*. Klicke jeweils auf *Weiter*.
- Als Formulartitel gibst du *Wer hat's gelesen?* ein. Für den Titel des Unterformulars kannst du den Vorschlag übernehmen. Danach kannst du das Formular *Fertig stellen* lassen.

Der Formularassistent bietet dir auch mehrere attraktive Dekors zur Auswahl. Wenn du willst, kannst du damit der ganzen Datenbank ein freundlicheres Gesicht geben. Allerdings solltest du dann alle Formulare einheitlich gestalten. Das Dekor fertiger Formulare kannst du in der Entwurfsansicht mit dem Befehl *AutoFormat* nachträglich ändern.

❓ Aufgaben

1. Natürlich kann man nun auch umgekehrt jedem Leser der Büchertabelle die von ihm ausgeliehenen Bücher zuordnen. 📄 *Wer liest was?*

2. Solltest du gegen das Formular aus Aufgabe 1 datenschutzrechtliche Bedenken haben, dann entwirf doch stattdessen ein Formular, das nur Bücher anzeigt, die 📄 *momentan ausgeliehen* sind. Dazu kombinierst du die Lesertabelle mit einer geeigneten Abfrage.

Access

Kreuztabellen

Kathrin arbeitet an einer Aufschlüsselung der Leserschaft nach Wohnort und Geschlecht. Sie hat dafür eine Funktionsabfrage über die Lesertabelle entworfen. Zur Gruppierung dienen ihr erstens das Feld *Geschlecht* und zweitens der Jahrgang, den sie mit der Funktion *Jahrgang:Jahr([geboren])* aus dem Geburtsdatum herausdestilliert. So sortiert zählt sie die Zahl der Lesernummern.

Aber sie ist mit der Tabelle noch nicht ganz zufrieden. Die Liste ist ihr zu lang. So verbessert sie die Übersicht, indem sie die Tabelle als **Kreuztabelle** anlegt. Dazu muss bei geöffnetem Tabellenentwurf der *Abfragetyp* von *Auswahlabfrage* auf *Kreuztabellenabfrage* umgeschaltet werden.

Feld:	Geschlecht	Jahrgang: Jahr([geboren])	Leser-Nr
Tabelle:	Leser		Leser
Funktion:	Gruppierung	Gruppierung	Anzahl
Kreuztabelle:	Zeilenüberschrift	Spaltenüberschrift	Wert

In Kreuztabellen ist eine Spalte 90° gedreht. In der Entwurfstabelle müssen wir also festlegen, welches Feld für die *Zeilenüberschriften*, welches für die *Spaltenüberschriften* und welches für die *Werte* in der Tabelle verwendet wird. Und so sieht das Ergebnis aus:

Geschlecht	1987	1988	1989	1990	1991	1992
m	8	8	11	11	7	3
w	7	8	10	5	6	2

Speichere die Abfrage unter *Leser nach Geschlecht und Jahrgang*. Wie jedes Abfrageergebnis kann man auch Kreuztabellen nach Excel exportieren um sie dort etwa zu einem Diagramm weiterzuverarbeiten:

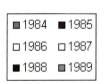

Aufgaben

1. Öffne eine neue Kreuztabellenabfrage. Kreuze darin die Spalte *Verlag* (Zeilenüberschriften) mit der Spalte *Sachgebiet* (Spaltenüberschriften) und ermittle als Tabelleneintrag die Anzahl der Titel. *Kreuztabelle Verlag/Sachgebiet*

2. Entwirf die Kreuztabellen *Leser nach Wohnort und Jahrgang*, *Leser nach Wohnort und Geschlecht*.

3. Wie viele Bücher waren in den Monaten Januar bis Juni in die einzelnen Orte ausgeliehen? *Bücher nach Wohnort und Monat*

Falls du jetzt auch Geschmack an der Analyse unserer Tabellen gefunden hast: Hier sind noch einige andere Abfrageaufgaben zum Tüfteln. Ob du das Ergebnis einfach ausdruckst oder zu einem ansprechenden **Bericht** weiterverarbeitest, sei dir überlassen.

4. Sind in der Lesertabelle eigentlich mehr Mädchen oder mehr Jungen? Und wer leiht mehr aus?

5. Wie viele Leser wurden im vergangenen halben Jahr (dem Gesamtzeitraum der vorliegenden Ausleihdatei) gemahnt?

6. Welche Leser haben seit mehr als drei Monaten kein Buch mehr ausgeliehen? Stichtag für die vorhandene Ausleihtabelle ist der 30. Juni 2001.

7. Formuliere eine Abfrage zur Leserdatei. Nimm außer den Vornamen und Nachnamen die Spalten *GebMonat: Monat([geboren])* und *GebTag: Tag([geboren])* in die Abfrage auf und sortiere aufsteigend nach beiden Spalten. Du erhältst einen Geburtstagskalender.

8. Das folgende Kriterium filtert Leser heraus, die heute Geburtstag haben: *Tag(Jetzt())= Tag([geboren]) Und Monat(Jetzt())= Monat([geboren])*

9. Herr Klein, dein Chemielehrer, vermisst seit dem 10.6. eine Flasche mit Kaliumpermanganat. Im Unterricht hat er die Substanz schon länger nicht mehr benutzt. Eine Mitschülerin erzählt, gestern seien in Kemel alle Pfützen lila gefärbt gewesen. Da kommt dir ein Verdacht ...

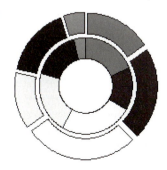

155

Kapitel 5

Mauern aus Technik

Simons Bibliotheks-Datenbank reift allmählich zu einem „intelligenten" System heran. Er hat geschafft, dass jeder nur das kann, was er auch darf. Datenschützer nennen so etwas **Zugriffskontrolle**. Um die Zugriffe der Benutzer zu kontrollieren, hat Simon im System verschiedene Benutzer angemeldet, diese mit abgestuften Rechten versehen und schließlich in der Rolle Administrator für sich selbst im System ein Kennwort eingegeben. (Im Lehrerheft steht, wie man das macht.) Jetzt beginnt jedes Öffnen einer Datenbank mit der Kennworteingabe.

Starte Access, melde dich an mit dem Namen **Gast**. (Du brauchst als Gast kein Kennwort.) Lade die Datenbank *Dasch*. Versuche verschiedene Objekte zu öffnen und notiere die Meldungen von Access.

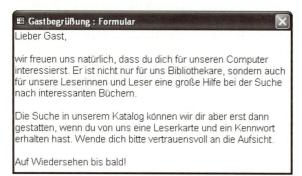

Aber auch Personen, die dem System bekannt sind, dürfen nicht alles. Ungeübte Benutzer müssen von unerwünschten Aktionen abgehalten, personenbezogene Daten vor unbefugter Einsichtnahme geschützt werden. Passende Einschränkungen sind in einem kennwortgesicherten Access-System mit einfachen Mitteln aufzubauen. Verlasse Access, starte es erneut und melde dich diesmal als **Leser** (Kennwort *Lexi*). Lade *Dasch*. Untersuche, welche Möglichkeiten dir das System gibt.

Auch die Bibliotheksaufsicht darf nicht beliebig an den Dateien herumbasteln. Verlasse das System, starte Access erneut und melde dich als **Aufsicht** (Kennwort: *Elvis*). Lade wieder *Dasch*. Untersuche, welche Datenzugriffsmöglichkeiten dir das System diesmal gibt und welche es dir vorenthält. Verhält sich das Bücherformular genauso wie beim Leser?

Eine weitere Möglichkeit, Daten vor unerwünschtem Zugriff zu schützen, ist das **Benutzerprotokoll**. In der Datenbank *Dasch* ist Access so eingerichtet, dass es die Namen seiner Benutzer und die Anfangszeit und das Ende ihrer Arbeit protokolliert. Dass es das in unserem Falle heimlich tut, ist weniger schön, liegt aber im Bereich gängiger Praxis.

Melde dich beim nächsten Access-Aufruf als Benutzer **Simon** oder **Kathrin** (Kennwort *Profi*). Die beiden dürfen im normalen Datenbankfenster neue Abfragen, Formulare, Berichte hinzufügen oder vorhandene Definitionen ändern. So können sie sich beispielsweise auch die Tabelle *Logbuch* ansehen, in der die Zugriffe aller Benutzer protokolliert werden:

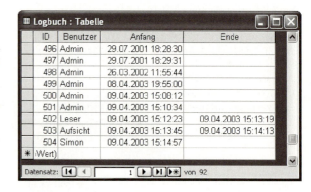

Noch höhere Rechte hat der **Administrator**. Er allein hat das Recht, an andere Benutzer Zugriffsrechte zu vergeben oder sie ihnen zu entziehen.

Access

Abläufe beim Programmstart

Vielleicht fragst du dich, wieso Access so völlig anders reagiert als sonst. In der Rolle von *Simon* oder *Kathrin* kannst du es untersuchen. Auf der Liste *Makros* des Datenbankfensters von *Dasch* findest du ein Makro namens *AutoExec*. Makros sind einzelne Befehle oder Befehlsfolgen, die durch eine Schaltfläche aufgerufen werden oder wie in diesem Fall beim Programmstart automatisch ablaufen. So sieht das *AutoExec-Makro* aus:

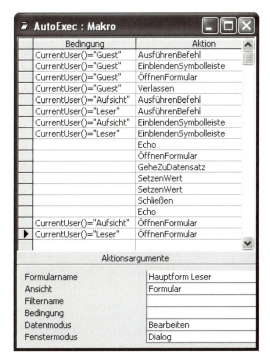

Wenn der Benutzer sich als Gast meldet, bekommt er sein Begrüßungsformular zu Gesicht. Von allen anderen Aktionen ist er durch fehlende Zugriffsrechte ausgeschlossen. Meldet sich der Benutzer dagegen als *Leser* oder *Aufsicht*, so wird der Menübefehl *Datenbank schließen* ausgeführt, also das Datenbankfenster und die Symbolleiste ausgeblendet. Danach wird bei allen Benutzern die Anfangszeit ins Logbuch eingetragen. Zum Schluss wird für den Leser oder die Aufsicht das spezielle Hauptformular mit den Befehlsschaltknöpfen geöffnet.

Im unteren Teil des Makrofensters werden zu der jeweils aktuellen Aktion die nötigen Details aufgelistet. Beispielsweise findest du hier zu dem Befehl *Öffnen Formular* die Information, welches Formular geöffnet werden soll (*Hauptform Aufsicht*) und die Festlegung, dass das Formular als Dialog geöffnet wird.

Der *Fenstermodus* ist bei *Hauptform Aufsicht* und *Hauptform Leser* auf *Dialog* gesetzt. Dadurch werden in der Eigenschaftsliste der beiden Formulare die Optionen *Gebunden* und *PopUp* eingeschaltet. Sie bewirken, dass sich das Formular auf dem Bildschirm in den Vordergrund drängt. Solange dieses Formular geöffnet ist, bleiben alle anderen Bedienungsmöglichkeiten (Menüleisten, andere Fenster) für den Benutzer gesperrt. Über die Befehlsknöpfe des Formulars kann er zwar weitere Fenster öffnen. Sobald er diese aber verlässt, landet er wieder im ursprünglichen Formular. Wer nichts machen kann, kann auch nichts falsch machen.

Makros per Schaltfläche starten

Lass dir nun den Entwurf der *Hauptform Aufsicht* anzeigen. Markiere die Befehlsschaltfläche *Bücher* und sieh dir ihre Eigenschaften an. Unter dem Ereignis *Beim Klicken* findest du dort den Eintrag *Aufsicht.ÖffneBuch*. Im Klartext heißt das: Wird die Befehlsschaltfläche angeklickt, so wird das Makro *ÖffneBuch* aus der Makrosammlung *Aufsicht* gestartet. Und was macht dieses Makro? Na klar doch: Es öffnet das Formular *Bücherkatalog Aufsicht*.

Da *Leser* und *Aufsicht* nicht an die Menüleiste herankommen, müssen sie Access über die Schaltfläche mit der Ausgangstür verlassen. Diese aber ruft vorher noch das Makro *Ende* auf, das die genaue Uhrzeit ins Logbuch einträgt. Auf diese Weise ist auch bei den von Hause aus so sehr flexiblen Datenbankprogrammen die Hierarchie der Benutzer wieder hergestellt. Die meisten werden überwacht und gegängelt, und nur wenige macht Access wirklich zum Herrscher über alle Daten.

Kapitel 6

Internet und Outlook – Anschluss an die große weite Welt

Internet und Outlook

Bombenstimmung beim „Kaktus". Die Schule bekommt ein richtiges Intranet mit schnellem Webzugang und der Redaktionscomputer wird daran angeschlossen. „Na endlich!", sagt Andi. „Endlich mal richtig ungestört im Web surfen können."

„Ach geh", spottet Annika. „Dann schaffst du ja gar nichts mehr. Ständig Schumi in der Glotze reicht doch absolut aus. Wozu musst du dann noch seine Homepage besuchen?"

„Du kannst ja in der Zeit die Barbie-Seite studieren!", kontert Andi. „Trag dich einfach in ihr Gästebuch ein. Vielleicht schickt sie dir dann zum Geburtstag einen Glückwunsch per E-Mail."

Eigentlich verstehen sich die beiden sehr gut. Aber vielleicht gerade deswegen ziehen sie sich ständig gegenseitig auf. Und so diskutieren sie kurz darauf in einer Redaktionssitzung sehr ernsthaft, wie sie den Netzanschluss für die Schülerzeitung nutzbar machen können.

Andi, der Freak, ist natürlich zuerst einmal an allem Technischen interessiert. Für den lahmen Scanner, meint er, existiert sicher längst ein schnellerer Treiber. Und zu einigen Merkwürdigkeiten, die ihm bei der Windows-Installation immer wieder auffallen, möchte er gern die Knowledgebase von Microsoft befragen. Dort gibt es eine Liste von FAQs (frequently asked questions, immer wieder gestellte Fragen), die jeder einsehen kann.

Außerdem, sagt Andi, kann eine Schülerzeitung nur gewinnen, wenn sie sich auf den Seiten der „großen Kollegen" vom *Spiegel*, der *Zeit*, der *taz* oder der *Welt* umsehen kann oder vielleicht sogar selbst auf Meldungen von *dpa* oder *Reuter* zurückgreift.

Annika interessiert sich mehr für Zweiweg-Kommunikation über Kontinente hinweg. Sie hat gehört, dass es im Internet so genannte Newsbretter gibt, etwa *schule.schueler.forum* oder *k12.chat.junior*, wo man seine Meinung zur Diskussion stellt und sich mit anderen austauscht. Vielleicht lernt man auf diese Art und Weise ja auch ein paar Leute kennen, mit denen man privat etwas anfangen kann.

Im Internet, das hat sie gesehen, gibt es schon eine ganze Reihe gut gemachter Schülerzeitungen. Da möchte sie sich nach aktuellen Themen und guten Layout-Ideen umsehen. Möglicherweise ergibt sich auf diese Weise aber auch eine feste Zusammenarbeit mit einer anderen Redaktion.

Simon denkt schon laut darüber nach, neben der Print-Ausgabe des „Kaktus" auch eine Web-Ausgabe zu produzieren. Die könnte man dann mit der eigenen Domain www.kaktus-online.de ins Netz stellen.

„Sachte, sachte, bis ihr das alles drauf habt, dauert noch ein paar Tage", tröstet sie Herr Braun, der Ober-Informatiker und Systemadministrator. „Aber ihr könnt ja schon einmal anfangen, die Internetfähigkeiten eures Office auszuprobieren:
- Texte, Bilder und Tabellen aus dem Web zu kopieren und (natürlich mit Quellenangabe) in eigene Dokumente einzubinden,
- in eure Artikel Links zu weiterführenden Informationen im Web einzubinden,
- eine eigene Mailadresse für den Kaktus einzurichten und mit Outlook abzufragen,
- mit Word und den anderen Office-Programmen HTML-Seiten zu erstellen und sie auf dem Internet Explorer zu betrachten. Alle Office-Programme unterstützen das HTML-Format."

 Aufgaben

1. Berichte über deine Erfahrungen beim Surfen. Zeige den anderen deine Lieblings-Website.

2. Welche Informationen, die du für die Schule brauchtest, hast du im Web gesucht und gefunden? Wann nutzt du das Web sonst als Informationsquelle (Preisvergleich, Kinoprogramme, Abfahrtszeiten, …)? Wie beurteilst du die Erreichbarkeit und den Wert der Informationen verglichen mit gedruckten Medien (Büchern und Zeitungen)?

3. Nutzt du das Internet für Chat, Messenger, Mail, Auktionen oder Tauschbörsen? Siehst du Gefahren? Formuliere einige Vorsichtsmaßregeln für Neulinge.

4. Würdest du gern eine eigene Homepage im Internet veröffentlichen? Was möchtest du anderen über dich mitteilen? Wie kommt man an eine eigene Homepage oder gar eine eigene Domain? Was kostet die Sache? Welche Erfahrungen hast du damit gemacht?

5. Was spricht für, was spricht gegen eine zusätzliche Online-Ausgabe des „Kaktus"? Sollte der „Kaktus" vielleicht gleich nur noch online erscheinen? Wie könnte er dann seine Kosten hereinholen?

Kapitel 6

Am Anfang standen zwei Ideen

Als das **Internet** geboren wurde, etwa im Jahr 1969, war die Computersteinzeit schon eine Weile vorbei. Behörden, Firmen, Universitäten und das Militär besaßen große Computeranlagen oder beschäftigten ein „Rechenzentrum" mit Verwaltungs- und Auswertungsaufgaben. Wenn sie Daten austauschen mussten, dann geschah dies meist, indem Lochkartenstapel oder Magnetbänder in einem Panzerwagen durch die Landschaft gefahren wurden. Wenn jemand damals von einem Computernetz sprach, meinte er meistens einen riesigen Großrechner, der seine Datenbestände einer Reihe von „dummen" Terminals zur Verfügung stellen konnte. Das Internet als **„Netz zwischen Netzen"**, so stellte man sich damals vor, sollte anders sein.

- Es sollte eine wirkliche Netzstruktur aufweisen. Wie in einem Straßennetz sollte es von einem Punkt zum anderen mehrere mögliche Verbindungen geben.
- Rechner verschiedener Betriebssysteme sollten miteinander kommunizieren können.
- Jeder Rechner sollte über eine weltweit einzigartige Adresse eindeutig identifizierbar und von allen anderen Rechnern im Netz ansprechbar sein.
- Verbindungen sollten über vorhandene Leitungsnetze funktionieren, auch über Telefonleitungen und Satellitenverbindungen hinweg.
- Das Internet sollte nicht von zentralen Servern und exklusiven Verbindungen abhängig sein, sondern Rechnerausfälle überstehen und Engpässe auf den Datenleitungen selbstständig umgehen.
- Ebenso wenig sollte das Netz eine zentrale Verwaltungsstruktur bekommen, keine einzelne Institution sollte es ganz kontrollieren.

So entstand das Internet. Innerhalb von zwanzig Jahren wurden immer mehr Computernetze daran angeschlossen. Computertechniker führten Wartungsarbeiten von entfernten Computern aus durch, Wissenschaftler stellten Vorträge ins Netz und führten in international zugänglichen „Bulletin Boards" hochtheoretische Diskussionen, Studenten begannen sich gegenseitig E-Mail-Nachrichten zu schicken oder sogar zu chatten. Universitäten richteten Auskunftssysteme ein. Und über Suchprogramme konnte man auch schon nach Informationen fahnden, von denen man nicht genau wusste, wo sie zu finden waren. Aber erst durch einige weitere Ideen konnte das Internet so populär werden, wie es heute ist.

Bist du schon drin?

Um überhaupt ins Internet zu kommen, brauchst du einen **Provider**, dessen Server rund um die Uhr mit anderen Rechnern des Internets verbunden ist. Er verkauft dir Verbindungszeit und rechnet sie über die Telefonrechnung ab. So erstellst du ohne große Formalitäten eine Verbindung zu msn (Microsoft Network):

- Klicke mit rechts auf die *Netzwerkumgebung* und öffne ihre Eigenschaften.
- Im Fenster *Netzwerkverbindungen* wählst du links die Aufgabe *Neue Verbindung* erstellen.
- Wähle nacheinander *Eine Verbindung mit dem Internet herstellen* dann *Verbindung manuell einrichten* und *Verbindung mit einem DFÜ-Modem herstellen*.
- Gib als Namen des Anbieters *msn*, als Rufnummer *0192658*, als Benutzername *msn* und als Kennwort ebenfalls *msn* ein.
- Klicke auf *Wählen*.

Das Rechnernetz ...

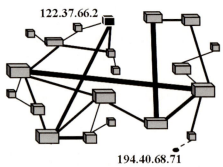

Jeder Rechner im Internet hat eine individuelle **IP**, eine Nummer aus vier Bytes (Zahlen zwischen 0 und 255). Bei der Einwahl ins Internet bekommt dein Rechner vom Provider (z. B. msn oder T-Online) eine dieser IPs zugeteilt, z.B. 194.40.68.71. Von jetzt an ist er für alle Rechner des Netzes unter dieser Adresse erreichbar. Leider kennt er aber nicht die Adressen aller anderen Rechner.

Dass du dir fürs Internet keine „IP-Sammlung" anlegen musst, die wie ein Telefonbuch aussieht, hast du den Erfindern des **Nameservers** zu verdanken. Nimm an, du willst dich über das Spiel „Wüstenfuchs" informieren. Du hast gelesen: Beim Hersteller gibt es dazu die Webseite www.gamesoft.de/wuestenfuchs.htm. Wenn du sie in die Adresszeile deines Browsers tippst, kontaktiert dein Computer zunächst den **Nameserver** deines eigenen Providers. Dieser sucht in einer langen Tabelle nach dem **Domainnamen** www.gamesoft.de und meldet

Internet und Outlook

schließlich die IP 122.37.66.2 zurück. Wenn der Nameserver des Providers eine IP selbst nicht weiß, dann fragt er bei einem übergeordneten Server nach, auf dem die IPs aller Domains verzeichnet sind, die auf .de enden.

Dein Rechner kennt jetzt die richtige IP, er kann aber keine direkte Verbindung zu dem entsprechenden Rechner aufbauen. So sendet er seine Bestellung gleich wieder an den eigenen Provider. Dort steht ein weiterer Rechner, der **Router**, der mit mehreren anderen Routern im Internet verbunden ist. Dieser sieht sich die IP an und entscheidet, in welche Richtung er die Anfrage weiterleiten soll. Dies geht über mehrere Stationen so weiter, bis die Information ihr Ziel erreicht hat. Von deinem Rechner wurde dabei keine feste Verbindung zu Gamesoft aufgebaut, sondern lediglich ein **Datenpäckchen** verschickt, das – wie jeder ordentliche Brief – außer der eigentlichen Nachricht auch die IP des Absenders (dein Computer) und Empfängers (der Gamesoft-Server) des Datenpäckchens enthielt.

Der Gamesoft-Server zerlegt nun seinerseits die Seite „wuestenfuchs.htm" in viele handliche Datenpäckchen, von denen wiederum jedes die Gamesoft-IP als Absender und deine IP als Empfängeradresse enthält. Jedes dieser Päckchen wird einzeln von einem Router zum anderen weitergereicht. Es kann dabei durchaus sein, dass zwei Datenpäckchen verschiedene Wege nehmen oder in anderer Reihenfolge ankommen, als sie abgeschickt wurden. Dein Computer macht aus den Datenpäckchen wieder eine Webseite. So arbeiten viele Computer zusammen, um dir eine Information zu besorgen.

... enthält vernetzte Informationen

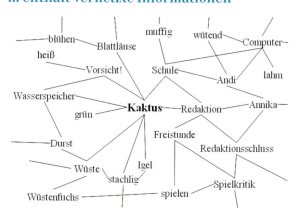

Wenn sie an einen Kaktus denken, fallen den meisten Leuten „stachelig", „grün" und „Wüste" ein. In Simons Kopf ist der Begriff darüber hinaus auch mit der Schülerzeitung, mit seinen Redaktionskollegen und dem muffi-

gen Schulkeller verbunden. Mit anderen Worten: Die Informationen in unserem Hirn bilden ein Netz. Im Jahre 1989 gelang es einem klugen Kopf, diese Struktur auch auf die Inhalte im Internet zu übertragen. Er erfand den Hyperlink: eine Methode, wie man Dokumente eindeutig benennt und mit anderen Informationen verknüpft.

- Jede Datei, ja jede Textstelle, die in irgendeinem Computer im weltweiten Netz gespeichert ist, bekommt eine weltweit einmalige Adresse.
- Diese Adresse kann als Verweis direkt in andere Dokumente aufgenommen werden, ohne deren Lesbarkeit zu stören.
- Durch Anklicken eines Verweises wird direkt eine Verbindung zu der entsprechenden Informationsquelle hergestellt.

Seitdem hat jeder elektronische Schmierzettel auf dieser Welt eine eigene Hausnummer, und ein einziger Mausklick lässt uns Ozeane überspringen. Internet und WWW sind zwei Gesichter derselben Sache: Das Internet vernetzt die Computer, das World Wide Web aber verbindet die Inhalte. Als 1993 dann noch der erste Browser auf den Markt kam, der Bilder, Töne und andere Medien, die Computer lesen können, auf dieselbe komfortable Art zugänglich machte, da wurde das Internet ganz schnell so populär, wie es heute ist.

 Aufgaben

1. Jeder Server im Internet hat eine IP-Nummer (weltweit eindeutige Kennung) aus vier Zahlen zwischen 0 und 255. Deine eigene Kennung kannst du herausfinden, indem du *Start – Alle Programme – Zubehör – Eingabeaufforderung* klickst und *ipconfig* eingibst. Wenn dein Rechner Mitglied in einem lokalen Netz ist, kann es sein, dass er auf mehrere IPs reagiert.

2. Die IP eines Servers kannst du herausfinden, indem du – bei bestehender Verbindung zum Internet – die *Eingabeaufforderung* (über: *Start – Alle Programme – Zubehör*) startest und den Befehl *ping [Servername]* eingibst. Welche IP-Nummer hat der Server www.microsoft.com? Welche IP-Nummer hat www.spiegel.de?

3. Der Weg zu www.microsoft.com führt über viele Zwischenstationen. Du kannst sie ermitteln, indem du in der *Eingabeaufforderung* das Kommando *tracert [Servername]* eingibst. Schreibe die Zwischenstationen deiner Verbindung zu www.microsoft.com und www.spiegel.de auf. Wiederhole den Versuch. Ist der Weg gleich geblieben?

Kapitel 6

Surfen und tauchen

Bevor wir im Netz auf die Suche gehen, erlauben wir uns einen Seitenblick auf das, was die meisten Leute heutzutage im Netz tun: Sie „surfen". Als Surfbrett dient dabei ein **Browser**, etwa der Internet Explorer von Microsoft. Er stellt die Verbindung zu beliebigen Dokumentadressen im Netz her und versucht möglichst viele der angebotenen Dateiformate direkt zu interpretieren: Grafiken und Office-Dokumente anzuzeigen, Musik, Animationen und Filme abzuspielen. Stößt er auf Dateien, die er nicht lesen kann, so bietet er an, sie herunterzuladen und zur späteren Bearbeitung auf der Festplatte zu speichern.

In das Adressfeld des Browsers werden **Webadressen** direkt eingegeben. In der aufklappbaren Liste findest du die zuletzt geladenen Adressen. Wird – wie im Beispiel – nur die Adresse eines Servers angegeben, so lädt der Browser das Standarddokument dieses Servers. Von dieser **Homepage** aus kann man sich dann über Hyperlinks zu anderen Adressen „durchklicken":

So surft man in 80 Sekunden dreimal um die Welt, und manchmal vergisst man dabei sein ursprüngliches Ziel.

Navigieren mit dem Internet-Explorer

Beim Navigieren helfen dir die Schaltflächen der Symbolleiste. Mit den ersten fünf kannst du
- zu vorher besuchten Seiten **zurückblättern**,
- wieder **vorwärts blättern**,
- über die kleinen schwarzen Dreiecke auch eine Liste anzeigen lassen und Zwischenstationen überspringen,
- bei überlasteten Seiten das **Warten abbrechen**,
- die gezeigte **Seite neu anfordern**, wenn du glaubst, dass sie nicht mehr ganz aktuell ist,
- deine persönliche **Startseite aufrufen** (eingestellt im Menü *Extras – Internetoptionen – Allgemein*).

Die nächsten vier Schaltflächen dienen dazu, am linken Bildschirmrand Hilfsbereiche einzublenden:
- den Bereich **Suchen**, über den du Kontakt mit Suchmaschinen aufnehmen kannst, die einen Großteil des WorldWideWeb indiziert haben,
- den Bereich **Favoriten**. Adressen von Seiten, die dir gefallen, kannst du über den Menübefehl *Favoriten – Zu Favoriten hinzufügen* in die Merkliste aufnehmen.
- den Bereich **Medien**, der dir erlaubt, Musik abzuspielen und über Internet Radio zu hören,
- den Bereich **Verlauf** mit allen Webadressen, die du im Laufe der letzten Tage besucht hast.

Verschiedene Wege zur Information

Wer im Internet wirklich nach Informationen sucht, sollte nicht nur surfen, sondern auch tauchen können. Zur systematischen Suche gibt es Hierarchien und Indizes, mit deren Hilfe man sich von einer Homepage aus an die gesuchte Information herantastet.

Aufgaben

1. Beginne auf http://search.msn.de/ und klicke dich durch folgende Links: Beruf und Bildung → Deutscher Bildungsserver → Schule → Schulwesen → Aufbau und Struktur des Schulsystems → Sekundarbereich I. Dort findest du eine Information darüber, wer das deutsche Notensystem mit Notenstufen von 1 bis 6 beschlossen hat. Wer war es?

2. Besuche die Webseite www.yahoo.de. Dort gibt es ein ähnliches nach Themen aufgebautes und von Redakteuren gepflegtes Web-Verzeichnis. Beginne bei „Umwelt & Natur" und suche, indem du dich in immer tiefere Ebenen durchklickst, ein Bild von einem Mistkäfer. Notiere dabei, welche Stichworte du angeklickt hast.

3. Beginne mit www.google.de. Suche im Index nach dem Stichwort „Mistkäfer". Sieh dir zehn viel versprechende Seiten an. Kopiere brauchbare Informationen über die Zwischenablage in ein Word-Dokument und verbinde sie zu einem kleinen Referat zum Thema: „Was man im Internet über Mistkäfer lernen kann".

Internet und Outlook

Wie findet man die Nadel im Heuhaufen?

Surfen

Im Text der meisten Seiten sind Links zu thematisch verwandten Seiten unterstrichen oder farblich hervorgehoben. Ein Klick – und schon bist du dort.

Themenhierarchie

Größere Websites geben einen thematisch gegliederten Überblick über ihr Gesamtangebot. Von einem Inhaltsverzeichnis aus kann man sich stufenweise bis zum gewünschten Angebot durchklicken.

Einige Internetportale bieten ein thematisch gegliedertes Inhaltsverzeichnis für das gesamte deutschsprachige Web an:
http://search.msn.de,
http://dir.web.de oder
http://de.yahoo.com.

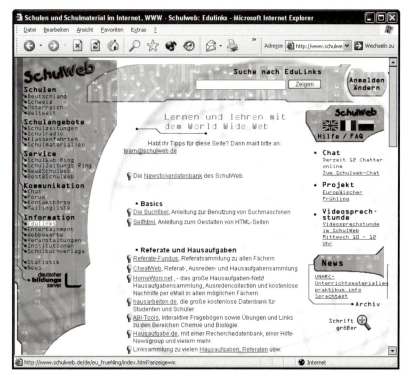

Webindex

Natürlich gibt es auf der Startseite von msn, Yahoo und Web.de auch immer ein Suchfeld, das es erlaubt, das ganze Verzeichnis ohne viele Klicks nach einem bestimmten Stichwort zu durchsuchen. Dazu muss der Betreiber einen **Index** (ein alphabetisches Verzeichnis) aller Wörter erstellen, die auf seinen Seiten vorkommen. Einige große **Suchmaschinen** indizieren alle deutschsprachigen Seiten (www.fireball.de), andere sogar das gesamte Web (www.altavista.com, www.alltheweb.com) und das beliebte www.google.com.

Mittlerweile existieren auch **Metasuchmaschinen**, die gesuchte Begriffe an mehrere andere Suchmaschinen weitergeben und entsprechend mehr Ergebnisse liefern. Ein Beispiel hierfür ist MetaGer: www.metager.de.

Experimentell

Unkonventionelle Methoden, die Suchergebnisse sortiert zu präsentieren, bieten die beiden Suchmaschinen www.vivisimo.com und www.kartoo.com.

Kapitel 6

Ich höre immer Haateeemmell ...!?

Der Kaktus-Redaktion ist klar: Früher oder später werden Papierzeitungen aus der Mode kommen. Online-Magazine sind aktueller und umweltfreundlicher. Eine Online-Ausgabe des Kaktus muss her. Also, so haben sie beschlossen, stricken wir probeweise einmal eine Nummer des Kaktus fürs Internet um.

Über das Verfahren herrscht weniger Einigkeit. Andi hat gelesen, dass echte Profis am liebsten puren **HTML-Code** mit dem Notepad-Editor schreiben. Wie man das macht, weiß er leider auch nicht genau. Simon plädiert für die Anschaffung eines richtigen HTML-Editors wie Frontpage. Aber der kostet Geld, und nur so zum Ausprobieren gibt das der Etat nicht her. So entdeckt man schließlich, dass auch Word Texte im HTML-Format speichern kann. Während FrontPage aber dafür ausgelegt ist, komplette **Websites** mit Hunderten von Seiten zu erstellen und zu verwalten, enthält Word nur die Funktionen zum Editieren einzelner **Webseiten**.

Aber was unterscheidet denn eine Webseite von einer „normalen" Textseite? Und was ist überhaupt HTML? Die *Hypertext Mark-up Language* ist eine **Seitenbeschreibungssprache**. Im Text sind Befehle eingebettet, die der Browser benutzt, um die Zeichen wieder so darzustellen und die Seite wieder so aufzubauen, wie sie beim Entwurf ausgesehen haben. Solche Befehle stehen natürlich auch im DOC-Format von Word. Im Unterschied zu den vielen programmspezifischen Textformaten sind die Befehle aber bei HTML
- herstellerunabhängig genormt und für jeden Rechner, der am Internet hängt, lesbar und
- sie sind nicht mit unsichtbaren Zeichen, sondern mit lesbaren Befehlen kodiert, die man mit einem simplen Texteditor lesen und bearbeiten kann.

Um uns klar zu machen, wie die Sache funktioniert, wollen wir uns hier einmal ein Beispiel ansehen.
- Öffne das Verzeichnis 📁 *Internet\Kaktus*.
- Kopiere daraus die Dateien 📄 *Sv.htm*, 📄 *Svpic.gif* und 📄 *Svback.jpg* auf den Desktop.
- Starte durch Doppelklick auf 📄 *SV.htm* den Internet-Explorer. Wähle *Ansicht – Quelltext*.
- Lege das Editor- und das Explorerfenster nebeneinander und vergleiche.

HTML-Crashkurs

Der HTML-Text enthält in spitzen Klammern Formatierungsbefehle, die so genannten **HTML-Tags** (*tag* = Schild). Sie regeln die Darstellung des Textes im Browser. Meist treten sie paarweise auf. Jede HTML-Seite wird eingeleitet durch den Code <HTML> und beendet durch </HTML>. Innerhalb der Seite gibt es zwei Abschnitte: Zwischen <HEAD> und </HEAD> findest du den im Browser unsichtbaren Seitenkopf und zwischen <BODY> und </BODY> den eigentlichen Inhalt der Seite. Da unser Beispieltest unter der Abbildung noch weiter geht, fehlen bei uns die Endemarken </BODY> und </HTML>. Einige weitere HTML-Tags:
- Zwischen <H2> und </H2> steht eine Überschrift (*headline*) zweiter Größenklasse.
- Zwischen <P> und </P> steht jeweils ein Absatz (engl. *paragraph*) Der <P>-Tag kann noch weitere Anweisungen zum Absatz enthalten, etwa die *a-lign* ="*center*", die den Absatz zentriert formatiert. Ein Zeilenwechsel innerhalb eines Absatzes wird mit dem Einzelbefehl
 (engl. *break*) bezeichnet.
- Der Befehl <B> weist den Browser an, ab sofort Fettschrift (engl. *bold*) zu verwenden, der Tag </B> schaltet zurück auf die Standardschriftart.
- Der Befehl <FONT> verändert Größe (SIZE), Schriftart (FACE), Zeichensatz (NAME) oder Farbe (COLOR) der Standardschriftart.
- Die Befehle <OL> und </OL> schließen eine nummerierte Liste ein, die einzelnen Elemente dieser Liste werden mit <LI> eingeleitet.

Der eigentliche Test ist für unsere Augen leicht entstellt durch die seltsam dargestellten deutschen Sonderzeichen ä, ö, ü und ß. So wird etwa das **ä** im Wort „fällt" durch die Zeichenfolge **ä** dargestellt. Dabei markieren Und-Zeichen und Semikolon Anfang und Ende des Codeabschnitts. Der Code bedeutet „A-Umlaut".

 Aufgaben

1. Findest du im Text auch den Code für das Eszett? („lig" steht für „Ligatur", zwei verbundene Zeichen)

2. Spiele im Editor mit den Befehlen herum. Verändere Texte und Tags. Speichere die Datei im Editor und klicke im Browser auf *Aktualisieren*.

3. Was bewirken die Tags <I> und <U> und <BLINK>?

4. Ersetze <OL> durch <UL>. Effekt?

Internet und Outlook

Zweimal dieselbe Seite

Browseransicht

Diese Webseite besteht aus drei Dateien:

Das HTML-Dokument enthält Text und Befehle.

Ein JPEG-Bild dient als Hintergrundmuster.

Eine GIF-Grafik lockert den Text auf.

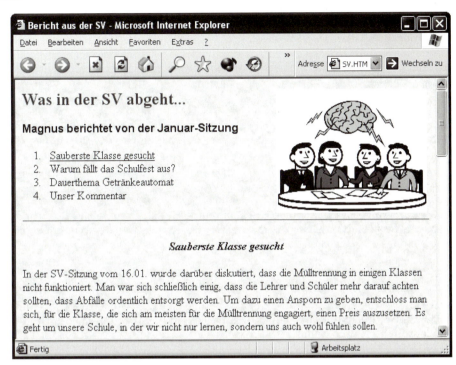

HTML-Code

Im Internet Explorer kannst du mit *Ansicht – Quelltext* den HTML-Quelltext der Seite öffnen.

Der Befehl <TITLE> legt den Fenstertitel fest.

Mit dem <META>-Befehl kann man Suchmaschinen Stichwörter liefern.

Im <BODY>-Befehl kann man auch den Seitenhintergrund festlegen.

Das Bild wird mit dem <IMG>-Befehl eingebunden.

Der Befehl <HR> erzeugt eine horizontale Linie.

165

Kapitel 6

Hyperlinks helfen auf die Sprünge

Vielleicht hast du auf der vorigen Doppelseite eine Erklärung des HTML-Tags <A> vermisst.

```
<A HREF="#Preis">Sauberste Klasse gesucht</A>
```

1. Sauberste Klasse gesucht
2. Warum fällt das Schulfest aus?

Wo im Editor der Tag <A HREF=...> steht, findest du in der Browseransicht einen **Link**. Die Textstelle, die im Editor zwischen <A> und <\A> steht, ist hier unterstrichen. Das **Ziel** des Links, die Stelle, wo der Browser beim Anklicken hinspringen soll, ist in diesem Fall eine **Textmarke** (#) mit der Bezeichnung „Preis".

```
<A NAME="Preis">Sauberste Klasse gesucht</A>
```

Im Editor erkennst du am Ziel einen zweiten <A>-Tag. Mit <A NAME=...> wird eine Textstelle unsichtbar als Textmarke gekennzeichnet.

Aufgaben

1. Der Kommentar ist schon durch eine Textmarke gekennzeichnet. Baue in der Gliederung einen Link zu dieser Textmarke ein. Speichere den geänderten Text im Editor ab. Lade ihn im Browser neu und probiere deinen Link aus.

2. Setze im Editor bei der dritten Teilüberschrift die Textmarke „Automat". Baue oben in der Gliederungsliste einen Link zu dieser Textmarke ein.

Weitsprung

Als erfahrener Internetsurfer weißt du natürlich, dass Links nicht nur zu Textstellen im gleichen Dokument, sondern zu beliebigen Zielen im Web führen können. Wir bleiben aber bescheiden und springen erst einmal zu einem anderen Dokument im selben Verzeichnis.

Am Ende des Textes 🖬 *SV.htm* findest du einen Link mit dem Titel „Inhaltsverzeichnis". Im Editor erkennst du das Ziel: <A HREF="Default.htm">. Wenn du den Link im Browser anklickst, öffnet er die Seite 🖬 *Default.htm*.

Auch der Rückweg ist schon gebahnt. In 🖬 *Default.htm* gibt es bereits zwei Links zu SV.htm. Der erste enthält nur den Namen des Dokuments. Er springt an den Textanfang. Der zweite Link enthält zusätzlich eine Textmarke. Er springt direkt zum Kommentar.

Aufgabe

3. Verlinke das Inhaltsverzeichnis 🖬 *Default.htm* mit anderen Texten im Ordner 📁 *Kaktus*. Lade dann die anderen Texte und setze an ihr Ende einen Link zurück zu 🖬 *Default.htm*. Im Text 🖬 *Buchecke.htm* kannst du außerdem einige interne Links setzen.

4. Schreibe im Editor einen eigenen Text, gestalte ihn mit HTML-Tags und speichere ihn mit der Endung .HTM. Kontrolliere ihn im Browser. Vielleicht packt dich ja auch der Ehrgeiz, eine ganze Seitenserie im Editor zu gestalten und zu verlinken.

Schneller geht's mit Word

In Zukunft machen wir es uns nun bequemer und editieren unsere Webseiten mit vollem Komfort. Öffne nun 🖬 *SV.htm* in Word. Word zeigt das Dokument im *Weblayout*, so wie es später im Browser erscheinen wird. Trotzdem kannst du es wie gewohnt editieren. Beim Klick auf Links musst du in Word die <Strg>-Taste festhalten, damit der Sprung ausgeführt wird. Textmarken kannst du sichtbar machen, indem du sie unter *Extras - Optionen - Ansicht* zur Anzeige markierst.

Füge nun mit den Mitteln von Word die letzte Textmarke und den entsprechenden Link ein:
- Markiere die Überschrift „Warum fällt das Schulfest aus?" unten im Text.
- Klicke *Einfügen - Textmarke*. Word zeigt dir eine Liste mit den vorhandenen Textmarken.
- Trage *Schulfest* als Name der Textmarke ein und klicke auf *Hinzufügen*. Der Dialog verschwindet.
- Klicke auf *Einfügen - Hyperlink* oder wähle das entsprechende Symbol in der Symbolleiste.
- Wähle bei *Link zu* die Option *Aktuelles Dokument* und klicke auf die Textmarke *Schulfest*.

Aufgabe

5. Hast du schon alle Texte im Ordner miteinander verlinkt? Verlinke den Rest mit Word.

Internet und Outlook

Links innerhalb eines Dokuments

Erzeuge mit *Einfügen – Textmarke* eine Textmarke

Markiere eine Stelle als Link, klicke auf
Einfügen – Hyperlink, dann auf *Aktuelles Dokument*
und wähle die Textmarke aus.

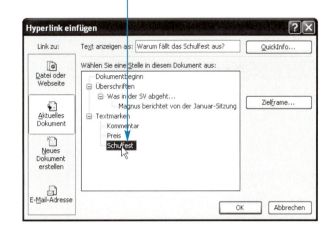

Links zu anderen Dokumenten

Markiere eine Stelle als Link, klicke
auf *Einfügen – Hyperlink* dann auf
Datei oder Webseite und wähle
das Dokument aus.

Der Aufbau einer vollständigen URL

(URL = Uniform Resource Locator, weltweit einheitliche Webadresse)
lokale Platte: Platte:\Pfad\Dateiname#Textmarke   z. B. C:\Arbeit\HTML\SV.htm#Schulfest
lokales Netz: \\Server\Freigabe\Dateiname#Textmarke   z. B. \\Schulserver\Material\SV.htm#Schulfest
WWW: Protokoll://Server/Pfad/Dateiname#Textmarke   z. B. http://www.Comenius.de/Kaktus/SV.htm#Schulfest

167

Kapitel 6

HTML-Seiten sind anders

Simon glaubte zuerst, er brauche seine Word-Dokumente nur im HTML-Format abzuspeichern, und schon wären es Webseiten. Aber er merkte schnell, dass das nicht stimmt. Während Word sich auf den Bildschirm und den Drucker seines Benutzers individuell einstellen kann, soll dieselbe HTML-Seite auf unterschiedlichen Bildschirmen und von verschiedenen Browsern gut lesbar dargestellt werden. Logisch, dass man Webseiten anders gestalten muss als Druckseiten.

Aufgabe

1. Öffne Word. Lade aus dem Verzeichnis 📁 *Kaktus* die Datei 🗎 *Buchecke.htm*. Diesen Text sollst du zu einer ansprechenden Webseite gestalten. Die folgenden Tipps sollen dir dabei Anregungen für eigene Versuche geben.

Schriftart, Schriftgröße, Formatvorlagen

Nicht jede Schriftart ist auf allen Computern installiert. Der Browser des Benutzers wird versuchen, die Schriftart deiner Wahl zu laden. Ist sie nicht vorhanden, bemüht sich der Browser, einen Ersatz zu finden. Dies geht aber häufig schief. Auf die Verwendung ausgefallener Schmuckschriften sollte man deshalb bei HTML-Texten von vornherein verzichten. Brauchst du einen gestalteten „Eye-catcher", dann musst du ihn als Grafik einbinden.

Schriftgrößen werden in Standard-HTML nicht absolut angegeben, sondern in Form relativer Schriftgrade wie <H2> oder <FONT SIZE=3>. Derartig formatierte Texte kann der Leser im Browser mit dem Befehl *Ansicht – Schriftgrad* nach seinen Wünschen anpassen. In Word ist diese Art der Formatierung jedoch nicht verfügbar.

Am schnellsten kommst du zu ansprechenden Ergebnissen, wenn du bei deinen Webseiten weder Schriftgröße noch Schriftart absolut angibst, sondern stattdessen auf fertige Formatvorlagen (Überschrift 1, Überschrift 2, Aufzählungszeichen 1, Standard, … zurückgreifst). Du findest die Liste in der unteren Symbolleiste ganz links neben der Schriftartenliste. Mit dem Befehl *Format – Design* kannst du derartig formatierten Seiten blitzschnell ein professionelles fertiges Gesamtdesign zuweisen, von denen Word eine Vielzahl bereithält.

Absatzformat

Der rechte Rand einer Webseite wird normalerweise von der Größe des Browserfensters bestimmt. Damit variieren Breite und Länge von Absätzen. Da Browser keine Silbentrennung kennen, verzichtet man auf Blocksatz, denn der würde zu vielen Löchern im Text führen.

Linien

Zur schnellen optischen Gliederung deiner Seiten stellt dir Standard-HTML mit dem Tag <HR> eine schmale graue horizontale Linie zur Verfügung. Word bietet im Menü *Format – Rahmen und Schattierung – Horizontale Line* gleich eine ganze Palette von Trennlinien in unterschiedlicher Gestaltung an.

Grafiken

 Über das Menü *Einfügen – Grafik* oder über die Zwischenablage kannst du Fotos, selbst gemalte Bilder, Clipart oder Word-Zeichnungen in den Text einbinden. Da HTML-Seiten grundsätzlich aus reinem Text bestehen, werden eingebettete Grafiken in der Regel als eigene Datei abgespeichert. Dies geschieht in komprimierenden Bildformaten wie GIF, JPEG oder PNG. Word legt dazu einen Ordner an, der den gleichen Namen trägt wie das Dokument. Du kannst aber dein Dokument auch als Webarchiv (Format *.mhtml*) abspeichern. Dann vereinigt Word alle Dateien, die zu einer Webseite gehören, in einer komprimierten Datei, die auch vom Internet Explorer lesbar ist.

Internet und Outlook

Eingebettete Bitmaps kannst du durch Ziehen mit der Maus verkleinern. Sie werden aber in der Größe abgespeichert, die sie beim Einfügen hatten. Das freut diejenigen Besucher deiner Seiten, die dein Bild auf ihre eigene Festplatte kopieren und weiterverarbeiten wollen. Sie erhalten es in besserer Qualität. Für alle anderen verlängert diese Technik nur die Ladezeiten. Verkleinere also dein Bild auf die endgültige Größe, bevor du es in eine Webseite einfügst. In der Grafik-Symbolleiste gibt es dazu den Button *Bilder komprimieren*.

Normalerweise werden Grafiken wie große Buchstaben in den laufenden Text eingefügt. Du kannst aber, das Bild anklicken und in der Grafiksymbolleiste andere Möglichkeiten für den Textfluss festlegen. Möchtest du nur einen Absatz neben deinem Bild darstellen, so gib am Ende dieses Absatzes den Befehl *Einfügen – Manueller Umbruch – Textflussumbruch* ein. Der nächste Absatz steht dann garantiert unter dem Bild.

Transparente Farben

Während man bei Textbereichen mit rechteckigen Flächen zufrieden ist, wirken Grafiken oft besser, wenn sie eine unregelmäßige Fläche bedecken. Dies gilt besonders dann, wenn Grafiken nicht auf weißem Papier gedruckt werden, sondern der Hintergrund wie bei einer Webseite strukturiert ist. Da Grafiken meist als Rechtecke eingebettet werden, braucht man hierzu einen Trick:

Auf der Grafik-Symbolleiste gibt es das Werkzeug *Transparente Farbe festlegen*. Damit kannst du eine Farbe deines Bildes durchsichtig machen, so dass der Hintergrund durchscheint. Am meisten Sinn macht das bei Clipart und bei Paint-Bildern, da diese meist mit wenigen reinen Farben arbeiten. Probleme gibt es manchmal bei Fotos. Hier kannst du Bereiche deines Bildes erst weiß übermalen und dann die weiße Fläche transparent machen.

Clipart: In der Clipart-Gallery, die bei Office mitgeliefert wird, finden sich eine Reihe speziell für das Web geeigneter Grafiken, teilweise sogar animiert. Aber Vorsicht! Natürlich solltest du Webseiten ansprechend illustrieren. Achte aber darauf, dass du deine Seiten nicht mit zu vielen Grafiken überlädst und dass die Grafiken einer Seite stilistisch zueinander passen. Sonst verlierst du sofort zwei Gruppen von Lesern: die mit langsamem Modem und die mit gutem Geschmack.

Grafische Links

Auf vielen Webseiten werden die Links zu den Seiten des eigenen Servers nicht durch unterstrichene Wörter, sondern durch Symbole angedeutet. Das kannst du auch. Vielleicht reizt es dich aber auch, mit Paint ein paar eigene kleine Symbole zu entwerfen. Bette einfach die Grafik in den Text ein, markiere sie und klicke wie gewohnt auf *Hyperlink einfügen*.

Webaufzählungen

Auch Listenmarkierungen brauchen nicht aus schwarzen Punkten zu bestehen. Formatiere deine Aufzählung zunächst ganz normal. Wähle dann *Format – Nummerierungs- und Aufzählungszeichen*. Klicke auf *Anpassen* und danach auf *Bild ...*.

Hintergrund

Den Hintergrund deiner Seite kannst du nach Belieben einfärben oder mit einer Bitmap verschönern (*Format – Hintergrund – Fülleffekte – Struktur*). Auch selbst erstellte Grafiken lassen sich einbinden (*Format – Hintergrund – Fülleffekte – Grafik – Grafik auswählen*). Du kannst sie z. B. in Paint mit der Spraydose erstellen oder durch Verfremdungseffekte aus Zeichnungen und Fotos gewinnen. Am besten eignen sich als Hintergrund sehr zarte Bilder ohne sichtbare Ränder. Das Hintergrundbild wird im Browser kachelartig endlos nach rechts und nach unten wiederholt.

 Aufgabe

1. Jeder schreibt einen Text zum Thema „Ich über mich". Neben den Text kommt ein verfremdetes Foto und der Hintergrund wird passend zur Stimmung des Textes in Paint erstellt. Speichert die Seiten im Ordner *Ich*. Zum Schluss verlinkt ihr die Seiten mit einer Startseite.

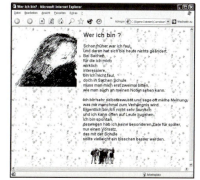

Kapitel 6

Alles muss im Rahmen bleiben

Natürlich ist es auf Dauer langweilig, nur einspaltigen Text über die Seite fließen zu lassen. Aber das ist auch nicht nötig. Simon hat schnell einen Kniff entdeckt, der es ihm gestattet, Texte zweispaltig zu setzen oder Text neben einer Grafik anzuordnen. Alles, was man dazu braucht, ist eine Tabelle. Die Form und Größe der einzelnen Felder kann man mit der Tabellen-Symbolleiste von Word optimal an den Inhalt anpassen:

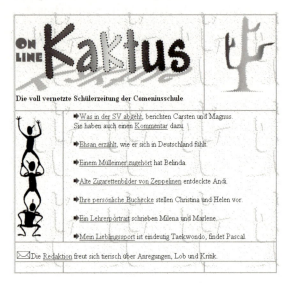

Lade \Kaktus\Default.htm. Diese Datei bildet die Textgrundlage der „Kaktus"-Homepage. Vielleicht hast du darin schon die Hyperlinks gesetzt. Wir wollen die Seite nun mit einer ansprechenden Optik versehen.

- Füge eine Tabelle (3 Spalten 4 Zeilen) ein.
- Blende die Tabellen-Symbolleiste ein und vereinige mehrere der Felder wie abgebildet zu größeren Einheiten.

- Binde die Grafiken Okaktus.gif, Kaktus.gif, Klettern.gif und Briefumschlag.gif in die ersten drei Zeilen ein. Natürlich kannst du auch selbst erstellte Grafiken oder Clipart verwenden.
- Fülle mit *Format – Hintergrund – Fülleffekte – Grafik* den Hintergrund mit Kaktusbg.gif.
- Verschiebe das Inhaltsverzeichnis in das große Feld. Formatiere sie als Aufzählung mit Bildzeichen.
- Füge in der dritten Zeile den Satz ein: „Die Redaktion freut sich über Anregungen, Lob und Kritik."
- Markiere das Wort „Redaktion" und klicke auf *Hyperlink einfügen*. Wähle *E-Mail-Adresse* und gib die Redaktionsadresse ein.

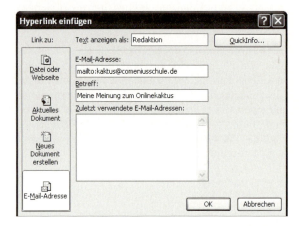

- Als *Quick-Info* kannst du noch eine weitere Ermunterung zum Schreiben ablegen. So sieht das Ergebnis im Browser aus:
- Die letzte Tabellenzeile bleibt frei. Im Browser ist sie

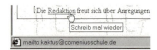

ohnehin unsichtbar; aber sie garantiert, dass die Spaltenbreite nicht verrutscht.
- Im Dialog *Tabelle – Tabelleneigenschaften – Rahmen und Schattierung* kannst du die Rahmenlinien unsichtbar machen. Außerdem gestattet dir der Dialog, der Tabelle eine eigene Hintergrundfarbe zuzuweisen und den Inhalt der Zellen individuell auszurichten.

 Aufgabe

1. Bereite auch die anderen Seiten der Schülerzeitung für das Web auf. Ändere Schriftgrößen und Schriftfarben, bette die zugehörigen Grafiken ein oder füge zusätzliche Clipart hinzu. Als Seitenhintergrund solltest du durchgängig einen stilisierten Kaktus verwenden. Wenn dir Kaktusbg.gif nicht gefällt, dann entwickle mit dem Paint einen eigenen Hintergrund.

Internet und Outlook

Frames

Umfangreichere Websites im Internet sind häufig aus mehreren **Frames** (Rahmen) aufgebaut, die als Einzelseiten gespeichert, aber zusammen angezeigt werden. Eine häufig zu findende Seitenstruktur sieht so aus:
- Im oberen Bereich der Seite befindet sich auf einem so genannten **Bannerframe** der Name der Firma oder Institution.
- Am linken Rand steht das **Inhaltsverzeichnis** mit Links zu allen Bereichen der Website.
- Bei einem Klick auf das Inhaltsverzeichnis wird die Seite im Hauptframe ausgetauscht.

Auch Word beherrscht den Umgang mit Frames. Lade die Datei 🗎 \Internet\Homepage.htm aus dem Arbeitsverzeichnis. Die Seite enthält die Textgrundlage zur oben abgebildeten Homepage der Comeniusschule. Aus dieser Textseite soll nun ein Frameset werden.

- Der Menübefehl *Format – Frames – neue Framesseite* öffnet eine kleine Symbolleiste.
- [Neuer Frame oben] Dein Fenster wird horizontal geteilt. Markiere im Hauptframe die Zeile „Comeniusschule Meisenbach" und verschiebe sie nach oben in den Bannerframe. Setze die Schreibmarke dann wieder in den unteren Frame.
- [Neuer Frame links] Der Frame wird vertikal geteilt. Verschiebe das Inhaltsverzeichnis nach links in den neuen Frame.
- [Icon] Wenn bei deinen Aktionen etwas schief geht, kannst du unerwünschte Frames auch wieder löschen.

- [Icon] Die *Frameeigenschaften* ermöglichen es, die Trennungslinien verschwinden zu lassen und die Anzeige von Bildlaufleisten zu regeln.
- Speichere die Seite unter 🗎 *Default.htm* ab. Im *Speichern*-Menü kannst du außer dem Dateinamen einen Seitentitel angeben, der in der Titelzeile des Browsers angezeigt wird. Gib ein: „Herzlich willkommen!"
- Im HTML-Verzeichnis befinden sich jetzt vier *htm*-Dateien: Die Datei 🗎 *Default.htm* enthält nur die Beschreibung des Aufbaus. 🗎 *Comenius.htm* enthält den Inhalt des Bannerrahmens, 🗎 *Home.htm* enthält das Inhaltsverzeichnis und in der Ausgangsdatei 🗎 *Homepage.htm* sind nur noch die Begrüßungssätze enthalten. Bei einem Doppelklick auf 🗎 *Default.htm* wird das ganze Frameset in den Browser geladen.

Nach einer Anpassung der Aufteilung mit der Maus sollte dein Frameset nun so aussehen:

- Im Internet-Ordner findest du nun eine Hintergrundstruktur 🗎 *Backgr.gif*, ein Comenius-Bild 🗎 *Homepage.gif*, eine blaue Linie 🗎 *Banner.jpg* und einen blauen Punkt 🗎 *Inhalt.gif*. Passe das Frameset damit an die nebenstehend abgebildete Homepage an.
- [Icons] Auf der Symbolleiste *Webtools* kannst du Hintergrundsound für die Seite oder eine Zeile mit Laufschrift einfügen.

❓ Aufgabe

1. Gestalte die Comenius-Homepage nach deinen eigenen Vorstellungen. In den Unterverzeichnissen des Internet-Ordners findest du weiteres Material. Eingebunden werden sollten
   - ein Prospekt, in dem die Schule sich selbst darstellt. Einschlägiges Material findest du im Verzeichnis 📁 *Comhome*.
   - die Seiten der Schülerzeitung 📁 *Kaktus*,
   - die Selbstdarstellungen aus 📁 *Ich*,
   - Downloadangebote der Schule, Material findest du im Verzeichnis 📁 *Service*,
   - ein Link zur E-Mail der Schule.

Kapitel 6

 Platz im Netz

Jeder, der lange genug im Web herumgesurft ist, verspürt irgendwann das Bedürfnis, sich dort eine feste Bleibe einzurichten. Der eigene Computer ist nicht rund um die Uhr online (Wer sollte das bezahlen?) und seine Netzadresse ist nur von Fall zu Fall geliehen. Klarer Fall: Wir brauchen einen Platz im Netz. Die meisten Provider bieten ihren Nutzern auch Speicherplatz auf ihrem Server an. So können diese
- ein Postfach einrichten, in dem ihre elektronische Post so lange aufbewahrt wird, bis sie sich ins Netz einwählen und sie abrufen,
- Kopien wichtiger Dokumente in verschlüsselter Form im Internet deponieren, um sie im Notfall abzurufen,
- mit den anderen Mitgliedern einer Arbeitsgruppe Dokumente austauschen und gemeinsam nutzen,
- eine Homepage in Internet einrichten und ihre eigenen Werke dort veröffentlichen.

Für alle diese Dienste gibt es teure und professionelle Angebote. Viele Firmen bieten aber daneben auch eine kostenlose Lösung, an der Einsteiger ihre Leistungen ausprobieren können.

 Aufgabe

1. Besuche die Webseiten verschiedener Internetportale: www.epost.de, http://web.de, http://gmx.de, http://mail.firemail.de, http://www.hotmail.de, www.lycos.de, http://yahoo.de, www.tripod.de, www.piranho.de usw.

Verschaffe dir einen Überblick:
- Gibt es kostenlose Postfächer? Wie viele Mails, wie viele MB fasst das Postfach? Wie erfolgt der Zugang? (Web, POP3, IMAP, http)
- Gibt es Zusatzleistungen (Messenger, SMS, Webspeicherplatz für Dokumente, ...)?
- Kann man eigene Seiten veröffentlichen? Ist FTP-Upload möglich oder kann man Dokumente nur online erstellen? Gibt es Zusatzleistungen wie Gästebücher, Zähler, Servererweiterungen (z. B. PHP)?
- Welche persönliche Daten werden von dir erfragt (Name, Adresse, Alter, Interessen, ...)? Wozu werden sie erfragt? Werden sie an Dritte weitergegeben?
- Gibt es Werbeeinblendungen? In deine Seiten oder in zusätzliche Browserfenster?

Kaktus goes online

Interessengruppen mit Chatroom und Dokumentenaustausch im Internet? Alles ganz nett, findet Andi. Aber das Tauschen funktioniert in der „Kaktus"-Redaktion ganz gut per CD und zum Chatten mit Mitschülern genügt ihm der Schulhof. Was der „Kaktus" nach seiner Ansicht wirklich braucht, ist Webspace für eine Onlineausgabe, möglichst mit FTP-Upload und eigener Domain.

Andi testet einige Adressen, die ihm seine Mitschüler empfohlen haben, und entscheidet sich schließlich für *Yahoo!Geocities*. Er gibt www.geocities.yahoo.de in der Adressleiste des Browsers ein und meldet sich bei *Erstellen Sie Ihre eigene Website* als neuer User an. Zunächst muss er die Geschäftsbedingungen akzeptieren. Danach darf er als Benutzernamen „Yahoo-ID" wählen, die für alle Dienste von Yahoo gilt:

Da Andi die Website der Schülerzeitung „Kaktus" ins Netz stellen will, wählt er die ID *onlinekaktus*. Unter diesem Benutzernamen richtet Yahoo, wenn Andi keine alternative Mailadresse eingibt, auch gleich ein Postfach ein. Sollte Andi einmal sein Passwort vergessen, so wird Yahoo ihn nach dem Mädchennamen seiner Mutter fragen und – vorausgesetzt, dass Andi die Frage richtig beantorten kann – an onlinekaktus@yahoo.de eine Mail mit dem vergessenen Passwort schicken. Dieses Postfach

Internet und Outlook

kann Andi über den Webbrowser von jedem Internetcafé aus einsehen, indem er sich bei www.yahoo.de einwählt und auf den E-Mail-Button klickt. Damit ist die Anmeldung schon fast komplett. Auf dem Rest der Seite kann Andi, wenn er will, Yahoo noch einige persönliche Interessen mitteilen, damit die bei seinen Besuchen eingeblendete Werbung besser auf ihn zugeschnitten werden kann.

Webspace-Management

Nach der Eingabe eines verzerrten Worts aus einer Grafik, mit der Yahoo maschinelle Registrierungen verhindert, geht es weiter. Und siehe da – Andi hat Glück: die ID *onlinekaktus* ist noch nicht vergeben.

Danach geht alles ganz einfach: Geocities besitzt einen Dateimanager, mit dem Andi seinen **Webordner** verwalten kann, als wäre er ein Verzeichnis auf seinem eigenen Computer. Dort kann er neue Seiten anlegen, sie bearbeiten, umbenennen oder löschen. Außerdem kann er Unterverzeichnisse anlegen und einzelne Seiten von seinem Computer auf den Webserver hochladen. Später kann er hier unter *Statistik* auch erfahren, wie oft auf die einzelnen „Kaktus"-Seiten zugegriffen wurde.

Aufgabe

1. Öffne die vorhandene Seite *index.htm* durch Klick auf *Bearbeiten*. Gestalte die Seite nach eigenen Vorstellungen um, etwa indem du das „Kaktus"-Logo hochlädst und in die Seite einbindest. Füge eine zweite Seite mit einem Impressum hinzu (den Namen der Comeniusschule und der verantwortlichen Redakteure) und verlinke die zweite Seite mit der ersten.

FTP mit Internet Explorer und Office

Leute wie Andi verwalten ihre Website natürlich professioneller. Sie erstellen ihre Seitenstrukturen offline auf dem eigenen Computer und übertragen sie per FTP (File Transfer Protocol) auf den Server im Internet. Dafür gibt es spezielle FTP-Programme, es geht aber unter Windows XP auch mit Bordmitteln ganz einfach:

- Andi startet den Internet Explorer mit der Adresse ftp://ftp.de.geocities.com. Der Computer wählt sich ins Internet ein. Nach einer Weile öffnet sich ein Anmeldefenster. Dort gibt Andi seinen Benutzernamen *onlinekaktus* und sein Passwort ein.
- Der Internet Explorer verwandelt sich in ein Ordnerfenster, und Andi kann seine fertige Seitenstruktur aus dem „Kaktus"-Ordner im Windows-Dateisystem ganz einfach in den Webordner auf dem Server von Geocities kopieren. Umgekehrt kann er auch Dateien von dort herunterladen, um sie offline zu bearbeiten.
- Wenn du die *Netzwerkumgebung* auf deinem Desktop öffnest und auf *Netzwerkressource hinzufügen* klickst, kannst du eine dauerhafte Verbindung zu deinem Geocities-Ordner schaffen. Windows merkt sich auf Wunsch sogar das Passwort.
- Auch Word & Co arbeiten direkt mit Webordnern zusammen. Mit dem Dateimanager von Word kannst du Dateien von ftp://ftp.de.geocities.com/[Benutzername] laden und dort speichern.

Aufgabe

2. Lade die „Kaktus"-Seiten, die du in den letzten Stunden gestaltet und verlinkt hast, auf die Geocities-Homepage. besuche anschließend deine Homepage http://www.de.geocites.com/[Benutzername] und prüfe, ob alle Links funktionieren.

Webserver sind wählerisch

Falls Seitenstrukturen nicht gleich wie erwartet funktionieren, kann das daran liegen, dass Webserver streng auf Groß- und Kleinschreibung achten. Wenn das Bild *Zeppelin.gif* in Seiten mit *zeppelin.gif* verlinkt ist, dann wird die Verknüpfung zwar unter Windows funktionieren, nicht aber auf dem Geocities-Server.

Folgerichtig gilt auch die eiserne Regel, dass der Anfangsbuchstabe der Geocities-Homepage index.htm klein geschrieben werden muss. Wenn du dir Überraschungseffekte ersparen willst, solltest du außerdem Dateinamen möglichst kurz halten und auf Leerzeichen und nationale Sonderzeichen (ä,ö,ü,ß,é, ...) verzichten.

Kapitel 6

Nicht alles eignet sich fürs Web

Mit Beiträgen in Schülerzeitungen, die in einer Auflage von 100 Exemplaren gedruckt werden, kann man sich schon eine Menge Ärger einhandeln. Dabei erreichen diese nur eine ganz schmale „Schulöffentlichkeit" und verschwinden in der Regel nach dem Lesen rasch in der Ablage. Webseiten werden dagegen von Robotern archiviert und kopiert, und es ist nicht auszuschließen, dass du in zehn Jahren Texte von dir und Aussagen über dich im Netz entdeckst, die du selbst längst vergessen hattest.

- Verzichte also unbedingt auf die Veröffentlichung von Falschaussagen, ironischen und beleidigenden Äußerungen über namentlich genannte Personen.
- Stelle keine Bilder ins Netz, die die Abgebildeten nicht witzig finden. Benenne Bilder nicht nach den abgebildeten Personen und nenne den Namen nicht in der Bildunterschrift.
- Gehe vorsichtig mit eigenen und fremden persönlichen Daten um. Ins Netz gehören weder Adressenlisten noch Geburtstagslisten, und bei Wettbewerben veröffentlicht man keine vollständigen Ergebnislisten, sondern nur die Namen der Gewinner.
- Dass du weder pornographische noch Gewalt verherrlichende Inhalte ins Netz stellen darfst, dass du Texte, Bilder und Töne nicht ohne Einwilligung ihrer Urheber veröffentlichen darfst und dass du deine Homepage nicht für kommerzielle Zwecke nutzen darfst, hast du bei der Anmeldung bereits akzeptiert.

Hallo Google, der Kaktus ist da!

Der Onlinekaktus liegt auf dem Server. Natürlich muss Andi jetzt dafür sorgen, dass andere seine Seiten auch finden können. Geocities selbst besitzt eine Suchmaschine, die die Seiten aller Mitglieder nach beliebigen Stichworten durchsucht. Wenn Andi möchte, dass die Inhalte des Onlinekaktus bei anderen Suchmaschinen angezeigt werden, so muss er die Seite selbst dort eintragen. Bei Google sieht das so aus. Er ruft dazu www.google.de auf und klickt auf *Alles über Google*. Dort erfährt er, was Webmaster tun müssen, um von Google wahrgenommen zu werden. Unter *Ihre URL hinzufügen* gibt er ein:

Ein bisschen Luxus

Kostenlose Homepage-Seiten sind nicht gerade ein Eldorado für Profi-Effektprogrammierer. Aber ein paar schöne Schmankel bietet dir Geocities doch. So kannst du beispielsweise einen schönen **Zugriffszähler** auf deiner Seite installieren, der deinen Besuchern beweist, dass sie nicht die Entdecker deiner Seite sind.

Wer aus Angst vor Spam seine Mailadresse nicht im Web veröffentlichen möchte, kann ein **E-Mailformular** in seine Seite einbinden. Für eine Schülerzeitung eignet sich diese Methode auch hervorragend für kleine Umfragen. Die Antworten der Besucher werden automatisch an die Adresse des Webmasters geschickt.
Sehr beliebt sind auch **Gästebücher**, in denen die Besucher ihre Meinung hinterlassen können. Geocites bietet dir bei der Einrichtung des Gästebuchs die Möglichkeit, jeden Eintrag vor der Veröffentlichung zu kontrollieren.

Eine „richtige" Domain

Eine URL wie www.de.geocities.com/onlinekaktus weist die Kaktusseiten als Unterverzeichnis auf dem Yahoo-Server aus. Wer auf eine „richtige" Domainadresse, etwa www.onlineaktus.de Wert legt, muss diese auf dem Nameserver einer Registrierungsstelle wie dem DENIC (www.denic.de) eintragen lassen. Dieser Service wird von Yahoo und anderen Diensten angeboten – allerdings kostenpflichtig. Eine .de, .com, .info oder .biz-Domain kann man derzeit von verschiedenen Anbietern für einen Euro pro Monat bekommen. Die Website selbst kann dabei auf einem beliebigen Server liegen.

 Aufgabe

1. Stelle nun deine eigenen Seiten ins Netz und melde sie bei Google an.

Internet und Outlook

Postbote mit Zusatzqualifikation

Briefe online im Browser schreiben ist ja ganz nett, aber irgendwann geht der Onlinespeicherplatz zu Ende – und sich jedes Mal einwählen zu müssen, wenn man einen alten Brief sucht, das kann auf Dauer auch keine Lösung sein. Seit Andi eine Mailadresse bei Yahoo hat, interessiert er sich für Outlook, den Kommunikationsspezialisten von Microsoft Office. Damit müsste er die Post intelligenter verwalten können. Aber das Programm ist irgendwie anders als die anderen Office-Programme.

Outlook kann mehr

Mit den Office-Programmen, die du bisher kennen gelernt hast, kann man jeweils eine bestimmte Art von Dateien bearbeiten: Texte, Grafiken, Tabellen, Folien, Datenbanken. Die Frage, was Outlook eigentlich leistet, ist schwerer zu beantworten. Im Jargon der Computerszene heißen Programme wie Outlook **Personal Information Manager**. Das bedeutet:

- Outlook arbeitet personenbezogen: Es öffnet und verwaltet die **Persönlichen Ordner** eines ganz bestimmten Menschen. In diese Ordner sortiert es vorzugsweise das ein, was auf dem Schreibtisch unordentlicher in Form von Zetteln herumliegt:

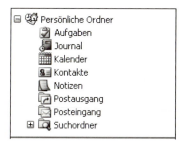

- Im Gegensatz zu einem Zettel kann Outlook sich wiederkehrende Termine auf einmal merken.
- Outlook verfügt über ausgefeilte Suchfunktionen und und erinnert rechtzeitig an den Ablauf von Terminen.
- Outlook kann diese Informationen verbinden. Ein Geburtstag, der in der Kontakte-Kartei eingetragen wurde, wird auch im Kalender angezeigt.
- Auf Wunsch protokolliert Outlook auch in einem Journal, welche Dokumente sein Benutzer erstellt, welche Mails er wann verschickt und empfangen hat.
- Outlook kann mit einer großen Zahl von „Hosentaschen-Organizern" Daten austauschen.

Anschluss an die Außenwelt

Zurück zur Hauptabteilung E-Mail: Programme wie Outlook, die die Postbotendienste nur eines Benutzers übernehmen, nennt man **Mailclient**, also Postkunde. Für die eigentliche Aufgabe der Post, den Transport der Briefe über weite Strecken und die Zustellung an verschiedene Benutzer muss es den Service anderer Programme in Anspruch nehmen.

Sie heißen **Mailserver**, und sie arbeiten nicht nur bei GMX oder T-Online. In vielen Firmen bekommen die Mitarbeiter bei der Einstellung ihr persönliches Postfach auf dem firmeneigenen Mailserver zugewiesen. Dieser nimmt Tag und Nacht eingehende Mails entgegen und benachrichtigt den Adressaten. Der Microsoft *Exchange Server* übernimmt darüber hinaus weitere Aufgaben:

- man kann damit Termine koordinieren,
- gemeinsame Adresslisten verwalten,
- Arbeitsgruppen gemeinsame Ordner für bestimmte Projekte zur Verfügung zuweisen.

Mein – dein – sein – unser Outlook

Wenn man Outlook gut trainiert, kann es auch ohne lokalen Mailserver Post von verschiedenen Postämtern abholen. Dabei arbeitet es jedoch immer nur für einen Benutzer. Für Simon und seine Freunde ist das problematisch, denn sie müssen sich in der „Kaktus"-Redaktion zu viert einen Computer teilen. Für solche Fälle gestattet Outlook das Anlegen mehrerer verschiedener **Profile**.

Weil Simon, Annika & Co sich auf dem „Kaktus"-Computer mit verschiedenen Benutzernamen anmelden, wird auch für jeden von ihnen beim ersten Outlook-Start ein eigenes Outlook-Profil angelegt. Wenn mehrere Benutzer unter demselben Windows-Benutzernamen oder ganz ohne Anmeldung arbeiten, kann man unter *Systemsteuerung-Mail* für jeden ein eigenes Outlook-Profil anlegen und Outlook veranlassen, beim Programmstart den Namen des gewünschten Profils zu erfragen.

Das Versenden von Mail zwischen verschiedenen Profilen auf demselben Computer gelingt allein mit Outlook nicht. Dafür – siehe oben – braucht es einen Mailserver. Familien und kleine Arbeitsgruppen kommen auch mit einem kostenlosen Mailserver wie dem *Hamster* aus. Diese holen in regelmäßigen Abständen die Post in den Internetpostfächern der Gruppenmitglieder ab und verteilen sie in lokale Postfächer. Die Kommunikation zwischen den Gruppenmitgliedern im lokalen Netz regeln sie sofort und ohne Einwahl ins Internet.

Kapitel 6

Hausbriefkästen aller Art ab 0,– €

Darüber, wie sie ihre Internet-Briefkästen nutzen und ihre Post bearbeiten, sind unsere Freunde übrigens keineswegs einer Meinung.

Andi behauptet, dass er nur zu Hause so richtig arbeiten kann – und das möglichst mit vollem Textverarbeitungskomfort. Natürlich möchte er Post versenden und empfangen können, aber es ist ihm zu teuer, während er Briefe schreibt, ständig online zu sein. Außerdem möchte er vertrauliche Mails nicht länger als nötig auf irgendeinem Server im Internet herumliegen lassen.

Kathrin ist ganz anderer Ansicht. Sie hat zu Hause gar keinen eigenen Computer. Ihr Postfach möchte sie von der Schule oder von einem Internet-Café aus abfragen. Sie bearbeitet die Mail mit dem Internet-Explorer auf dem Server. Die meisten Briefe löscht sie, wenn sie sie beantwortet hat. Als ihr Postfach trotzdem unübersichtlich wurde, hat sie auf dem Server einige zusätzliche Ordner für ältere Mail angelegt.

Simon fand das Hotmail-Webinterface am Anfang ganz nett. Auf Dauer will er aber nicht auf den vollen Komfort eines Mailprogramms verzichten. Allerdings gibt es da ein Problem: Häufig verbringt er ganze Nachmittage im „Kaktus"-Keller, und zu Hause hat er ebenfalls einen Computer mit Internetanschluss. Natürlich möchte er nicht ständig Mails auf Diskette speichern, um sie von einem Computer auf den anderen zu kopieren. Am besten wäre es, wenn er die Post gleichzeitig herunterladen und auf dem Mailserver lassen könnte.

 Aufgabe

1. Die folgende Grafik zeigt verschiedene Möglichkeiten der E-Mail-Verwaltung. Welche empfiehlst du unseren drei Freunden?

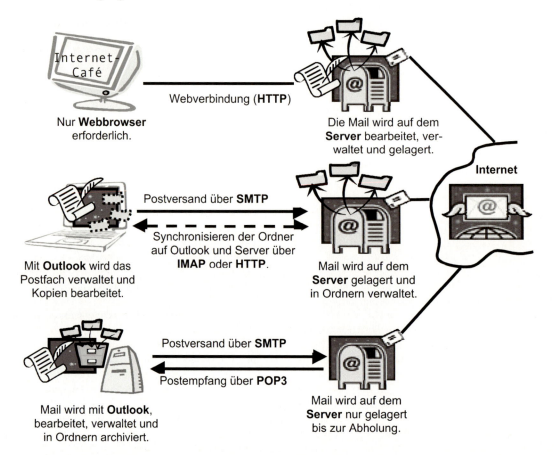

Internet und Outlook

Outlook nimmt Kontakt auf

Simon hat sein E-Mail-Postfach bei Hotmail eingerichtet, aber er möchte über Outlook darauf zugreifen. Er startet Outlook, wählt *Extras – E-Mail-Konten – Ein neues Konto hinzufügen* und gibt im nächsten Dialog als Servertyp HTTP an. Dann braucht er nur noch seinen Benutzernamen anzugeben, und schon kann Outlook Verbindung mit Hotmail aufnehmen. Das Kennwort gibt Simon lieber bei jeder Einwahl selbst ein.

Annika hat ihr Postfach bei Firemail eingerichtet. Dort holt sie ihre Mail mit Outlook auf einem POP3-Server ab. Um Outlook auf dieses Konto einzustellen, muss sie zusätzlich zwei Servernamen eingeben. Weil sie glaubt, dass ihr Rechner gegen unbefugte Benutzung ausreichend abgesichert ist, hat sie nichts dagegen, dass Outlook sich ihr Kennwort merkt und bei der Einwahl automatisch angibt.

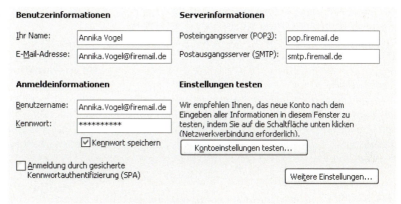

Früher brauchte man sich für den Postversand nicht eigens anzumelden. Weil diese Lücke in der Kontrolle der Benutzer häufig für den Versand von Werbemails missbraucht wurde, verlangen heutzutage die meisten **SMTP**-Server auch für den Postversand eine Anmeldung. Annika klickt also auf *Weitere Einstellungen* und hakt auf der Karte *Postausgangsserver* die entsprechende Option ab.

Eventuell müssen Simon und Annika auf der Karte *Verbindung* außerdem noch angeben, über welche Einwählverbindung der Kontakt zum Postfachanbieter hergestellt werden soll.

Kapitel 6

Schreib mal wieder!

Auf den ersten Blick wirkt Outlook verwirrender als die anderen Office-Programme. Aber keine Angst, man findet sich schnell zurecht. Kathrin schreibt einfach mal versuchsweise einen Brief an sich selbst:

Nach dem Start von Outlook wählt sie links unten das E-Mail-Modul. Dann klickt sie in der Symbolleiste auf *Neu*. Ein neues Fenster geht auf: der Maileditor. Der sieht aus wie der kleine Bruder von Word. Bevor man mit dem Text der Mail beginnen kann, sind allerdings einige Angaben zu machen:

Na klar: hier muss die E-Mailadresse des Empfängers eingetragen werden. Kathrin trägt ihre eigene Adresse ein: Kathrin.Wilke@homemail.de. Das Cc-Feld lässt sie frei. Unter Betreff: schreibt sie einfach „Meine erste Mail". Nun zum Text:

*Liebe Kathrin,
entschuldige, dass ich dich mit dieser unsinnigen Mail belästige, aber ich möchte einfach mal den Mailversand von Outlook ausprobieren.
Viele Grüße
Dein anderes Ich*

Fertig. Kathrin klickt auf *Senden*, das Editorfenster schließt sich und Outlook kommt wieder zum Vorschein. Das soll schon alles gewesen sein? Bei genauerem Betrachten des Ordnerbereichs stellt Kathrin fest, dass ihre Mail im **Postausgang** liegt. Outlook baut nicht für jede Mail eine Internetverbindung auf, sondern es sammelt die Briefe, bis der Benutzer sie zusammen auf die Reise schickt.

Um ihren Brief ins Internet zu bekommen, klickt Kathrin auf Senden/Empfangen. Outlook wählt sich ins Internet ein und die Mail verschwindet aus dem Postausgang. Im Gegensatz zu einem „richtigen Brief" ist die Mail aber nicht ganz im Briefkasten verschwunden. Eine Kopie findet sich im Ordner **Gesendete Objekte**. Kathrin wartet einen Moment und klickt erneut auf Senden/Empfangen. Und richtig: Jetzt liegt ihre Mail im **Posteingang**.

Schöner mailen

Richtige Profis schreiben ihre elektronische Post nach wie vor im **Nur-Text**-Format. Textmails kosten nicht viel Speicherplatz und kaum Übertragungszeit, und beim Schreiben investiert man seine Zeit in den Inhalt statt in die Gestaltung. Das kommt dem Informationsgehalt zugute. Wer Einladungen oder Glückwünsche verschickt, wird lieber zum **HTML-Format** greifen. Dort kann er nicht nur verschiedene Schriftarten verwenden, sondern auch Hintergrundfarben, Tabellen und Bilder einbinden. Umgeschaltet wird im Editor im *Format*-Menü (einzelner Brief) und in Outlook bei *Extras – Optionen – E-Mail-Format* (Standardeinstellung).

 Mails kann man auch abspeichern. Der Editor legt die unfertige Mail im Outlook-Ordner **Entwürfe** ab. Dort kannst du sie dann später wieder öffnen, fertig stellen und senden.

Um eine Mail als Windows-Datei abzuspeichern, wähle *Datei – Speichern unter ...* Outlook schlägt bei Textmails das .txt-Format und bei HTML-Mails das .htm-Format vor. Wenn du eine Mail abspeicherst, um sie auf einem anderen Computer in Outlook zu öffnen, empfiehlt sich das Outlookeigene .msg-Format. Outlook verwendet es auch, wenn du eine Mail aus dem Posteingang auf den Windows-Desktop ziehst.

Aufgaben

1. Du sitzt allein vor deinem Computer und weißt nicht, wem du schreiben sollst? Surfe zum Schulweb. http://forum.schulweb.de/de/forum/ Unter der Überschrift E-Mail-Kontakte zu Schülern kannst du Mailpartner finden oder selbst eine elektronische Kontaktanzeige veröffentlichen. Partner für Mail-Kontakte findest du auch in Communitys wie www.learnetix.de.

2. Deine Klasse sucht international eine Partnerklasse zum Mailen? Unter www.schulweb.de gibt es in der Rubrik *Kommunikation* das Angebot *Klassenkontakte*.

3. Ihr sitzt als Klasse vor dem Computer und langweilt euch? Wie wär's mit einem Spiel? Du denkst dir einen Gegenstand aus und ein oder zwei Briefpartner müssen mit gezielten Ja/Nein-Fragen versuchen ihn herauszubekommen. Natürlich wird nicht gesprochen, es werden ausschließlich Mails verschickt.

Internet und Outlook

Outlook: Sekretärin und Postbote

Antworten Diese Schaltfläche öffnet den Maileditor und setzt den Absender als Empfänger und den Empfänger als Absender ein. Auch der Betreff wird kopiert, mit vorangestelltem AW: (für Antwort). Auch der Text der Mail wird von Outlook in die Antwort aufgenommen, du kannst ihn jedoch kürzen oder löschen.

Allen antworten Wenn du diese Schaltfläche verwendest, schickt Outlook deine Antwort an alle Empfänger der ursprünglichen Mail.

Weiterleiten Manchmal findest du, dass der Inhalt einer Mail auch jemand interessiert, der sie nicht bekommen hat. Dann kannst du die Mail – unverändert oder auch kommentiert – an zusätzliche Empfänger weiterleiten.

Suchen Hiermit blendest du eine Symbolleiste ein, mit der du nach Mails bestimmter Absender oder zu bestimmten Themen suchen kannst.

Im **Navigationsbereich** wählst du eine Funktion von Outlook aus. Die anderen Bereiche des Fensters werden dann entsprechend angepasst. Wenn du den Bereich verkleinerst, werden einige Funktionen nur als Symbol angezeigt.

Während du **E-Mail** bearbeitest, wird im **mittleren Bereich** der Inhalt des ausgewählten Ordners angezeigt. Ungelesene Mails sind hervorgehoben. Hier kannst du einzelne Mails öffnen, löschen, in andere Ordner verschieben oder mit Kennzeichen versehen. Klicke eine Mail mit rechts an.

Der **Lesebereich** dient zur **Vorschau** auf die im mittleren Bereich ausgewählte Mail. Durch Doppelklick kann man Anlagen öffnen, durch Rechtsklick Fremdwörter nachschlagen lassen. Über dem Text der Mail fügt Outlook häufig einen grauen Balken mit einer Mitteilung ein. Durch Anklicken dieses Balkens kannst du z. B. Mails zum gleichen Thema heraussuchen lassen oder an Abstimmungen teilnehmen.

Kapitel 6

Mailen wie die Profis

Briefchenschreiben ist ja ganz nett. Wenn E-Mail mit der Briefpost konkurrieren soll, müssen aber noch ein paar andere Möglichkeiten her. Die gibt es:

 ## Paketpost

Wenn Andi Simon ein Bild für die Schülerzeitung schicken will, dann fügt er es nicht in eine HTML-Mail ein, sondern er hängt es als **Anlage** an eine Textmail an. Das geht nicht nur mit Bildern, sondern auch mit Word-Dokumenten oder Excel-Tabellen. Um einem Brief eine Anlage hinzuzufügen, klickt man im Maileditor die Büroklammer an und wählt die Datei aus. Der Empfänger sieht den Dateinamen im Kopf der Mail, klickt sie mit der rechten Maustaste an und wählt *Speichern unter*. Alternativ kann man auch einfach Dateisymbole aus einem Ordner in den Maileditor oder aus der Outlook-Vorschau in einen Ordner ziehen. Ist die Anlage abgespeichert, sollte man sie aus der Mail entfernen. Der Persönliche Outlook-Ordner wird sonst rasch sehr dick.

Anlagen benötigen häufig sehr viel **Übertragungszeit**, und mancher hat schon vor seinem Computer gesessen, und wusste nicht, warum Outlook gar nicht mehr mit dem Mailaustausch aufhören wollte. Deshalb sollte man schlanke Dateiformate wählen: bei Bildern JPEG oder GIF. Dateien über 500 KB sollte man ohnehin besser in ein Verzeichnis im Internet einstellen und in die Mail nur einen Link einfügen. Der Empfänger kann sich dann die Daten herunterladen, wenn er Zeit hat. Bei msn gibt es für Interessengruppen gemeinsame Ordner.

Außerdem ist eine Warnung angebracht: Anlagen von Mails können **Viren** enthalten. Öffnest du solche Anlagen, so richtet der Virus nicht nur Schäden an deinem Computer an, sondern er verschickt sie häufig auch noch an alle Adressen, die du in deinem Kontakte-Ordner verzeichnest hast. Outlook versucht zwar, die Ausführung von Mailanhängen zu blockieren, aber die Virenprogrammierer erfinden immer neue Tricks. Hier einige Vorsichtsmaßnahmen:
- Befördere zweifelhafte Mails von unbekannten Absendern ungeöffnet in den Papierkorb.
- Öffne keine Mailanhänge, bevor du genau weißt, um was es sich dabei handelt. Auch bei den besten Freunden kann man sich einen Virus holen.
- Lies dir die Warnungen von Outlook durch und halte dich daran. Wenn Outlook dich warnt, dass es sich bei einem Anhang, den du versenden willst, um eine Datei handelt, die Outlook nicht öffnen kann, so verpacke die Datei in einen komprimierten ZIP-Ordner.

 ## Aufgabe

1. Welche der folgenden Typen von Dateianhängen werden von Outlook blockiert? BAT, BAS, EXE, CMD, COM, DOC, GIF, HLP, INF, JS, JPG, MSG, MHT, PDF, PIF, REG, SCR, TXT, VBS, XLS.

 ## Bitte keine Werbung!

Keiner, der längere Zeit ein eigenes Postfach hat, bleibt von **Spam** (Gesülze, Massen-Mail) verschont. Roboter versenden sie millionenfach. Meist behaupten sie, man habe sie bestellt, aber das ist glatt gelogen. Sie bieten die Möglichkeit, künftige Mails abzubestellen, aber wenn man das tut, bekommt man eher mehr davon.

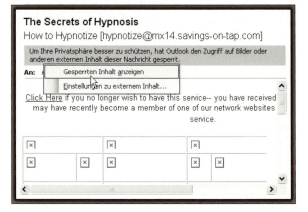

Outlook lädt die eingebauten Bilder nur, wenn du es ausdrücklich wünschst, und das solltest du dir gut überlegen: Beim Laden der Bilder wird dem Absender mitgeteilt, dass die Mail bei dir angekommen ist. Und das führt nur zu noch mehr Spam. Manche Mails bieten dir ihre Hilfe gegen Viren an – aber wenn du den Link in der Mail anklickst, wird ein 0190-Dialer herunter geladen, der dich teuer zu stehen kommt. Gegen Spam gibt es nur eins: Ab in den Papierkorb. Viele Arten von Spam erkennt Outlook schon von sich aus und verschiebt sie automatisch in den Ordner **Junk E-Mails**. Du solltest seinen Inhalt von Zeit zu Zeit überprüfen und den Ordner leeren. Im Menü *Aktionen – Junk-E-Mail – Optionen* kannst du festlegen, wie Outlook mit Mails umgeht, die es für Spam hält.

Internet und Outlook

 **Der Aktenschrank**

Irgendwann wird dein Posteingang auch ohne Junk-Mail unübersichtlich und das Suchen zu umständlich und du möchtest deine Post so ablegen wie deine Dateien: nämlich in speziellen Ordnern. Mit dem Menübefehl *Datei – Ordner – Neuer Ordner* kannst du zusätzliche Ordner anlegen. Vielleicht wird gleich ein ganzes System mit vielen Unterordnern daraus: Privat / Geschäftlich / Mailinglisten ... Vergiss nicht, deine eigenen Mails aus dem Ordner „Gesendete Objekte" auch gleich in die neuen thematisch organisierten Ordner zu verschieben.

 Sortiermaschine

Einige Organisationsarbeiten übernimmt Outlook auf Wunsch sogar freiwillig: Im Menü *Extras – Regeln und Benachrichtigungen* findest du Möglichkeiten, Briefe von bestimmten Absendern gleich nach der Ankunft automatisch in die zugehörigen Ordner zu verschieben.

 Aufgaben

1. Erstelle für dich oder eine andere Person (deinen Klassenlehrer, die Schulsekretärin, ...) einen „Aktenplan": ein System von Ordnern und Unterordnern, in dem der/die Betreffende ihre Mail ablegen kann.

2. Erstelle eine Regel, die Mails mit dem Wort „Sex" im Betreff in den Ordner „Gelöschte Objekte" verschiebt. Probiere sie aus.

 Nur zur Info ...

Man muss nicht alles doppelt und dreifach schreiben:
- Wenn Annika alle Mitglieder der Redaktion zu einer Sitzung einladen will, fügt sie alle Adressen getrennt durch Semikolon im An-Feld des Maileditors ein.
- Durch den Befehl *Datei – Neu – Verteilerliste* kann sie sich auch verschiedene Gruppen von Empfängern zusammenstellen (z. B. „Redaktion"), die sie immer wieder zusammen anschreibt.
- Wenn Andi eine Mail an Simon schreibt und Annika eine **Kopie** (Carbon Copy) davon zukommen lassen will, damit sie ebenfalls informiert ist, dann trägt er „Simon" unter *An* ... und „Annika" unter *Cc* ... ein.
- Manchmal will man auch Kopien verschicken, ohne dass der Empfänger davon erfährt. Hierzu dient das Feld *Bcc* ... (Blind Carbon Copy), das man im Menü *Ansicht* des Editors einblenden kann.

 Wie man sich wichtig macht

Auf der Symbolleiste des Maileditors findest du unter Optionen einige Möglichkeiten, wie du im Kampf um die Aufmerksamkeit deiner Briefpartner Punkte machen kannst:

Du selbst kannst Mails im Posteingang mit einer kleinen Flagge als „zur Nachverfolgung" kennzeichnen und kannst festlegen, dass dich Outlook nach einer festgelegten Zeit wieder an sie erinnert.

 Aufgabe

3. Teste, durch welche Kennzeichnung wichtige und vertrauliche Mitteilungen beim Empfänger hervorgehoben werden. Teste auch, ob beim Absender nach dem Lesen eine Lesebestätigung eintrifft und ob Outlook den Empfänger über den Versand der Bestätigung informiert.

 Verschlossen und versiegelt

E-Mail läuft durch viele Computer und ist für Geheimdienste so leicht zu lesen und zu fälschen wie Postkarten für deinen Postboten. Unter *Extras – Optionen – Sicherheit* findest du Möglichkeiten, ein **Zertifikat** anzufordern, mit dem du Dokumente digital signieren kannst. Das Zertifikat besteht aus zwei Teilen: Den öffentlichen Schlüssel gibst du jedem. Damit können Briefpartner dir verschlüsselte Mails schicken, die du allein lesen kannst. Den privaten Schlüssel behältst du für dich. Damit kannst du Dokumente so signieren, dass jeder nachprüfen kann, ob er sie unverändert von dir erhalten hat.

 Aufgabe

4. Informiere dich bei http://trust.web.de oder bei http://www.trustcenter.de über die Verwendung digitaler Signaturen.

Kapitel 6

 ## Das private Sekretariat

Bei ihrer Schulsekretärin haben sich Andi und Simon über die vielen organisatorischen Aufgaben eines „richtigen" Büros informiert. Frau Fleißig
- versieht Post mit einem Eingangsstempel und notiert im Postausgangsbuch, wer wann an wen geschrieben hat. So kann man später feststellen, ob Fristen und Termine eingehalten wurden.
- verteilt die Post in die richtigen Fächer und wirft überflüssige Prospekte in den Papierkorb.
- achtet darauf, dass Lieferscheine überprüft und Rechnungen pünktlich bezahlt werden.
- sorgt dafür, dass vorläufig Aufgeschobenes im richtigen Moment wieder vorgelegt wird.
- führt den Terminkalender der Schulleiterin und achtet darauf, dass der Besuch rechtzeitig vor der nächsten Unterrichtsstunde wieder geht.
- sortiert erledigte Vorgänge genau nach Aktenplan in die richtige Ablage. Und sie findet sie natürlich auch wieder, wenn sie ein halbes Jahr später plötzlich von allen gesucht werden.

 ### Aufgabe

1. Besuche ein Büro, es muss nicht das Schulsekretariat sein. Lass dir den Aktenplan, den Terminkalender und die verschiedenen Karteien erklären. Wird der Computer zur Kommunikation und Koordination genutzt? Löst er Probleme? Verursacht er welche?

Eine Zielvorgabe der achtziger Jahre für den Computer der Zukunft lautete: „Information at your fingertips". Outlook als E-Mail-Verwalter, das ist nur der Anfang. Es kann viel mehr. Wir wollen jetzt die Organisationsmodule von Outlook daraufhin untersuchen, ob dieses Versprechen mittlerweile eingelöst werden kann.

 ### Alle meine Freunde

Das Outlook-Modul „Kontakte" ist viel mehr als bloß ein Adressbuch. Für jeden Kontakt kann man nicht nur Adresse und Telefonnummer abspeichern, sondern eine Vielzahl weiterer Angaben: mehrere Mailadressen, ein Bild, die Homepage eines Kontakts, den Geburtstag, die Zertifikate, die man für verschlüsselte und signierte Post braucht und vieles andere. Und natürlich sind alle Outlook-Module miteinander verbunden.

 ### Aufgaben

2. Importiere die vorhandene Visitenkarte aus dem Arbeitsverzeichnis, indem du sie in das *Kontakte*-Fenster ziehst. Wann hat der Kanzler Geburtstag?

3. Öffne die Kontakte, klicke auf *Neu* und gib zunächst deine eigenen Daten ein. Natürlich musst du nicht alle Felder ausfüllen. Speichere die Angaben und öffne sie erneut, indem du im Kontakte-Verzeichnis darauf doppelklickst. Wähle dann *Datei – An vCard-Datei exportieren*. Damit hast du eine Visitenkarte erstellt, die du neuen Freunden als Mailanlage senden kannst.

4. Ziehe Mails, die du von Freunden erhalten hast, aus einem Mailordner auf das *Kontakte*-Symbol im Navigationsbereich. Ein neuer Kontakt wird erstellt. Ergänze die Angaben. Öffne die Karte *Aktivitäten*. Hier sollten alle Mails aufgelistet werden, die du mit dem jeweiligen Partner getauscht hast.

 ### Keine Zeit für gar nichts!

Neulich hatte Andi seine Hausaufgaben vergessen. Nicht „vergessen", nein ehrlich, es war gar nicht seine Absicht, und die Sechs hat ihn echt geärgert. Seitdem überlegt er, ob er sich nicht doch langsam mal daran gewöhnen soll, einen Terminkalender zu führen. Und weil alles, was Andi anpackt, am besten gerät, wenn es irgendwie im Computer stattfindet, überlegt er jetzt, ob er nicht einfach das Office in seinem Computer mit einem kleinen Palm in seiner Hosentasche kombinieren soll. Und wenn der ihn dann noch rechtzeitig an Tante Helgas Geburtstag erinnert, dann hat er das Geld für den Palm

Internet und Outlook

ganz schnell wieder raus. Also gibt er erst einmal seinen Stundenplan in Outlook ein:
- Ein Klick in den Monatskalender setzt das Datum.
- Doppelklicken auf die Uhrzeit öffnet das Terminfeld.
- Unter *Betreff* wird die Art der Veranstaltung eingetragen, darunter *Beginn* und *Ende*.
- Bei manchen Terminen ist es sinnvoll, sich akustisch und optisch vorher erinnern zu lassen.
- Ereignisse ohne feste Uhrzeit („Ferien", „Besuch aus Berlin", ...) markiert man als *ganztägig*.
- Die Geburtstage aus der Kontaktliste sind bereits als *Serie* (jährlich wiederkehrend) eingetragen. Für den Stundenplan eignet sich eine Wochenserie.

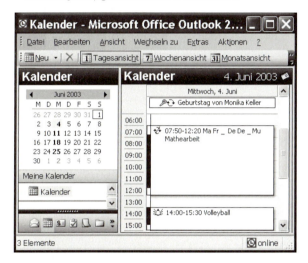

 Setz dir Prioritäten!

Vieles, was man zu tun hat, ist nicht termingebunden. Die Geburtstagskarte an Tante Elke muss man auch nicht zu einer bestimmten Stunde verfassen. Es reicht, wenn sie rechtzeitig ankommt. Für solche Pflichten hält Outlook eine Aufgabenliste bereit, in die man Aufgaben mit oder ohne Termin, sortiert nach Dringlichkeit und Kategorien eintragen kann. Und wenn man Chefredakteurin ist wie Annika, dann kann man mal Aufgaben an andere delegieren.

 Aufgaben

 Aufgaben

1. Trage deinen Stundenplan in den Kalender ein. Du musst das nicht Stunde für Stunde tun, sondern kannst in einem großen Block die Abfolge der Unterrichtsstunden als Betreff eingeben. Erstelle eine wöchentliche Terminserie bis zum Ende des Schuljahrs. Notiere Testtermine als Zusatz zu einzelnen Unterrichtsblöcken. Lösche den Unterrichtsblock an schulfreien Tagen, ohne die ganze Terminserie zu löschen.

2. Annika möchte ihre gesamte Redaktion zu einer Redaktionssitzung einladen. Finde heraus, wie man eine *Besprechungsanfrage* auf den Weg bringt und wie Outlook die Antworten anzeigt. Wenn deine Schule einen Exchange-Mailserver besitzt, könnt ihr auch mit *Gruppenterminplänen* experimentieren. Der Server kann freigegebene Terminkalender nämlich auch selbstständig abgleichen und Outlook das Ergebnis mitteilen.

3. Gib deine Aufgabenliste in Outlook ein. Trage Hausaufgaben, familiäre Pflichten und eigene Vorhaben ein. Setze Prioritäten und Termine.

4. Lege eine weitere Aufgabenliste an: Vorbereitung einer Klassenparty. Kennzeichne die Aufgaben mit der Kategorie Party und weise sie verschiedenen Personen zu. Setze Termine und lasse dir die Annahme der Aufgabe per Mail bestätigen.

 Stütze fürs Hirn

Das Notizen-Modul von Outlook nutzt Kathrin, um sich alle möglichen Dinge zu merken: wie viel Geld sie für Süßigkeiten ausgegeben hat, welche Noten sie in Französisch geschrieben hat und andere Dinge, die sie sich nicht merken kann, aber immer wieder braucht. Alles das schreibt sie auf jeweils eigene Zettel.

Kapitel 6

Redaktionsalltag

Wir wollen jetzt Simon bei einer typischen Outlook-Session am Computer der „Kaktus"-Redaktion begleiten. Nehmen wir an, Simon arbeitet am Layout der nächsten Ausgabe des „Kaktus". Andi hat ihm beim Nachhausegehen noch mitgeteilt: „Unser Drucker hat angerufen. Du sollst die Bilder mit einer anderen Auflösung scannen. Genaueres weiß ich aber nicht mehr. Der Zettel liegt zu Hause. Ruf mich an wegen seiner Durchwahl."

 Aufgabe

1. Spiele den Arbeitsablauf auf deinem Computer nach.

Damit er nicht vergisst, Andi anzurufen, wählt Simon bei Outlook die **Notizen** aus und klickt auf das Symbol *Neu*. Ein kleiner gelber Haftzettel erscheint. Simon beschriftet ihn mit „Andi anrufen wegen Druckerei!" Dann zieht er ihn aus dem Outlook-Fenster auf seinen Desktop. Während er in Word weiterarbeitet, klebt der gelbe Zettel dort als ständige Erinnerung.

Später, in einer Arbeitspause, geht Simon zum Telefon und lässt sich von Andi die Nummer des Druckvorlagenherstellers Thomas Matzke durchgeben. Die Notiz auf seinem Bildschirm kann er jetzt löschen. Telefonnummern notiert man nicht auf Haftzetteln.

Simon wählt die **Kontakte** und klickt auf *Neu*. In den Eingabedialog gibt er ein: *Name*: Thomas Matzke, *Position*: Druckvorlagenhersteller, *Firma*: Druckerei Ludwig, *Telefon geschäftlich*: (0 61 24) 1 20 54. Die zahlreichen anderen Felder für Faxnummern, E-Mail-Adressen und andere Angaben lässt er vorläufig frei. Dann klickt er auf *Speichern und schließen*. Der neue Kontakt erscheint in Kurzfassung im Hauptfenster. Da Simons Computer am Telefonnetz hängt, nimmt Outlook ihm sogar das *Wählen* ab. Er braucht nur den Kontakt *Matzke* auszuwählen und auf das Symbol *AutoWählen* zu klicken. Leider ist auch modernste Technik manchmal machtlos. Herr Matzke ist nicht im Hause. Frau Ludwig rät, gegen 15.30 Uhr noch einmal anzurufen.

Bei Terminsachen verlässt Simon sich ungern auf gelbe Zettel. Dafür gibt es bei Outlook die **Aufgaben**. Wieder klickt er auf *Neu*. Unter *Betreff* trägt Simon ein „Druckerei anrufen", im Feld neben *Erinnerung* setzt er ein Kreuz und trägt die Uhrzeit ein. Dann klickt er auf *Speichern und schließen*. (Das Datum ist vorgegeben. Lass dich in drei Minuten erinnern und warte ab, was passiert.)

Pünktlich um 15:30 meldet sich Outlook mit einer akustischen Mahnung und der höflichen Frage „Darf ich erinnern?" Simon ruft also erneut in der Druckerei an. Aber Herr Matzke hat jetzt nicht genug Zeit für eine Hotline-Beratung. Statt dessen bittet er Simon, am nächsten Mittwoch um halb drei zu einer Besprechung vorbeizukommen. Simon ist das recht. Er wollte schon immer mal die Arbeitsabläufe in der Druckerei etwas genauer studieren. Also sagt er gleich zu. Das Erinnerungsfenster des Office-Assistenten kann er jetzt schließen. Außerdem darf er in der Aufgabenliste des Hauptfensters den Anruf als erledigt abhaken. (Setze ein Häkchen in der zweiten Spalte. Die Aufgabe wird durchgestrichen.)

Natürlich trägt er den Besprechungstermin jetzt sofort in seinen elektronischen **Kalender** ein. Er schaltet auf die *Ein-Tagesansicht*, wählt in der Monatsübersicht den nächsten Mittwoch aus und trägt in das Feld um 14:30 Uhr ein: „Besprechung wegen Layout". Die kleine Glocke im Terminfeld macht ihn darauf aufmerksam, dass Outlook ihn kurz vor dem Termin eine akustische Mahnung schicken wird. Weil ihm eine halbe Stunde etwas zu kurz für die Besichtigung erscheint, greift er sich mit der Maus den unteren Rand des Eintrags und dehnt die Dauer auf anderthalb Stunden aus. Noch genauer geht es mit einem Doppelklick auf den Termineintrag.

Eigentlich, denkt Simon, sollte Andi bei diesem Termin auch dabei sein. Aber der ist jetzt nicht mehr zu Hause. Also entschließt er sich, ihm eine Mitteilung in sein Postfach zu legen. Er wählt den Ordner **Posteingang** und öffnet mit *Neu* den Mail-Editor. Dort trägt er in das Feld *An ...* Andis Postfachnamen ein. (Ein Klick auf die Schaltfläche *An ...* zeigt eine Liste aller Postfächer in deinem Netz. Schicke den Brief an ein anderes Mitglied deiner Arbeitsgruppe.) Unter *Betreff* schreibt er „Druckereibesuch". Dann beginnt er mit dem Text:

Lieber Andi,
Herr Matzke ist an einem Besuch von uns interessiert. Wir haben uns für nächsten Mittwoch um halb drei verabredet. Hättest du Lust mitzukommen?
Gruß
Simon

Internet und Outlook

Anschließend lässt er sich die *Optionen* zeigen. Hier setzt er einen Haken bei Die *Übermittlung dieser Nachricht bestätigen*. Danach schließt er den Dialog und klickt auf *Senden*. Wenig später kündigt ein akustisches Signal den Eingang einer Nachricht an. Im Posteingang findet Simon eine Mitteilung des Systemadministrators vor. Die Mail an Andi wurde übermittelt.

Vor dem Versand ist der Brief an Andi in den Ordner *Gesendete Objekte* kopiert worden. Simon klickt ihn dort an und zieht ihn auf den Ordner **Journal**. (Du findest den Ordner *Journal* im Menü *Wechseln zu* oder in der *Ordnerliste*.) Das Hauptfenster des Journals zeigt eine Zeitachse. Darunter sind verschiedene Leisten angeordnet, die durch Klick auf kleine Pluszeichen aufgeklappt werden. Hier kann man Verknüpfungen zu Briefen oder Dokumenten ablegen, die man anhand ihres Datums wiederfinden möchte. Unter *Extras – Optionen – Einstellungen – Journaloptionen* kann man festlegen, dass alle Office-Dokumente oder der Briefverkehr mit bestimmten Adressaten hier automatisch dokumentiert werden.

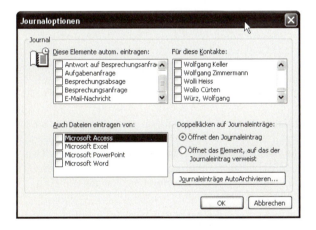

 Weitere Aufgaben

1. Öffne das Notizenfenster, erstelle eine Notiz mit dem Inhalt „Kopierpapier kaufen". Ziehe die Notiz nacheinander über die Symbole *Kalender*, *Aufgaben* und *Posteingang*. Welche Einzelheiten werden automatisch ergänzt, welche musst du manuell nachtragen? Teste auch andere Umwandlungen (z. B. Kontakt auf Posteingang ziehen und umgekehrt).

2. Erstelle eine Aufgabe (z. B. „Cola besorgen"), klicke sie mit der rechten Maustaste an und wähle *Aufgabe zuordnen*. Wie geht das Spiel weiter?

3. Erstelle einen Kalendereintrag *Klavierstunde*. Du musst den Eintrag nicht jede Woche neu eingeben, sondern kannst diese Arbeit Outlook übertragen. Welche Zeitabstände lassen sich programmieren? Bei welchen anderen Outlook-Elementen gibt es die Möglichkeit zu Wiederholungen?

4. Du hast mehrmals den Geburtstag deiner Oma vergessen. Also legst du einen Kontakte-Eintrag für die Oma an und trägst auf der Karte *Details* ihren Geburtstag ein. Suche den Tag im Kalender, programmiere eine akustische Erinnerung.

5. Erstelle eine neue Mail an mehrere andere Netzteilnehmer. Frage im Betreff „Kommst du zum Tee?". Öffne die *Optionen* und setze einen Haken bei *Abstimmungsschaltflächen verwenden*. Wie kommt die Anfrage bei den Partnern an? Was kommt zurück?

6. Du schickst deinem Banknachbarn eine Mail „Du Depp, in deiner Matheaufgabe war ein Fehler!" Kurz nach dem Abschicken kommen dir Bedenken. Finde eine Möglichkeit, die Nachricht zurückzurufen.

7. Ziehe einen E-Mail-Eintrag aus dem Posteingang auf den Desktop. Aus dem Outlook-Element ist eine Datei geworden. Geht das auch umgekehrt?

8. Ziehe markierte Textstellen aus Word oder markierte Zellbereiche aus Excel in eine geöffnete E-Mail. In welcher Form werden die Ausschnitte eingefügt? Ziehe ein Word-Dokument in eine geöffnete neue E-Mail. Wie wird die Datei eingefügt?

9. Lade in Word, Excel oder PowerPoint ein Dokument. Wähle *Datei – Senden* an ... Probiere die verschiedenen Möglichkeiten aus. Mit dem Symbol *E-Mail* in der Standard-Symbolleiste kannst du die E-Mail-Symbolleiste wieder ausschalten.

10. Erstelle einen Kalendereintrag für eine „Redaktionsbesprechung". Klicke auf die Schaltfläche *Teilnehmer einladen* und füge aus dem Adressbuch den Partner hinzu. Klicke auf *Senden*. Wie kommt die Anfrage beim Adressaten an? Was kann er nach dem Öffnen unternehmen? Wie erfährst du davon? Lösche den erstellten Termin aus deinem Kalender. Wie verhält sich Outlook?

185

Kapitel 6

Urlaubsplanung mit Outlook

Eines Tages kommt Annika mit einem verrückten Vorschlag: Man könnte ja einmal versuchen, ein Vorhaben nur mit Hilfe elektronischer Kommunikation zu planen: Informationen übers Web beschaffen, Dokumente übers Netz austauschen. Über nichts reden, alles übers Kabel schicken. Annika ernennt sich selbst also zur Projektkoordinatorin und die anderen zu ihren Mitarbeitern. Diesen schickt sie eine E-Mail:

Liebe Mitarbeiterinnen und Mitarbeiter!
Das vergangene Jahr haben wir fast ausschließlich am Computer verbracht. Um die persönlichen Kontakte zu intensivieren, hat die Chefredaktion sich entschlossen, allen im nächsten Sommer eine Woche unbezahlten Urlaub zu gewähren. Zwischen Hohenstein-Born und Taunusstein-Watzhahn habe ich einen Pfadfinder-Zeltplatz entdeckt. Dort wollen wir uns miteinander eine Woche (Samstag bis Samstag) auf unsere menschlichen Ressourcen besinnen. Der Platz ist ausgestattet
- *mit einer Hütte (4 x 6 m) mit Holzofen*
- *mit einer Toilette,*
- *mit einem Sitzkreis ums Lagerfeuer.*
- *mit Wassertank,*
- *mit Holzvorräten im nahen Wald,*
- *nicht mit Elektrizität.*

In Sichtweite befindet sich ein Sportplatz, auf dem Fußball gespielt werden kann. In den beiden Nachbardörfern Born und Watzhahn gibt es außer einer Kirche keine öffentlichen Einrichtungen. Einkaufsmöglichkeiten, Gaststätten, ein Schwimmbad und ein Kino befinden sich in Bad Schwalbach (60 min Fußweg) und Taunusstein (45 Minuten Fußweg). Die Bushaltestelle der Linien Bad-Schwalbach – Wiesbaden und Bad Schwalbach – Limburg/Lahn (im RMV-Verkehrsverbund) sind über einen Fußweg von gut 30 min zu erreichen.

Wanderungen bieten sich an entlang des Limes zu einem rekonstruierten Römerturm bei Taunusstein-Orlen und zur Burg Hohenstein, wo im Sommer freitags und samstags Freilichttheateraufführungen stattfinden. Für eine Fahrt an den Rhein, etwa nach Rüdesheim am Rhein (45 km), muss ein örtliches Busunternehmen in Anspruch genommen werden. Denkbar wären auch Ausflüge zum Römerkastell Saalburg oder zum Freilichtmuseum Hessenpark.

Bitte entscheide dich zunächst, ob dir die Variante
( ) ohne Kontakt zur Außenwelt, ohne Benutzung von Verkehrsmitteln und ohne Campingausrüstung oder
( ) mit üblichem Campingkomfort und Busfahrten interessanter erscheint. Von der Abstimmung über diese Frage werden die nächsten Schritte abhängen.

Teile mir bitte überdies mit, ob du anschließend bei der Planung
( ) der An- und Abreise und Materialtransport,
( ) der Lebensmittelversorgung,
( ) der Verteilung sonstiger Ressourcen,
( ) des Programms oder
( ) der Kostenermittlung und Finanzierung mitwirken möchtest. Selbstverständlich behalte ich mir die endgültige Aufgabenverteilung vor.

In Erwartung einer fröhlichen Planungsphase grüßt die Projektkoordinatorin

 ## Weitere Aufgaben

1. Plane mit deinen Mitstreiterinnen und Mitstreitern einen einwöchigen Urlaub auf dem genannten Zeltplatz. Besorgt Bild- und Infomaterial (Öffnungszeiten, Fahrpläne, ...), entscheidet über Aktivitäten, plant Einkäufe und Gruppenaktivitäten.

Informationen werden soweit wie möglich übers Web beschafft. (www.map24.com, www.bahn.de, www.rmv.de.) Auch touristische Informationen über Bad Schwalbach und Hohenstein/Untertaunus sind im Web verfügbar. Dort ist auch der VCP Taunusstein, dem der Zeltplatz gehört, vertreten.

In welcher Form dieses Projekt realisierbar ist, hängt davon ab, wie euer Netz aufgebaut ist. Die Regeln jedoch solltet ihr strikt einhalten:
- Tagespläne, Excel-Tabellen oder Bilder werden in einem netzweiten Austauschordner oder in einem gemeinsamen Mailordner allen Teilnehmerinnen und Teilnehmer zugänglich gemacht.
- Aufgabenverteilung und Abstimmungen und Absprachen laufen über E-Mail. Es gibt keine mündliche Kommunikation.
- Ein genauer Plan des Vorhabens mit bebilderten Tagesplänen wird im Web (Intranet oder Internet) dokumentiert.

Viel Spaß!

Notizen

Notizen